中央编译局文库编辑委员会

主　　任：贾高建
副 主 任：魏海生　柴方国　季正聚　崔友平
委　　员（按姓氏笔画排序）：
　　　　　冯　雷　牟建君　杨雪冬　沈红文　张凤宝
　　　　　陈家刚　胡长栓　郄卫东　葛海彦

马克思主义经典著作研究读本

主　编　杨金海　李惠斌

马克思《哥达纲领批判》研究读本

裴晓军

《马克思主义经典著作研究读本》顾问委员会

贾高建　俞可平　顾锦屏　庄福龄　陈先达　赵家祥　詹汝琮
李洙泗　张钟朴　冯文光　安启念　韩庆祥　李小兵　张曙光

《马克思主义经典著作研究读本》编委会

主　编　杨金海　李惠斌
副主编　薛晓源　林进平
编　委（按姓氏拼音排序）
　　　　　曹典顺　韩立新　江　洋　李百玲　吕梁山
　　　　　苗永姝　聂锦芳　闫月梅　杨学功　姚　颖
　　　　　张　盾　张云飞　郑　锦

总　序

呈献给读者的这套"马克思主义经典著作研究读本"丛书，旨在立足于21世纪中国和世界发展的现实，对马克思、恩格斯、列宁重要著作以及有关专题思想重新进行较为深入的研究和解读，供广大读者特别是致力于深入研究马克思主义经典作家原著的读者阅读使用。计划出版40种，三年内陆续完成编写和出版工作。

马克思主义经典著作是学习和研究马克思主义理论的基础文本，历来为人们所重视。在我国学术史上，曾编写和出版过不少关于经典著作的读本，包括各种注释性读本和导读性读本，对学习和研究马克思主义理论发挥过重要作用。然而，随着时代的发展，这些读本也越来越显出历史局限性。比如，以往对经典著作的解读视角较旧，对马克思主义理解不够全面；解读的经典著作范围较小，视野有限；解读所依据的文献不足，深度不够等。进入新世纪以来，特别是自2004年中央实施马克思主义理论研究和建设工程以来，马克思主义经典著作的教学、研究以及普及工作不断加强，这就迫切要求对经典著作重新进行解读。

同时，这些年我国学界有关经典著作的翻译和研究成果不断推出，为更好地解读经典著作提供了可能。改革开放以来，特别是进入新世纪以来，随着我国社会主义现代化建设以及人类文明的深入推进，我们对马克思主义的理解以及对经典著作的研究不断深化，解读视角发生重大转变，对马克思主义的理解更加全面。例如，以往由于受革命实践的影响，我们较多地从社会主义"革命"视角去解读，而较少从社会主义"建设"视角去解读，因此，较多地注重研究其中的阶级斗争、无产阶级革命和无产阶级专政等理论，而较少研究社会和谐发展、人的全面发展等思想。革命胜利后,仍然沿袭了这种解读模式。这就造成了对马克思主义理解的片面性。实际上,马克思主义经典著作中有丰富的新社会建设思想,恰恰是这些长期被忽视的思想对我们今天的社会主义建设实践来说更有意义。近些年来,我国学者自觉地从"建设"视角研究经典著作基本观点,取得了一系列可喜成就。又如,过去对经典著作的解读主要限于对若干重要经典著作的解读,如对《共产党宣言》等五六部名著有较为详细的解读,对其他著作的解读不多。即使有收文较多的导读性读本,但常常由于篇幅所限,也只能对这些著作进行简要介绍,不可能对每一部著作展开研究。近些年来,这种情况在逐步发生变化。研究经典著作的专题成果越来越多。再如,近年来新的经典著作编译成果和相关研究成果不断推出,大大拓宽了人们对经典著作基本观点的理解。加之这些年我国学界一大批优秀的中青年学者成长起来,他们的外语水平较高,知识储备较多,研究方法较新等,对经典著作的研究和理解也更有新意。这些都为更好地解读经典著作提供了新的时代条件。

为了继承前人研究的成果,弥补以往研究的不足,总结这些年我国学界编译、研究经典著作的成果和经验,比较全面系统地解读和阐释经典著作的基本观点,中央编译局专门成立了"马克思主义经典著作及其重大理论问题研究"课题组,并对该项研究提供了基金资助。课题组不仅在局内组织力量进行研究,而且向社会公开招标,争取到社会力量的支持,一批有造诣的中青年专家参与到课题研究中来。经过课题组同仁两年多努力,已经形成一批研究成果,并将继续补充、完善并陆续推出。这套"马克思主义经典著作研究读本"丛书就是这些成果的集中体现。

本丛书力求体现如下特点,这也是丛书编著工作所力求遵循的原则:第一,体现全面性和系统性。本丛书不仅对经典作家的名著进行解读,也对其他重要著作进行解读,还要对经典作家的一些重要思想,如马克思的人类学思想、列宁的新经济政策理论等,进行专题梳理和解读。不仅从"革命"视角,而且从"建设"视角,全面、系统地梳理经典作家的思想观点。力求使这套丛书成为收文最全面、解读最系统、最能够反映经典作家著作全貌的学术成果。第二，突出文献性和考证性。每一研究读本的写作，力求充分反映国内外有关研究成果，特别是要充分反映我国新时期在经典著作翻译和研究方面所发现的新文献、取得的新成果。在此基础上，要对经典著作形成的历史背景、国内外传播、原著重要思想观点及其流变，以及后人对这些观点的理解等，进行考证研究。如果说过去的解读主要是"注"的话，那么，这套读本则要进一步体现"疏"的特点。通过这种"注疏"性考据研究，不仅使读者知其然，也知其所以然。这样，也能够为学界进一步研究提供尽可能丰富的文献资料。第三，力求权威性和准确性。一方面，研究读本所依据的经典著作文本力求具有权威性和准确性。主要依据中央编译局所编译的最新译本，如《马克思恩格斯全集》第二版、《马克思恩格斯文集》、《列宁全集》第二版、《列宁专题文集》等。对还没有新译文的文本，可以采用旧译文。同时，适当参照外文版本，进行比较研究。另一方面，所依据的其他文献资料，也力求具有权威性和准确性。要选择国内外在该研究领域最具权威性的专家学者的最具代表性的观点和最有影响力的文章。

基于上述考虑，本丛书采取大致统一的研究和写作框架。除导论外，各个读本均有五个部分组成。一是历史考证部分，其中包括写作背景、国内外主要版本和传播考证等；二是研究状况部分，包括对国内外已有的研究情况进行梳理；三是当代解读部分，包括对经典著作的内容简介，对已有研究观点的疏正，对重要理论观点及其当代意义的阐述；四是原著选编部分，根据经典著作的不同情况，或采取全选的形式，或采取节选的形式，均采用中央编译局的最新译本，个别读本同时选编原著的旧文本，以方便比较研读；五是附录部分，包括3到5篇关于本著作的国内外有一定权威性的研究文章，以及进一步研究需要参考和阅读的文献资料。

需要说明的是，对于经典著作的研究，往往会有仁者见仁、智者见智的情况。所以，尽管我们在组织编写工作中努力体现上述原则，但这些读本的观点不一定都具有代表性，更不可能与每一位读者的观点完全一致。加之作者研究角度不同，水平各异，每一读本的结构、篇章、内容、观点都不尽相同，其权威性程度也不尽一致。其中很可能有疏漏和错误之处，谨请读者批评指正。

该丛书在编写和出版过程中，得到了各个方面的大力支持。中央编译局对此项工作高度重视，始终给予鼎力支持。国家出版基金将该丛书列入2012年资助项目。中央编译出版社为该丛书申报国家出版基金项目并最终立项，以及为丛书出版做了大量工作。本丛书中收入的译著和文章的译者、作者和出版者同意我们使用相关的著作版权。该项目顾问委员会的专家对丛书的编写工作给予热情指导，编委会成员和课题组同仁为丛书的编写付出了辛勤劳动。在此一并致以衷心的谢意！

《马克思主义经典著作研究读本》
编辑委员会
2013年6月16日

目 录

导 论 1

第一部分 历史考证 5

第一章 《哥达纲领批判》写作与发表的历史背景 7
一 《哥达纲领批判》写作的历史背景 8
二 《哥达纲领批判》发表的历史背景 18

第二章 《哥达纲领批判》国内外主要版本和传播情况 22
一 考茨基与《哥达纲领批判》的发表 23
二 《哥达纲领批判》的主要版本与传播 25

第二部分 研究状况 29

第三章 国内外研究状况概述 31
一 国外关于《哥达纲领批判》的相关研究 31
二 我国学者关于《哥达纲领批判》的相关研究 36

第三部分 当代解读 43

第四章 《哥达纲领批判》的基本内容 45
一 序言部分 46
二 第一部分 49
三 第二部分 62
四 第三部分 65
五 第四部分 68

第五章　人类社会形态的划分以及未来的发展趋势研究 …… 77
　　一　划分人类社会形态的理论前提 …………………… 77
　　二　人类社会的单线演进与多模式发展 ……………… 79
　　三　社会的单线跨越之间应该有过渡期 ……………… 82

第四部分　经典著作选编 ……………………………………… 87
马克思　哥达纲领批判 ………………………………………… 89
恩格斯　弗·恩格斯给奥·倍倍尔的信 …………………… 112
恩格斯　致威廉·白拉克 …………………………………… 119
恩格斯　致奥古斯特·倍倍尔 ……………………………… 122
恩格斯　致卡尔·考茨基 …………………………………… 125
恩格斯　致卡尔·考茨基 …………………………………… 127
恩格斯　致卡尔·考茨基 …………………………………… 129
恩格斯　致弗里德里希·阿道夫·左尔格 ………………… 131
恩格斯　致卡尔·考茨基 …………………………………… 135
恩格斯　致卡尔·考茨基 …………………………………… 138
恩格斯　致弗里德里希·阿道夫·左尔格 ………………… 141
恩格斯　致奥古斯特·倍倍尔 ……………………………… 144
德国社会民主工党纲领 ……………………………………… 149
德国工人党纲领 ……………………………………………… 151
德国社会主义工人党纲领 …………………………………… 153

第五部分　附　录 …………………………………………… 155
附录Ⅰ　《哥达纲领批判》编年史资料 …………………… 157
附录Ⅱ　研究《哥达纲领批判》相关文献选编 …………… 164
　　一　尼·布哈林、叶·普列奥布拉任斯基:《共产主义和
　　　　无产阶级专政》(节选) ……………………………… 164
　　二　米托·哈季·瓦西里耶夫:《社会主义的按劳分配》
　　　　(节选) ………………………………………………… 181
　　三　R. 德鲁贝克:《〈哥达纲领批判〉对发展共产主义
　　　　社会理论的意义》 …………………………………… 203

四　凯·尼尔森：《马克思、恩格斯和列宁的正义观》……… 213
　　五　李惠斌：《走出苏联模式之后的中国道路——"中国模式"的文本学建构》………………………… 233
　附录Ⅲ　参考文献…………………………………… 247
后　记……………………………………………………… 251

导　论

马克思的《哥达纲领批判》作为科学社会主义重要纲领性文献之一，成稿至今已经137年了。在这百余年的时间里，国际工人运动与社会主义国家的建立与改革均已发生了巨大而深刻的变化。《哥达纲领批判》作为马克思晚年思想走向成熟的代表之作，曾经激励着几代人为之奋斗，并从中汲取营养，寻求建立社会主义国家的良方。同样是研读、吸收与实践，但是百余年后的今天，当年如春花竞放般建立起的一系列社会主义国家却出现了失败与发展两种截然不同的命运。是马克思主义的经典文献出了问题，还是后世在学习和运用的过程中出现了问题，可能现在大家能够达成较为一致的意见了。

我们应该以什么样的态度来对待马克思主义及其经典文献？一种是本本主义，不加区分地教条式吸收，这已经被实践证明是行不通的，我们也曾经为此付出了巨大代价。其二是全盘地否定或者是抛弃。持这种观点的人不在少数，他们认为马克思主义已经伴随着那个时代完全过时了，不值一提，只有西式民主才是中国改革的唯一出路。但就强行割断历史，不遵从中国的客观实际这一点而言，这已经不值得再花笔墨去批驳了。既然不能抛弃马克思主义，又不能不加分析的照抄照搬，那么留给我们的只有理论与实际相结合，吸收和借鉴马克思主义了。

马克思主义是19世纪资本主义发展和工人运动兴起的产物，它是一个开放的体系，允许而且鼓励人们对此进行科学严肃的讨论。马克思主义经典著作是马克思主义的主要载体，应当还原到历史环境中去看待。对马克思主义经典著作的研究和评论，必须采取科学的、实事求是的态度。既不能靠迷信把马克思主义的在特定历史条件下作出的个别结论当作僵化的教条，强行要求现实社会去适应；也不能把变化发展的现实强加给经典作家，随心所欲地去解释马克思主义经典作家的历史结论。总之，世界与中国时刻都在变化与发展，我们应该在还原当时的历史背景下去科学对待马克思主义经典作家的理论，吸取它的精神，指导和建设我们共同的家园。

当今世界，为数不多的几个社会主义国家尤其是中国，通过改革破除了对经典的迷信，灵活地把马克思主义的基本原理同本国的具体实际相结合，走出了具有本国特色的社会主义道路。我国的改革开放已经有近35年的历史了，在摸着石头过河的过程中，我们不但没有放弃或背离马克思主义，反而在对马克思主义的活学活用中获得了新生。"什么是社会主义，怎样建设社会主义？"一语道破了科学社会主义的玄机。就《哥达纲领批判》来看，马克思认为从资本主义到社会主义应该有一个过渡期，这个过渡期内只能实行无产阶级的革命专政。1978年以前，我们试图通过诸如"文化大革命"等无产阶级专政下继续革命的手段来实现共产主义的奋斗目标。事实上，生产力水平与社会现实条件的不断变化，要求我们在认识上也要跟上时代的步伐。党的第三代领导集体多次强调，中国共产党在领导中国革命取得胜利后，已经由"革命党"转变为"执政党"。什么是革命党，什么又是执政党？核心的问题在于，广大人民群众业已成为社会主义劳动者的前提下，我们不能再以对付阶级敌人那样的手段来解决人民内部矛盾问题；而应当通过法制化、制度化的手段推进经济建设、政治建设、文化建设、社会建设与生态建设。今天我们重温《哥达纲领批判》等经典文献，不在于核实我们现行的制度是否完完全全地符合马克思当年的论述或设计，而在于恢复和弘扬马克思主义的精髓来指导实践，解决现实中的矛盾与问题。本书正是基于以上的目的来进行写作的。

本书的内容分为五个部分。

第一部分为历史考证。本书开篇对《哥达纲领批判》写作与发表的历史背景，国内外主要版本的传播情况进行梳理。在谈论写作背景时，笔者重点对当时德国社会现状，尤其是对拉萨尔派和爱森纳赫派在一系列理论和政治问题上存在的原则分歧进行对比和分析，从历史维度解释《哥达纲领批判》写作的必要性和暂缓面世的必然性。在谈论发表背景时，笔者侧重对1891年前后德国工人运动形势发生的重大变化进行考察，尤其是恩格斯为何在众人的反对之下还要将此文公布于世的原因，以及考茨基对发表《哥达纲领批判》的态度进行较为详尽的解读。

第二部分为研究状况。《哥达纲领批判》面世的100多年里，其影响力以及在国内外所产生的争论弥久不衰。在本部分中，作者对国内外各个流派之间的观点进行归纳与评价。事实上在马克思逝世后，如何面对资本主义发展带来的新变化，以及如何理解与实践《哥达纲领批判》所阐述基本观点成为检验当时各个派别是否坚持马克思主义的试金石。列宁的《国家与革命》代表了这一时期的最高成就。"十月革命"的胜利，使科学社会主义由理论变为现实，只可惜的是，整个20世纪的社会主义运动在取得巨大成就的同时，多少都抹不去对经典理论僵化理解的痕迹。新的历史条件下，随着思想的不断解放，国内外关于《哥达纲领批判》的研究均出现了可喜变化，对于正义观的热议，关于过渡时期、国家与社会的关系、所有制与分配问题的讨论都站上了新的时代高度。

第三部分为当代解读。在这里，笔者首先就《哥达纲领批判》的基本内容作了较为全面的解说，从而使读者可以对马克思的《哥达纲领批判》有一个全面的了解。《哥达纲领批判》中有两个重要的理论观点。一个是大家都十分熟悉但不一定真正理解的按劳分配问题，另一个是马克思提到的从资本主义社会向共产主义社会过渡时期的"无产阶级革命专政"问题。对于这两个问题已经由中央编译局的李惠斌教授在他的《走出苏联模式之后的中国道路——"中国模式"的文本与建构》一文中作了比较详细的和富有启发性的解读。我们把此文放在本书的附录中，供与读者阅读。因此，作者把主要精力放在引导读者对人类社会形态的划分以及未来的发展趋势等问题的思考。长期以来，我们一致过于绝对化和机械化地认为人类社会必须严格遵循原始社会、奴隶社会、封建社会、资本主义社会到共产主义社会的依次演进。事实上人类社会各个阶段的更替在坚持这一规律的前提下，过程是十分丰富和生动的，尤其在社会性质发生质变的前夜更是多彩纷呈。因此，只有我们更多的关注和研究这些关节点，才能更好地或者说更加明确地解释清楚当前我国处于社会主义初级阶段的必然性。那么，随之而来的所有制与分配制度的改革等等才有了精准的国情依据。

第四部分为经典著作选编。该部分除了包含恩格斯写的序言、给威·白拉克的信与《对德国工人党纲领的几点意见》等原著的三个篇章外，同时还附上了恩格斯写的与《哥达纲领批判》直接相关的十一封信件以及《德国社会民主工党纲领》（1869年在爱森纳赫通过）、《德国工人党纲领》（1875年3月7日发表在《人民国家报》上）和《德国社会主义工人党纲领》（1875年在哥达通过）三个纲领。这些历史材料对于全面还原和理解《哥达纲领批判》写作的时代背景和社会条件，以及该著作写作的直接原因和具体过程，加深读者对原著的把握，都有很好的启迪作用。

第五部分为附录。附录首先整理了与《哥达纲领批判》相关联的编年体史料，方便读者从历史角度宏观把握马克思的这部经典著作。随后本书附上尼·布哈林、叶·普列奥布拉任斯基著《共产主义和无产阶级专政》（节选），米托·哈季·瓦西里耶夫著《社会主义的按劳分配》（节选），R. 德鲁贝克著《〈哥达纲领批判〉对发展共产主义社会理论的意义》，凯·尼尔森著《马克思、恩格斯和列宁的正义观》与李惠斌著《走出苏联模式之后的中国道路——"中国模式"的文本学建构》等五篇著作。这里选取了不同时期、不同国度、不同学派的具有代表性的五篇论著来拓展大家的阅读视野。其中某些篇章的个别描述和论断已经过时或被实践证明是错误的，但是我没有权利去修改它。反而这些文章中暴露出的问题，更能促使我们去反思，以此避免改革再重走老路或弯路。

关于《马克思〈哥达纲领批判〉研究读本》这本书的写作暂时告一段落，但是马克思那照耀着人类走向自由和解放的思想却需要我们付出毕生的心血去研究、实践与发扬！

第一部分　历史考证

第一部分 历史考证

第一章 《哥达纲领批判》写作与发表的历史背景

马克思的《哥达纲领批判》原名《德国工人党纲领批注》，写于1875年4月至5月初，旨在表达他对即将合并的德国社会主义工人党①的纲领草案的批评意见。1875年，德国工人运动中的两派，爱森纳赫派和拉萨尔派达成合并的协议。在制定统一的新党纲时，爱森纳赫派的领导人在协商中作了无原则的妥协，把一些拉萨尔主义的错误观点写进纲领草案中。这些概念都是拉萨尔从马克思与别人的著作中抄袭并加以改头换面之后当做拉萨尔自己的概念写进他的著作的。这些概念经过拉萨尔的宣传鼓动，在弄不清楚这些概念的真实含义的广大工人群众中引起了极大的思想混乱。与此同时，在拉萨尔的宣传鼓动的欺骗下，拉萨尔的思想也受到了德国工人群众的广泛关注并赢得了许多德国工人的尊敬和崇拜。马克思对拉萨尔以上的行为和做法早已深恶痛绝，但是为了顾全大局，还是采取了忍耐的做法。1863年5月全德工人联合会成立，拉萨尔当选为联合会主席。在拉萨尔去世后，拉萨尔的继承人继续坚持拉萨尔主义，同时由于爱森纳赫派领导人的妥协，在爱森纳赫派和拉萨

---

① 1869年8月7日至9日在爱森纳赫召开的全德社会民主党工人代表大会上宣告成立德国社会民主党。主要领袖有奥·倍倍尔、威廉·李卜克内西等。建党初期，党员人数约1万余人。其纲领在主要问题上接受马克思主义观点，但在某些方面还受拉萨尔思想的影响。参加第一国际后，在马克思、恩格斯帮助下，与拉萨尔派展开了尖锐斗争。主张通过自下而上的革命道路，推翻容克地主阶级的统治，实现德意志统一。坚持无产阶级国际主义，支持巴黎公社。党的机关刊物为《民主周刊》。因片面强调工人政党的统一，对拉萨尔派作了无原则的妥协和让步。1875年5月，在哥达召开的代表大会上与拉萨尔派合并为德国社会主义工人党。1890年改名为德国社会民主党。

尔派合并大会上通过的《德国工人党纲领》依然保留了许多拉萨尔的错误的理论。还在《纲领》通过之前，马克思就抱病写成了《对德国工人党纲领的几点意见》。

马克思认为，原则性纲领"是在全世界面前树立起可供人们用来衡量党的运动水平的里程碑"①。决不能降低党的理论水平，用原则来做交易。同年5月5日，马克思将这一著作连同附信寄给了德国社会民主工党领导人之一威·白拉克，并请他转给爱森纳赫派的其他领导人阅读。希望这部著作在理论上，尤其是在经济理论上同拉萨尔主义划清界限。马克思逝世8年后，德国工人运动发生了巨大变化，恩格斯为了帮助德国社会民主党制定科学的行动纲领，不顾某些德国社会民主党领导人的反对，于1891年将这一著作公开发表在德国党内的理论刊物《新时代》上，并写了一篇序言。同时发表的还有与这一著作直接有关的马克思于1875年5月5日给威·白拉克的信。这部文献尖锐地批判了纲领中渗透的拉萨尔机会主义路线，从头到尾贯穿着马克思的经济理论、价值理论和剩余价值理论。同时进一步深刻地论述了过渡时期和共产主义社会发展两个阶段的原理，以及国家和民主等问题，是科学社会主义理论的经典之作。这部著作的写作和发表过程表明，《哥达纲领批判》是国际工人运动特别是德国工人运动中马克思主义与拉萨尔主义等机会主义斗争的产物，是为指导德国工人运动健康发展而写下的不朽作品。

一 《哥达纲领批判》写作的历史背景

1848年欧洲大革命失败后，各国工人运动处于低潮，资本主义进入了和平发展的历史时期。而此时的德国正处于封建统治之下，政治上四分五裂。在这一时期，德国资本主义发展较晚，与英、法相比，德国原本是一个落后的封建国家，工人运动一直处于较低的水平。19世纪60年代，德国的资本主义工业迅速发展。在莱茵河中游地区发展了金

---

① 《马克思恩格斯文集》第3卷，北京：人民出版社2009年版，第426页。

属工业，在萨克森、西里西亚等地发展了纺织工业，不少地方开始使用机器生产，水陆运输也有显著的发展。德国工人阶级的队伍伴随着德国资本主义生产方式的确立也逐步成长壮大起来，并形成了一支独立的政治力量，登上了政治斗争的舞台，日益成为争夺统治而斗争的关键力量。

随着资本主义经济的发展，资产阶级经济实力不断增长，他们迫切要求国家的统一与民主化，社会民主统一运动在德国发展起来。工人运动也随之恢复与逐步兴起，迫切地要求建立自己的组织。根据当时德国的经济、政治情况，进行资产阶级民主革命，推翻封建统治，消除封建割据，实行全德的完全统一，以适应资本主义经济的进一步发展，这是当时摆在德国工人阶级、资产阶级和全体劳动者面前的历史任务。但是由于德国资产阶级非常害怕工人运动的发展，一方面想效法英、法资产阶级镇压无产阶级的革命运动，但又苦于力量不足；另一方面又不甘心自己的依附地位，总想借助无产阶级的力量与封建势力相抗衡。因而资产阶级同封建势力既斗争又妥协的同时，通过宣扬劳资合作和崇拜普鲁士王朝等思想来腐蚀工人阶级的意志，以削弱工人运动。因此，在德国工人运动中滋长出资产阶级改良主义的思潮。到了19世纪60年代末，德国工人运动由于在一系列问题上存在着原则的分歧，形成了两个对立的派别：一个是拉萨尔派，一个是爱森纳赫派。

拉萨尔派的出现正是德国这种特定的历史条件下复杂的阶级斗争的反映，是资产阶级的影响在工人运动中的表现，拉萨尔机会主义的全部内容，集中地反映了当时德国社会的特点和资产阶级的愿望。

斐迪南·拉萨尔（1825—1864），1825年4月11日生于布雷斯劳（现弗罗茨瓦夫），1864年8月31日卒于瑞士日内瓦。拉萨尔出身于德国犹太富商家庭，少年时代，天资聪颖，曾被称为神童。他写作才能出众，阅览了歌德、席勒、卢梭等人的进步作品，但在生活上放荡不羁，为学校所不容。他曾多次转学，深感旧教育制度对人的摧残。这种被压抑的处境对拉萨尔后来的人生道路产生了很大影响。但是，拉萨尔对当时社会的反抗情绪并不完全纯正，他一方面看到了旧制度的腐败，勇敢地为新制度的降生而呼喊，但是个人英雄主义和浅薄的虚荣心又时时在支配着他。他不满意贵族专制，可是自己又时刻向往着贵族式的富贵荣华；他反对专制统治，可是极端的利己主义又促使他不断地向权力阶层靠拢。这正是拉萨尔后来走上机会主义道路的思想根源。

1842年，拉萨尔考入布勒斯劳大学哲学系，后又转入柏林大学攻读哲学、语言和历史。一到该校，他立即成为黑格尔的忠实信徒，彻底接受了黑格尔的哲学体系。1844年获哲学博士学位。后来成了律师。1848年欧洲大革命期间，拉萨尔参加了杜塞尔多夫民主派的革命活动，并与马克思、恩格斯相识。在此期间，他投身于革命运动，为马克思所领导的《新莱茵报》工作过，并曾被捕入狱。在1849年2月至5月期间，马克思和恩格斯曾四次以《拉萨尔》为标题，在《莱茵报》上公开发表文章声援过拉萨尔的斗争。革命失败后，他继续从事律师工作，完成了为哈茨费尔特伯爵夫人办理离婚案的工作，伸张了正义，获取了良好的声誉。在此之后，拉萨尔在政治上消沉了一段时期，转而去致力于哲学学术研究。1857年他发表了《爱菲斯的晦涩哲人赫拉克利特的哲学》一书，这是一部极力用黑格尔的哲学观点来解说赫拉克利特哲学的唯心主义著作，后来又发表了《黑格尔的逻辑哲学和罗生克兰茨的逻辑学以及黑格尔体系中的黑格尔历史哲学的基础》及《哥特霍尔德·埃夫拉伊姆·莱辛》等一系列哲学小册子，极力鼓吹唯心主义和形而上学的思想，宣扬超阶级的国家观。当沉寂了一个时期的国际工人运动在60年代初开始复苏的时候，拉萨尔积极参加了德国工人运动，于1862年和1863年先后发表了《工人纲领》、《公开答复》等小册子。1863年5月担任了当时最大的、最重要的德国工人组织——全德工人联合会的主席。而此时的马克思和恩格斯正在远离德国的英国，主要从事理论工作。在这种情况下，拉萨尔在德国工人中的名声和影响，自然要超过马克思和恩格斯，成了当时德国工人运动的领袖人物。

拉萨尔自称为马克思的学生，但实际上并不是一位彻底的马克思主义信仰者。1863年3月，拉萨尔发表了《给筹备莱比锡全德工人代表大会的中央委员会的公开答复》，文中提出一整套机会主义理论来作为德国工人党纲的基础。1863年5月，全德工人联合会成立，拉萨尔当选为联合会主席。同年7月，他同俾斯麦勾结起来，表示劳动者本能地倾向于独裁统治，他们很愿意拥戴国王为社会统治的天然工具。并秘密接受俾斯麦的津贴。1864年8月，拉萨尔在瑞士追求巴伐利亚驻瑞士联邦公使的女儿，并在争夺其未婚夫地位的决斗中受重伤后去世，匆忙地结束了自己的一生。他死以后，其信徒贝·施韦泽和哈森克莱维尔等人先后领导全德工人联合会，继续推行拉萨尔的机会主义路线。

拉萨尔的机会主义路线主要表现在以下几个方面：

1. 鼓吹"铁的工资规律"[①]，掩盖资本主义剥削的实质。拉萨尔认为，工人阶级贫困的原因不是资本主义剥削制度造成的，而是人口增长的自然规律决定的。因为在资本主义社会中，工人工资总是围绕人口的多少而维持一个平均值，如果长久地超出这个平均值，工人生活状况就会有所改善，后代繁殖就会加速，导致工人人口增加，结果又会导致实际工资降低，回复到原来的平均值；反之，如果工人工资低于这个平均值，那么，就会导致生活状况的恶化，工人因此会外流或节制生育，于是人口减少，工人实际工资又会上升到原来的平均值。拉萨尔认为这是工资的"铁的经济规律"，这一规律是任何人否定不了的。因此，工人的生活状况永远也不可能从根本上得到改善。拉萨尔的这套谬论是同马克思的剩余价值学说根本对立的。马克思把工人阶级贫困的原因归结为资本主义剥削制度，认为只有推翻资本主义私有制，才能从根本上改善工人阶级的状况。而拉萨尔则把资本主义制度抛在一边，认为工人阶级贫困的根本原因在于工人阶级本身，是人口繁衍太多所致，这实际上是为资本主义制度开脱，是马尔萨斯人口论的翻版。

2. 坚持唯心主义国家观，鼓吹通过国家帮助工人建立合作社来改善工人的生活，这是拉萨尔机会主义路线的中心点。拉萨尔认为，国家的本质不是阶级统治和压迫的工具，国家的使命就是使人的本质能够积极的发展和不断地完善，就是教育和推动人类走向自由，因此国家是为

---

① 《马克思恩格斯文集》第10卷，北京：人民出版社2009年版，第440页。

一切人的,是超阶级的。由此出发,他把实现社会主义的希望寄托在国家的帮助上,他认为,只要由国家出面干预,帮助工人建立生产合作社,使工人成为企业的主人,那么工人就可以获得自己的全部劳动所得,免除中间剥削,这就可以废除铁的工资规律,从根本上改善工人的生活条件,由此社会主义也就自然地到来了。拉萨尔认为这是工人解放的最公平、最合法而又最简单易行的办法。十分明显,这套基于歪曲国家阶级实质而构想出来的工人解放之路是空想的,是拉萨尔及其信徒们的一厢情愿而已。

3. 争取普选权,通过与统治阶级合作来实现自由国家。拉萨尔认为,争取普选权是他的全部设想的起动点。只要有了普选权,就可以选举工人代表进入国会,于是工人阶级在德国的立法机构中拥有代表资格,就可以利用一切合法手段进行和平的鼓动了,普鲁士国家也就因此而变成自由国家,国家也就可以帮助建立生产合作社,这也是改善工人生活状况的唯一手段。而这种改良主义的主张只能把工人运动引向歧途。

4. 散布农民等非无产阶级劳动者都是"反动的一帮"①的谬论。拉萨尔在对待资产阶级国家问题上态度极右,可是他对待无产阶级革命的同盟军问题在理论上却极左。由于他根本无意发动而且也害怕发动群众进行革命斗争,只想通过国家帮助等合法手段取得统治阶级的恩惠,所以他极端蔑视工人阶级的革命同盟军,认为除了工人阶级之外,农民、手工业者、小业主等都毫无革命性,都是反动的一帮。他煞有介事地攻击农民表面上具有很大革命性的农民运动,实质上是反动透顶的,并且他把农民和贵族相提并论,认为他们的任何起义都只能归于失败。

拉萨尔的上述这些观点具有极大的危害性,严重地侵蚀着刚刚发展起来的德国工人运动。1964年拉萨尔在决斗中死后,他的继承者伯恩哈特、施韦泽等继承了拉萨尔的机会主义路线。马克思和恩格斯在英国时,对于拉萨尔的活动不完全了解,但是从拉萨尔的鼓动和表现中,他

---

① 《马克思恩格斯文集》第10卷,北京:人民出版社2009年版,第437页。

们看出：拉萨尔的理论、策略和路线完全是机会主义的，不粉碎拉萨尔的机会主义，就会断送德国工人运动的前途。1863年初，他们同拉萨尔正式决裂，马克思曾经详细地说明决裂的原因："（1）由于他大肆自我吹嘘，甚至还把从我和其他人的著作里极其无耻地剽窃去的东西也拿来吹嘘；（2）因为我**谴责**了他的**政治**策略；（3）因为早在他开始进行鼓动**以前**，我在伦敦这里就向他详细解释和'证明'：所谓'**普鲁士国家**'实行直接的**社会主义**干涉是荒谬的。他在给我的信（从1848年到1863年）中像同我会面时一样，老说他是我所代表的党的追随者。但是，一当他在伦敦（1862年底）确信，他**对**我不能施展他的伎俩，他就决定以'工人独裁者'的身份来**反对**我和原来的党。"① 从拉萨尔发表《公开复信》（1863年3月）以来，马克思和恩格斯就密切注意拉萨尔的行动和言论，并且决定等待适当时机，公开发表意见来批判拉萨尔和他的机会主义。为了做好批判拉萨尔的准备工作，他们通过各种途径，在德意志工人中间大力传播自己的著作，像《共产党宣言》、《政治经济学批判》等，用唯物主义世界观和革命路线来对抗拉萨尔的唯心主义世界观和机会主义路线，使工人们真正了解他们同拉萨尔在观点上的对立，认清拉萨尔理论和策略的机会主义本质，从而脱离拉萨尔的影响，走上正确的革命道路。与此同时，马克思和恩格斯培养一些先进的德国工人和革命者，在德国工人和全德工人联合会中宣传自己的观点，揭露拉萨尔的机会主义行径，把德国工人阶级团结在马克思主义的旗帜之下。在这个工作中，德国工人阶级的优秀代表倍倍尔和威廉·李卜克内西起了很好的作用。马克思以第一国际德国支部书记的身份同他们保持经常的接触。在马克思、恩格斯的影响与努力下，李卜克内西、倍倍尔等参加了工人联合会。1867年倍倍尔当选为德意志工人联合会主席后，按照第一国际的原则，对联合会进行了整顿。但这却引起了施韦泽等拉萨尔派的反对，最终造成了两派的分裂。

与此同时，在全德工人联合会即拉萨尔派中，以白拉克为代表的先

---

① 《马克思恩格斯文集》第10卷，北京：人民出版社2009年版，第219页。

进工人逐渐地了解到拉萨尔机会主义所造成的危害，逐步开始接受马克思主义。他们在"联合会"内部结成反对派，批判拉萨尔的错误路线，同拉萨尔的追随者展开激烈的斗争。1869年6月，白拉克派退出全德工人联合会，同倍倍尔和李卜克内西领导的工人联合会紧密团结在一起。建立革命的无产阶级政党的条件成熟了。1869年8月7日至8日，他们在德国的爱森纳赫城召开代表大会，成立了"德国社会民主工党"（后来通称爱森纳赫派），并宣布加入第一国际。爱森纳赫派参照第一国际的纲领制定了党纲，使党纲基本置于革命的原则基础之上。党还出版了中央机关报《人民国家报》，由李卜克内西任主编。德国社会民主工党的成立是马克思主义反对拉萨尔机会主义斗争的一个重大胜利。社会民主工党纲领以第一国际共同章程的精神为指导，提出坚决反对当时德国的政治制度和社会制度，提出政治自由是劳动阶级经济解放必不可少的前提。宣布自己是第一国际的一部分，以第一国际的目的为目的。从此，德国工人运动就分成了两派：革命的爱森纳赫派和机会主义的拉萨尔派。

拉萨尔派和爱森纳赫派，在一系列理论和政治问题上存在着原则分歧：

第一，对待德国统一问题。拉萨尔派完全拥护普鲁士王朝宰相俾斯麦的自上而下的统一，依靠俾斯麦的铁血手段来建立统一的君主专制国家。爱森纳赫派则主张自下而上的人民革命，推翻各邦的君主专制，建立共和国，为无产阶级革命创造条件。

第二，对无产阶级革命和无产阶级专政问题。拉萨尔派宣扬"依靠国家帮助"① 建立生产合作社，实现社会主义。爱森纳赫派则主张推翻容克地主资本家的统治，建立无产阶级专政，实现社会主义。

第三，对待普法战争和巴黎公社问题。拉萨尔派奉行狭隘的民族主义观，在国会投票赞成俾斯麦的军事预算，支持1870年普法战争和武装镇压巴黎公社起义。爱森纳赫派则坚持无产阶级国际主义立场，谴责

---

① 《马克思恩格斯文集》第3卷，北京：人民出版社2009年版，第442页。

普鲁士政府和法国拿破仑三世政府抱着王朝利益目的而进行战争；对巴黎公社事业给予满腔热情的支持和声援，反对普鲁士王朝对法国的侵略和武装镇压巴黎公社起义，等等。

第四，对待第一国际的态度。拉萨尔拒绝参加第一国际，并且阻挠工人参加第一国际的活动。爱森纳赫派则积极参加第一国际的活动。

两派之所以产生如此巨大的分歧，是有着深刻的历史和社会根源的。1871年普法战争结束以后，德国实现了统一。建立起来的德意志帝国是容克地主和大资产阶级的联合专政的国家，这为资本主义在德国取得长足发展开辟了前提条件。19世纪70年代德国完成了工农业的资本主义化。无产阶级队伍更加迅速壮大，资产阶级与无产阶级的阶级矛盾由此也更加激化。1873年的资本主义经济危机也席卷了德国，从而加剧了各个阶级与阶层的矛盾。工人阶级反对俾斯麦的反动政策和资本主义剥削的斗争更加高涨。当时的德国政府为了镇压日益高涨的工人运动，疯狂迫害工人阶级组织及其领导人。1872年以"叛国罪"判处李卜克内西和倍倍尔的徒刑。面对敌人的镇压，工人群众越来越感到队伍团结的重要性。为此，爱森纳赫派多次建议两派合并，但却遭到拉萨尔派的拒绝。

由于爱森纳赫派执行正确的路线，在工人中的威信迅速提高，越来越多的工人站到爱森纳赫派这一边来。进入70年代后，德国工人运动的发展使反动派感到惊慌，俾斯麦政府加紧了对工人运动的镇压。爱森纳赫派的地方组织遭到了封闭。拉萨尔派由于执行机会主义路线，逐渐失去工人群众的信任，濒于瓦解。1869年他们控制的会员35000人，到1871年只剩下4200多人。并在1871年选举中遭到了失败。共同的逆境，促使两派都希望合并，以壮大力量。另外，这时德国已经统一，两派原来关于德国统一问题的策略分歧不复存在，两派的合并更有了现实的基础。马克思、恩格斯认为通过合并改变德国工人运动的分裂状态是必要的，对工人阶级有利，但合并要有原则，要建立在科学共产主义的理论原则和纲领路线的基础上。1871年10月两派开始协商合并事宜，并决定于1875年5月22日在哥达举行党的统一代表大会。

在什么样的基础上实现统一？这是给爱森纳赫派提出的尖锐问题。两派在走向合并的过程中，马克思、恩格斯对合并的指导思想以及合并纲领的理论阐述给予了特别的关注，并为此进行了大量的组织工作和宣传工作。鉴于当时机会主义思潮远远没有肃清，因而建立统一的工人党的条件尚未成熟。所以，马克思提出："那就干脆缔结一个反对共同敌人的行动协定"①好了。并指示爱森纳赫派决不拿原则做交易。恩格斯给倍倍尔信中也指出："是否合并要看他们有多少诚意放弃他们的宗派口号和他们的'国家帮助'，并基本上接受1869年的爱森纳赫纲领或这个纲领的适合目前情况的修正版。"②合并的条件是"他们不再做宗派主义者，不再做拉萨尔派"。③他们十分清楚拉萨尔机会主义思潮对他们所创立的科学社会主义理论的干扰和对工人运动的危害。为此，他们一再告诫社会民主工党的领袖们，制定一个建立在对科学社会主义理论统一认识基础上的科学严谨的纲领，"这就是在全世界面前树立起可供人们用来衡量党的运动水平的里程碑"④，成熟的理论和统一的思想是建设一个真正的工人阶级政党的基础，这是两派合并的基础，它比组织上的合并更重要。

但是，爱森纳赫派领导层的李卜克内西等人却热衷于组织上的合并，未曾听进这些劝告。他们背着马克思、恩格斯于1875年3月7日，由两派领导人李卜克内西和哈赛尔曼等人共同起草的题为《德国工人党纲领》的草案分别在两派的机关报上发表，准备提交在哥达城召开的合并代表大会讨论。这个到处渗透了拉萨尔派机会主义观点的纲领草案，即德国社会主义工人党纲领，竟然接受了全德工人联合会代表要求把拉萨尔观点纳入合并纲领的具有约束力的委托书，使草案的主要观点完全脱离了原爱森纳赫纲领。大约四天以后，当马克思、恩格斯看到这个草案时，着实吃惊不小。他们随即对这个草案做了逐

---

① 《马克思恩格斯文集》第3卷，北京：人民出版社2009年版，第426页。
② 同上书，第410页。
③ 同上书，第411页。
④ 同上书，第426页。

点剖析，得出的结论是，它不仅没有超过爱森纳赫纲领而且比爱森纳赫纲领还倒退一步。他们认为，两党的合并，至少应该是在基本上接受1869年的爱森纳赫派纲领或这个纲领的和目前情况相适应的修正版基础上的合并，而不能是这个草案。3月18日—28日，恩格斯把他和马克思对草案的看法，写信给出狱不久、对合并情况还不甚了解的爱森纳赫派领导人倍倍尔，阐明了他们对纲领草案全盘否定的原则立场，指出："这个连文字也写得干瘪无力的纲领中差不多每一个字都应当加以批判。它是这样一种纲领，一旦它被通过，马克思和我**永远不会**承认建立在这种基础上的新党"。① 马克思、恩格斯的最初表态并没有被李卜克内西等人理解和接受。究其原因，主要是李卜克内西过分热衷于两派组织上的合并，致使他对拉萨尔机会主义观点的乘虚而入失去了应有的警惕。但更主要的是李卜克内西自身缺乏科学社会主义理论的必备素养，这就使他对潜伏在草案中的拉萨尔机会主义观点难以做出是非鉴别。李卜克内西虽然积极投身工人运动，为爱森纳赫派的发展壮大做出了很多贡献，但是，他在理论上受拉萨尔思潮影响较大。为了那些带有拉萨尔观点的词句，马克思、恩格斯跟他已争论了多年，而他对这些词句却非常欣赏。这种理论上的不成熟，直接导致了他在起草合并纲领时，不可能担负起对充斥于纲领草案中的拉萨尔词句批判的责任，这也是造成他始终未能真正搞清马克思、恩格斯为什么要对纲领草案展开批判，以及最终也未能理解并接受这一批判的主要原因。理论上的局限性和合并指导思想上的错误，使李卜可内西等人自以为是地拒绝了马克思、恩格斯的批评，并力求用一切手段美化向拉萨尔派所做的妥协。李卜克内西和其他党内干部顽固地为合并纲领草案辩护，还把它说成是马克思主义的胜利，这就促成了马克思和恩格斯的第二次表态。这就是马克思于5月初抱病写成的《对德国工人党纲领的几点意见》，即《哥达纲领批判》，希望爱森纳赫派领导人能认识错误，加以修改。但李卜克内西根本听不进去，纲领草案略加修改以后，于1875年5月，

---

① 《马克思恩格斯文集》第3卷，北京：人民出版社2009年版，第415页。

在哥达城召开的合并大会上草率地通过了。

二 《哥达纲领批判》发表的历史背景

《哥达纲领批判》成稿于1875年,那么为什么在当时不立即发表,却在15年后才由恩格斯单独予以发表呢？历史的原因是众多的。一方面是由于爱森那赫派的领导人李卜克内西等人对批判极为不满,害怕广大工人群众听到马克思和恩格斯的意见,千方百计地加以封锁和阻挠。另一方面,也是更为重要的,尽管《哥达纲领》存在着严重的错误,但两派合并以后,在马克思、恩格斯的领导和帮助下,德国工人运动仍然得到发展。在实践中,不仅德国工人阶级把它作为战斗的旗帜,而且它的敌人也未能识别《哥达纲领》中的问题,反而把它当做真正的共产主义纲领来对待。正如恩格斯指出："幸而这个纲领的遭遇比它应该有的遭遇要好些。工人、资产者和小资产者在其中领会出它本来应该有但现在却没有的东西,任何一方面的任何一个人都没有想到去公开分析这些奇怪的命题中任何一句的真实内容,这就使我们可以对这个纲领保持沉默。"① 又说："资产阶级新闻界的蠢驴们没有这样做,反而以非常严肃的态度来对待这个纲领,领会出其中所没有的东西,并做了共产主义的解释。工人们似乎也是这样做的,**仅仅是由于这种情况**,马克思和我才没有公开声明不同意这个纲领。"② 然而,在内部,马克思和恩格斯对爱森纳赫派的领导人进行了严肃的批评。这表明了马克思、恩格斯在处理这个问题上的原则性和灵活性。

到了1891年,情况就不同了,德国工人运动的形势发生重大变化。形势迫使恩格斯不得不将其公布于世。"如果我还不发表这个与这次讨论有关的重要的——也许是最重要的——文件,那我就要犯隐匿罪了。"③

---

① 《马克思恩格斯全集》第34卷,北京：人民出版社1972年版,第148页。
② 同上书,第151页。
③ 《马克思恩格斯文集》第3卷,北京：人民出版社2009年版,第423页。

从德国国内情况看，1875年两派合并以后，在马克思和恩格斯的帮助下，经过广大党员的努力，德国工人运动获得迅速的发展。1877年，党员发展到3.5万人，在这一年的国会选举中，社会民主党获得近50万张选票，这种情况引起了敌人的恐惧和敌视。1878年，俾斯麦借德皇威廉一世被刺事件解散了国会，又由新的国会通过了"镇压社会民主党企图危害治安的法令"即《反社会党人非常法》，实行白色恐怖，镇压工人运动，把社会主义工人党置于非法地位。俾斯麦的高压政策确实取得一定的效果。党的领导人面对敌人的突然袭击惊慌失措，开始宣称工人党应当是全民的党而不是片面的党，要用仁爱的精神去教育党员，表明他们根本不敢向俾斯麦政府作坚决的斗争，最后竟然通过了解散党的决议。此时，党内右倾机会主义分子乘机而动。以伯恩斯坦等人为代表的机会主义分子纠合在一起，宣扬投降主义路线，主张把党变成资产阶级改良主义政党。以杜林分子莫斯特等人为代表的左倾机会主义分子组成盲动主义集团，鼓吹立即革命，以此暴露党的力量，给党带来灭顶之灾。

但是，广大党员和工人群众却自动建立秘密组织，开展反迫害的斗争。马克思、恩格斯挺身而出，支持广大党员和工人群众的斗争，鼓舞他们坚定信心，并为党制定了正确的策略。到了19世纪90年代，资本主义正处在由自由资本主义向帝国主义过渡的时期，德国国内阶级斗争出现了新的形势，由于广大工人群众的斗争，阶级矛盾的尖锐和工人运动的蓬勃发展，迫使德国统治阶级改变了策略。俾斯麦眼看高压政策不成，就采取施舍"胡萝卜"的手法。他们一方面用金钱拉拢工人阶级的上层分子，培植工人贵族；另一方面于1890年宣布废除《反社会党人非常法》（1878年颁布），实行社会改良的自由主义政策。在敌人软硬兼施的诱惑下，党内右倾机会主义思想复活起来。在这种情况下，德国工人党恢复公开活动，参加了国会选举。这时，以福尔马尔为代表的右倾机会主义分子公开美化资产阶级，吹捧自由主义政策的进步性，乘机宣扬阶级合作，鼓吹德国已经能够按照全体人民的利益办事了，只要争取更多的选票和议席，就可以和平地实现社会主义。党的个别领导人也大谈和平过渡到社会主义具有可能性,这股思潮严重影响了德国工人党的战斗堡垒作用,并引起党员和工人思想上的混乱。

　　同时,1890年10月,德国社会主义工人党在哈雷召开党的代表大会,大会决定由李卜克内西拟定一个新的纲领草案,供次年在爱尔福特召开的党代表大会讨论,以代替《哥达纲领》。经过几十年的实践,李卜克内西对《哥达纲领》的错误有所认识,但很不彻底。而且对马克思、恩格斯的批评耿耿于怀,并企图翻案。在他起草的报告中,"一方面把抄自马克思手稿的东西放肆地当做自己的加以利用,一方面不指名地对这份手稿进行攻击。"① 这表明围绕《哥达纲领》的斗争还未停止,根本理论的分歧还远未解决。为了同党内日益滋长的机会主义思潮作斗争,为了揭露拉萨尔派的真实面目,肃清其影响,也为了提高全党的理论水平,争取在下一届代表大会能通过一个科学的共产主义纲领,恩格斯决定发表《哥达纲领批判》。他认为,党经过几年的考验已经比较成熟了,"**会经受得住**这种在15年前使用的直率的语言"②。并指出:"此文在正式机关报上转载,会使我们敌人的进攻锋芒减弱,也使我们能够这样讲:请看,我们是怎样自己批评自己的,我们是唯一能够这样做的政党;你们也这样试试看吧!"③

　　发表《哥达纲领批判》是一场尖锐的斗争,李卜克内西和倍倍尔借口发表会给党带来不利的影响而坚决反对。恩格斯说,既然哈雷大会已把纲领的讨论提到日程,那么马克思就有权发表他的意见。如果这时再不发表马克思的批评意见,"那我就要犯隐匿罪了"④。拉萨尔已经去世26年了,那时由于特殊的历史情况,使他没有受到公开的批判,现在已经到了彻底清算他的时候了,"掩饰拉萨尔的真实面目并把他捧上天的那种神话,绝不能成为党的信念的象征"⑤。经过恩格斯的坚决斗

---

① 《马克思恩格斯文集》第10卷,北京:人民出版社2009年版,第603页。
② 同上书,第602页。
③ 《马克思恩格斯全集》第38卷,北京:人民出版社1972年版,第21页。
④ 《马克思恩格斯文集》第3卷,北京:人民出版社2009年版,第423页。
⑤ 《马克思恩格斯全集》第38卷,北京:人民出版社1972年版,第37页。

争，考茨基于1891年1月在党的刊物《新时代》上将《哥达纲领批判》全文发表。

公开发表《哥达纲领批判》还有深刻的国际背景。1871年巴黎公社起义失败以后，欧洲主要资本主义国家进入了相对稳定的和平发展时期。国际工人运动也进入了一个新的阶段。正如列宁指出的那样："它带有'和平'性质，没有发生革命。西方结束了资产阶级革命。东方还没有成熟到实现这种革命的程度。西方进入了为未来变革的时代作'和平'准备的阶段。"[1] 在马克思和恩格斯的帮助下，欧洲各国和美国的无产阶级都建立了自己的政党。1864年成立了第一国际。1883年马克思逝世以后，各国工人党在恩格斯帮助下于1889年成立了第二国际。在新的形势下，统治阶级也改变了斗争策略，利用诱人的金钱收买工人贵族。在不触动资本主义制度的前提下给工人一点合法权利。资产阶级策略的改变使得第二国际内的一些政党开始滋生起右倾机会主义思潮来。恩格斯公开发表《哥达纲领批判》，正是为了同国际共产主义运动中日益滋长的机会主义思潮进行斗争的需要。

《哥达纲领批判》发表后，李卜克内西和倍倍尔害怕会给敌人提供武器，恩格斯指出："恶意的诽谤当然是借任何理由都可以散布的。但是总的说来，这种无情的自我批评引起了敌人极大的惊愕，并使他们产生这样一种感觉：一个能给自己奉送这种东西的党该具有多么大的内在力量呵！……哪里还有另外一个政党敢于这样做呢？"[2] 批评与自我批评是一个革命的政党走向成熟的标志，发表《哥达纲领批判》决不会损害党的一丝一毫。事实证明，《哥达纲领批判》发表100年来，无论在理论上还是实践上都对无产阶级的革命和建设事业起到了巨大的指导作用。

---

[1] 《列宁专题文集（论马克思主义）》，北京：人民出版社2009年版，第63页。
[2] 《马克思恩格斯全集》第38卷，北京：人民出版社1972年版，第36页。

第二章 《哥达纲领批判》国内外主要版本和传播情况

《哥达纲领批判》写作和发表距今已有100余年了。虽然当时是直接针对德国两派工人政党合并纲领写的,但是却具有更为广泛的理论和现实影响力。恩格斯在序言中指出:"明确而有力地表明了马克思对拉萨尔开始从事鼓动工作以来所采取的方针的态度,而且既涉及拉萨尔的经济学原则,也涉及他的策略。"① 同时,这篇文章在清算拉萨尔机会主义的同时,还阐述了工人阶级政党的理论基础和战略、策略思想,尽管当时爱森纳赫派的领导人没有采纳马克思的意见,但它却产生了应有的影响并赋予别人以勇气。

其实,《哥达纲领批判》问世与传播是颇费周折的。大家知道,马克思在给德国社会民主工党领导人之一威廉·白拉克的一封书信(1875年5月5日)里曾附上了他所说的《哥达纲领草案》"批注"。考虑到当时的复杂形势,这份"批注"没能及时公开发表。1891年,恩格斯在爱森纳赫代表大会筹备期间在卡尔·考茨基任编辑的《新时代》上才公开发表了该篇"批注",他用的标题是"哥达纲领批注"。本次代表大会是在俾斯麦《反社会党人非常法》废除以后德国社会民主党召开的一次极为重要的会议。恩格斯认为,在此期间发表马克思的《哥达纲领批注》不仅对于德国社会民主党,而且对于国际工人运动都具有重要意义。

---

① 《马克思恩格斯文集》第3卷,北京:人民出版社2009年版,第423页。

一　考茨基与《哥达纲领批判》的发表[①]

1891年1月31日,在考茨基主编的《新时代》第18期上,刊登了马克思的《哥达纲领批判》这部名著。决定公开发表此文的是恩格斯,支持恩格斯这一决定的有考茨基等人。但是许多国际共运史的研究专家却认为考茨基是反对者。关于考茨基在《哥达纲领批判》公开发表这件事上的态度,便是当时争论的热点之一。

1891年1月6日,恩格斯从伦敦把《哥达纲领批判》手稿寄给在斯图加特的考茨基,第二天又给他写了信,并预料这份手稿会使考茨基"感到高兴"[②]。果然不出所料,1月8日考茨基收到手稿后,立即给恩格斯写了回信:"马克思关于纲领的文章今天已经收到。文章写得好极了,而且来得正是时候……你同倍倍尔和李卜克内西谈过打算发表的事吗?他们对此是不会感到高兴的。不过,无法使他们避免这一点,发表是必要的。而且恰好是现在。"[③] 这封信还告诉恩格斯,他已决定把马克思的手稿拿去排印,并将寄去一份清样。这说明,考茨基对发表《哥达纲领批判》的态度是坚定的,反应是迅速的。恩格斯赞许他"在整个事件中一直表现得很勇敢"[④]。

《哥达纲领批判》的发表,在德国社会民主党内外引起了一场严重的斗争。李卜克内西和国会党团指责考茨基没有事先通知中央领导人,是背着党干的。这篇文章的发表给敌人提供了破坏工人运动的机会,是授人以柄,伤害了党内广大同志。考茨基驳斥了这一责难。他坚持说:"第一,他不认为有义务把文章提交党的领导审阅;第二,发表《哥达纲领批判》的事是事先告诉两个国会党团成员的,其中有党的领导人倍

[①] 以下相关论述是根据徐耀新《考茨基与〈哥批〉的发表》〔《南京师范大学学报(社会科学版)》1981年第3期〕这篇文章相关思路整理的。
[②] 《马克思恩格斯全集》第38卷,北京:人民出版社1972年版,第5页。
[③] 《研究〈哥达纲领批判〉参考史料》,北京:生活·读书·新知三联书店1978年版,第184页。
[④] 同上书,第28页。

倍尔，还给他寄去了清样，因此不是背着党干的。"① 但国会党团还是一致决定，在中央机关报《前进报》上发表一篇题为《马克思关于纲领的一封信》的社论，谴责《新时代》私自发表了《哥达纲领批判》。《新时代》在转载这篇社论时，考茨基针对这一指责加了一个注释，在坚持上述两条的前提下，承担了发表的责任。他坚持认为发表《哥达纲领批判》，从意图到方式，都是光明正大的。恩格斯说这个注加得"非常好"②。

考茨基在《哥达纲领批判》发表后不久，发表了《新时代》编辑部的文章——《我们的纲领》。对《我们的纲领》一文，不能脱离当时的历史环境去评论。因为《哥达纲领批判》发表后不久，国会党团一致决定将公开严厉谴责《新时代》，对此狄茨不知所措，恳求考茨基写一篇和解的文章。作为党的理论刊物的编辑部，理应在纪律上服从党的领导的集体决定，加上出版人狄茨的恳求，考茨基在不违背立场的前提下，以《新时代》编辑部的名义发表了一篇"尽量和解"的文章，使国会党团不至于发表公开的谴责。对此，恩格斯不但没有提出任何指责，而且支持这种和好的策略行动。

考茨基在《我们的纲领》一文中，一开始就肯定了《哥达纲领批判》的实质性论述，指出其具有无可争论的价值。文章反驳了《民族》杂志的挑拨之词，并且阐述了自己对拉萨尔的评价。文章认为马克思的《哥达纲领批判》并非是对拉萨尔的一个总的判断，而仅仅涉及拉萨尔的理论活动和策略活动的某些方面。考茨基认为马克思在经济学理论上战胜了拉萨尔。

总的来看，《哥达纲领批判》在被埋没了15年后得以在德国公开发表，考茨基是起了积极作用。我们不能因为考茨基在后来堕落成为一个机会主义者而否定他在这一时期的贡献。应该说，考茨基支持发表《哥达纲领批判》是他的功劳之一。

---

① 《研究〈哥达纲领批判〉参考史料》，北京：生活·读书·新知三联书店1978年版，第201页。

② 《马克思恩格斯全集》第38卷，北京：人民出版社1972年版，第35页。

二 《哥达纲领批判》的主要版本与传播

《哥达纲领批注》发表之后，就该不该发表马克思这篇著作以及这篇著作所阐述的思想内容在当时是否还有效等问题展开了一场激烈争论。恩格斯始终坚决支持发表这份"批注"以及由此阐发的一系列马克思主义的基本原理和思想，因为它体现了当时唯一正确的政策。可惜马克思的这部著作单独发表以后经过短暂的争论便长期少人问津，直到20世纪20年代，国际共产主义运动再次高涨的时候，与此相关的讨论才重新活跃起来。

1917年，十月革命的胜利使得马克思主义经典文献翻译与研究的重点由西欧转向苏俄。1933年苏联出版"马列主义丛书"，其中发表了马克思、恩格斯和列宁的许多重要著作。而《哥达纲领批判》是首次以这个标题被收于该丛书中。这一版本除"批注"之外，还收录了马克思和恩格斯关于哥达纲领的书信、在哥达现存的纲领草案及所作的修改，同时还作了真正的创新，收入了一篇题为《列宁论〈哥达纲领批判〉》的文章，这篇文章的内容实际上是列宁《国家与革命》（写于1917年）的部分摘录。编辑新加《哥达纲领批判》这个标题所依据的是列宁的一份摘录，这份摘录的俄语标题为"Kritika Gotskoj Programmy"（《哥达纲领批判》）。

历史证明，《哥达纲领批判》这个新标题是经得住考验的，随之也在其他国家相继沿用和传播。到1941年，该文又加录了《斯大林论无产阶级专政、社会主义和共产主义以及国家在社会主义和共产主义制度下的发展道路》一文。这篇文章在全书156页中占据49页，也就是说占到全书的三分之一。斯大林的文章虽然在1955年之后被删去，但是马克思的"哥达纲领批注"沿用《哥达纲领批判》这个标题，却被保留和沿用下来。同时"哥达纲领批注"依然保留了1941年版的旧注释，这些注释是根据斯大林批准印发的《联共（布）党史简明教程》为依据来阐释苏联布尔什维克党对马列主义路线的认识。由此开来，《哥达纲领批判》在全世界广为传播。

中国共产党成立后，一直十分关注马列经典的翻译与传播工作。1922年1月，在中国社会主义青年团机关报《先驱》创刊号上刊载了重远（即邓中夏）撰写的《共产主义与无政府主义》一文，其中就有《哥达纲领批判》最早的中文版译文。同年5月，在北京马克思主义研究会的《今日》月刊第1卷第4号"马克斯特号"中，刊载了该书的中文全译文，标题是《哥达纲领批判》，译者为熊得山。1923年，马克思主义研究会把这篇文章单独成册出版，这也是距今可以考证到的马克思《哥达纲领批判》的第一个中文译本。1923年4月，在湖南自修大学理论杂志《新时代》月刊的创刊号上，发表了李达翻译的另一种译文，题为《德国劳动党纲领栏外批评》。此后，又有两种译文先后问世：一是连载于上海《时事新报》副刊《学灯》上的由彭学需翻译的《德意志劳动党纲领批评》；二是上海解放丛书社出版的李春蕃（即柯柏年）译本，这个译本是当时已出版的几个译本中最完整的译本。该译本出版后，受到了读者的欢迎，1926年1月又重印了第2版。抗日战争初期，延安解放社把何思敬、徐冰的合译本，作为"马恩丛书10"出版。总的来看，新中国成立前对《哥达纲领批判》的翻译和传播是十分艰辛的，但它的影响也是较为广泛的。

新中国成立后，中央宣传部便成立了"斯大林全集翻译室"。不久，中央决定成立"中央俄文编译局"。1950年9月，第一届全国出版会议明确规定马克思主义著作出版、印刷、发行分别由人民出版社、新华印刷厂、新华书店承担。1953年1月29日，毛泽东亲自批示将中央俄文编译局和斯大林著作翻译室合并成立中共中央马克思、恩格斯、列宁、斯大林著作编译局，有系统、有计划地翻译出版马克思、恩格斯、列宁、斯大林的全部著作。在随后翻译、编纂并出版的《马克思恩格斯选集》与《马克思恩格斯全集》中，《哥达纲领批判》均被全文刊印。

1966年"文化大革命"爆发，编译工作受到严重冲击，马列经典著作出版工作一度中断。1970年8月下旬，党的九届二中全会在庐山召开。会上毛泽东提出"这几年要特别注意宣传马列"，随后建议在全党特别是高级干部中学习 6 本马列著作，即《共产党宣言》、《哥达纲领批判》、《法兰西内战》、《反杜林论》、《唯物主义和经验批判主义》、《国家与革命》。在周恩来的亲自领导下，人民出版社出版了中央编译局重新译校过的这 6 本书。由于受到极"左"思潮的影响，在这段历史时期对于《哥达纲领批判》的研究是有失偏颇的。大家过多的只是注意到了阶级斗争、消灭商品货币等只言片语，而不是将这些还原于著作和历史本身，以及同中国的国情即生产力水平相联系进行研究。那么，最终导致的偏差也是不言而喻的。

改革开放后，马列经典的翻译工作逐步走上正轨和快车道。中央编译局、人民出版社等相关机构的工作人员都为此付出了艰辛努力。其中以 1997 年由中央编译局编译、人民出版社出版的《哥达纲领批判》单行本（第三版）流传最为广泛。此版本不仅包含恩格斯的序言、马克思致威廉·白拉克（1875 年 5 月 5 日）的信、德国工人党纲领批注等传统四部分，而且收录了恩格斯致奥古斯特·倍倍尔（1875 年 3 月 18 日—28 日）、致威廉·白拉克（1875 年 10 月 11 日）、致卡尔·考茨基（1891 年 1 月 7 日）、致弗里德里希·阿道夫·左尔格（1891 年 3 月 4 日）等恩格斯阐述哥达纲领的 11 封信件，同时附录了德国社会民主工党纲领（1869 年在爱森纳赫通过）、德国工人党纲领（1875 年 3 月 7 日发表在《人民国家报》上）、德国社会主义工人党纲领（1875 年在哥达通过）3 个文件，这对于全面研究《哥达纲领批判》起到至关重要的文献支撑。

新的历史时期，马克思、恩格斯经典著作的翻译也体现了时代的特色。我们逐步自觉地消除教条主义因素，更多地去关注和还原经典文献的本真面目；我们不再以俄文版作为翻译的母本，而是把德文版与英文版等马克思、恩格斯原著作为翻译的蓝本，这也为新时期经典的翻译和研究工作注入了新鲜血液。2009 年，由中央编译局编译、人民出版社出版的《马克思恩格斯文集》（10 卷本）收录的《哥达纲领批判》，显示了当前编译工作的最高水平，为国内从事相关文献研究的学者提供了很好的研究平台。

第二部分　研究状况

第三章 国内外研究状况概述

《哥达纲领批判》是马克思主义理论的重要文献之一。一个多世纪以来，《哥达纲领批判》对国际工人运动以及各国社会主义运动产生了巨大而深远的影响。国内外针对《哥达纲领批判》的理论研究，除了时代变迁所带来的不同认知外，东西方之间、共产主义运动与民主社会主义流派之间等等也有着各自不同的思考与解读。

一 国外关于《哥达纲领批判》的相关研究

1891年，考茨基在恩格斯的支持下公开发表了《哥达纲领批判》，该篇文章的面世即刻在理论界与革命者中产生了激烈争论。由于种种原因，《哥达纲领批判》和恩格斯写的序言在恩格斯生前没有再版过，而关于《哥达纲领批判》的种种争论，事实上已经贯穿于第二国际从酝酿到走向分裂的全过程。

（一）社会主义国家诞生前对《哥达纲领批判》基本思想的认识

19世纪末期，西方资本主义与国际工人运动均已发生了深刻变化，自然在如何理解和贯彻《哥达纲领批判》基本思想的问题上也出现了不同看法。1876年第一国际解散后，随着科学社会主义在欧美的广泛传播，到80年代末欧美已有16个国家先后建立社会主义政党。各国工人和社会主义者要求加强国际联系。恩格斯为此做了大量工作，促使德、法等国社会主义政党的代表于巴黎人民攻克巴士底狱100周年纪念日，即 1889 年 7 月 14 日，在巴黎召开"国际社会主义者代表大会"。有 22 个国家的 393 名代表参加，李卜克内西、倍倍尔、瓦扬、拉法格等 27 人组成大会主席团。这次大会标志着第二国际的建立。

作为马克思主义学说的创始人之一，晚年恩格斯对马克思主义的阐发，自然会引起当时所有的马克思主义者们的关注和重视，恩格斯事实上已经成为第二国际的精神领袖。晚年恩格斯正处于欧洲资本主义社会的和平发展时期，伴随着第二次科技革命，资本主义世界开始从自由竞争阶段向垄断阶段过渡。资本主义国家普遍进行自我修正和调整，加大了国家对经济运行和分配的干预力度，工人政党陆续合法化，工人争取到了普选权，资本主义议会民主制得到长足发展，资产阶级的统治策略和剥削手段也更加隐蔽，等等。在新的形势下，如何开创无产阶级解放斗争的新路径，这成为晚年恩格斯面临的重大而又紧迫的课题。

面对资本主义世界的新变化，晚年恩格斯提出在总的战略即无产阶级夺取政权、争取社会主义胜利这一目标下，应该对无产阶级斗争的策略做出相应调整。采取合法斗争还是非法斗争，是以和平手段还是暴力手段，要根据具体的条件来确定。但是利用合法形式和普选权壮大自己仅仅是无产阶级斗争的一个重要策略，绝不是根本目标。恩格斯明确指出："我根本没有说过什么'社会党将取得多数，然后就将取得政权'。相反，我强调过，十之八九我们的统治者早在这个时候到来以前，就会使用暴力来对付我们了。而这将使我们从议会斗争的舞台转到革命的舞台。"[①] 议会斗争仅仅是无产阶级运动的策略而已。同时，晚年恩格斯面对第二国际中出现的怀疑无产阶级专政的倾向，屡次强调无产阶级专政在马克思主义社会革命理论和国家学说中的重要地位，并阐述无产阶级专政的基本内容。

总体来说，晚年恩格斯对无产阶级斗争策略和社会主义理论等问题的探索，始终坚持着马克思在《哥达纲领批判》里所阐述的基本原则，同时又结合当时社会历史发展的新情况和新变化，对马克思和他以往的

---

① 《马克思恩格斯全集》第 22 卷，人民出版社 1971 年版，第 327 页。

相关思想进行了积极的反思与合理的修正。

恩格斯逝世后，伯恩施坦迅速地对马克思主义进行了全面修正，尤其是对无产阶级斗争策略和社会主义理论的修正是最为典型性和最具颠覆性的。伯恩施坦认为实现社会主义，只需发展和利用资本主义民主制度，不必使用暴力去摧毁这一制度。"民主是手段，同时又是目的。它是争取社会主义的手段，它又是实现社会主义的形式。"① "在一百年以前需要进行流血革命才能实现的改革，我们今天只要通过投票、示威游行和类似的威逼手段就可以实现了。"② 因此，《哥达纲领批判》坚持的基本原则在伯恩斯坦面前也就失去了存在的价值和现实的意义。

面对着伯恩斯坦等人对马克思主义基本原理的修正，考茨基也曾经站在马克思主义的立场对伯恩斯坦进行驳斥，在历史上起到过积极意义。但从长期看，考茨基在一系列原则问题上的态度却十分暧昧。"十月革命"后，考茨基便抛出了"纯粹民主"说，认为无产阶级斗争和社会主义的前提是发达的资本主义大工业和纯粹民主。前者使无产阶级占支配地位，后者使无产阶级具有把政治民主转变为经济民主的能力。因此，"一个国家在一方面越是资本主义，在另一方面越是民主，它就越接近社会主义。"③ 所以在民主政治得到充分发展的国家里，无产阶级革命无须采取暴力的手段，而应该坚持和平、合法的议会斗争等手段来实现社会主义的和平直入。以上论点可以看出，考茨基在肯定社会主义对发达资本主义生产力的继承这一点上是毋庸置疑的，但由此武断地否定十月革命的历史意义与暴力革命手段的必要性，只会将自己推进机会主义的怀抱。

总体上说，第二国际在恩格斯去世后出现了明显分化。以列宁、考茨基、伯恩施坦等人为代表的左、中、右三派最终以共产主义运动与民主社会主义运动的分道扬镳而宣告了第二国际的破产。如何解读《哥达

---

① 伯恩施坦：《社会主义的前提和社会民主党的任务》，北京：生活·读书·新知三联书店1965年版，第191—192页。
② 《伯恩斯坦言论》，北京：生活·读书·新知三联书店1996年版，第79页。
③ 考茨基：《无产阶级专政》，北京：生活·读书·新知三联书店1958年版，第54页。

纲领批判》成了是否坚持马克思主义的试金石。在共产主义运动的这一流派中，列宁、罗莎·卢森堡、李卜克内西、普列汉诺夫、尼·布哈林等人均从不同视角对国际工人运动以及未来的社会主义制度进行了研究和解读，这些研究对于十月革命的胜利与苏联模式的形成做了充分的理论铺垫。

（二）社会主义国家诞生后对《哥达纲领批判》研究与拓展

20世纪初叶，资本主义发展到了帝国主义阶段。国家同垄断资本日益密切地融合在一起，帝国主义时代迅速发展的社会生产力和高度集中的垄断经济形式为社会主义国家的建立创造了物质前提。1914年爆发的第一次世界大战使得各参战国的经济遭到严重破坏，人民蒙受深重的战争灾难，在反对帝国主义战争中，无产阶级走到了历史的最前列。在此期间，列宁于1917年8—9月间写下了《国家与革命》，系统阐述了马克思主义的国家学说。该篇著作进一步发挥了马克思《哥达纲领批判》等著作所阐述的基本观点，在指导俄国十月革命和苏维埃政权建设中发挥了重要作用。

苏维埃政权建立以后，列宁试图通过实行"战时共产主义"等政策，促使农奴制盛行的俄国走向社会主义。落后的东方国家能不能跨越"卡夫丁峡谷"需要革命者与理论家做出及时回答。1919年3月，俄共（布）第八次大会通过了新党纲，这是俄国无产阶级夺取政权以后无产阶级政党通过的第一个成文纲领。为了配合新党纲的宣传和进行系统的共产主义基本理论教育，尼·布哈林与叶·普列奥布拉任斯基编写了《共产主义ABC》。该书分两部分，共十九章，包含了对社会主义战胜资本主义的基本规律、无产阶级专政和共产主义建设等内容的论述，阐述了社会主义革命和建设的一系列基本理论问题。到20世纪30年代初，《共产主义ABC》仅俄文版至少印了18次，并被译成20种外文本。可以说是继《哥达纲领批判》、《国家与革命》之后，在社会主义国家流传较广，影响较大的著作之一。

《共产主义ABC》对于马列主义在苏联和世界各国的传播起了很重

要的作用，但受历史的局限并没有全面正确地回答过渡时期以及如何过渡等一系列重大理论问题。现实的条件迫使列宁等苏俄的领导人与理论家不得不做出新的思考与决策。"新经济政策"的实施，可以说是马克思主义基本理论与各国具体实践相结合的典范。遗憾的是，苏联的后继者并没有深刻认识到过渡时期的长期性与落后的东方国家向社会主义过渡的特殊性，没有很好地坚持"新经济政策"，而急于向社会主义过渡，最终确立"苏联模式"下的社会主义。30年代在斯大林领导下建立起来的社会主义的模式，一定程度上对于苏联经济社会发展起到了积极推动作用，但它仅仅只是在特定的国家、特定的历史阶段下的一种发展模式。可惜斯大林领导下的苏联不仅没有因时而变，反而强化并强行在所有建立社会主义制度的国家推行这一模式，并把它作为评判其他国家是否是社会主义国家的唯一标准。

由于在第二次世界大战爆发前的特殊历史背景下，东欧的许多国家的共产主义者均遭到了各国反动势力的迫害，纷纷奔赴苏联进行避难，加之地理位置相连，语言接近，东欧各国的共产主义者对苏联经济社会发展与建设情况可以说了如指掌。东欧国家在二次世界大战胜利的过程中，又在苏联的帮助下先后确立了社会主义制度。革命胜利后，这些国家本应当根据自己的情况来发展社会主义，科学判断自身所处的发展阶段与发展模式。当时东欧也有一批素养很高的理论家，他们研究科学社会主义理论，也注重本国的实际，认为本国的社会主义发展道路应该有自身特点。但是，当时斯大林却要求这些国家按照苏联的模式去建立社会主义制度。许多国家不得已而照抄照搬。

在东欧国家中，南斯拉夫虽然是经济文化比较落后的国家之一，但在学习苏联经验的过程中却是最先意识到这一体制下的某些弊端并加以改革的国家。米托·哈季·瓦西里耶夫在《社会主义的按劳分配》一书中所谈到的观点已经体现出了南斯拉夫领导人与学者对传统苏联模式的反思，希望在探索新的所有制及其实现形式的前提下实现真正意义上的社会主义按劳分配。在南斯拉夫改革的启发下以及各自面临的实际状况，各社会主义国家虽说对自身生产力水平以及社会主义所处发展阶段有所思考，但远远没有达到应有的历史高度。如 R. 德鲁贝克在《〈哥达纲领批判〉对发展共产主义社会理论的意义》一文中，虽对社会主义阶段的认识有了一定深度，但把当年的东德定位在进一步建设发达社会主义的阶段上是有极大问题的。总之，从苏联模式形成直到苏东剧变，社会主义国家对《哥达纲领批判》的解读，多少笼罩着思想僵化的阴影。

进入到 20 世纪 70 年代，西方资本主义国家在长期实行国家干预政策之后，经济陷入了滞胀状态，分配不公等社会矛盾日渐加剧。资本主义国家如何在保证社会稳定前提下解决出现的一系列问题，成为诸多学者欲求解决的重大问题。同时，二战后一批社会主义国家相继诞生，马克思主义在世界范围内广泛传播，这也促使西方学界不断反省资本主义理论传统，求变创新。1970 年，罗伯特·塔克在《马克思的革命性观念》一书中首次提出了资本主义是否是不公正的问题，从而引发了西方学术界的广泛关注和长期争论。

20 世纪七八十年代，西方马克思主义者如伍德、胡萨米等，曾就马克思到底有没有社会公正理论或如何看待社会公正问题展开过长期争论。作为左翼代表的凯·尼尔森，以分析《哥达纲领批判》正义、平等观为起点，通过对马克思、恩格斯、列宁正义观一脉相承关系的梳理与阐释，严肃考察了共产主义第一阶段（社会主义）和高级阶段的分配正义原则，着重论证了由相对富足社会向无阶级社会过渡的现实可能性以及在经济分配上应遵循的正义原则，强调"消灭阶级"才是无产阶级应有的正义诉求。可以说，凯·尼尔森等人的研究与争论为马克思主义在西方的传播做出了重要贡献，同时也为当今社会主义国家对科学社会主义的理解与发展提供了新思路。

二 我国学者关于《哥达纲领批判》的相关研究

在我国关于《哥达纲领批判》的研究主要涉及写作背景与内容两大方面问题。

（一）《哥达纲领批判》的写作背景研究

关于《哥达纲领批判》写作背景方面的争论主要集中在20世纪80年代。学术界就"哥达合并"、《哥达纲领》以及《哥达纲领批判》发表后所造成的社会反响进行了激烈的讨论。

1. 关于"哥达合并"。学术界的评价有两种观点：一种是"过大于功"论。因为哥达合并是拿原则做交易，是爱森纳赫派对拉萨尔派的无条件投降，合并后两派一定会发生分裂。另一种是"功大于过"论。孙景峰认为：第一，合并是一个很大的成功，它"不仅大大地加强了力量，而且更重要的是，已经有能力动用这全部力量去反对共同敌人"①。

2. 关于对《哥达纲领》的评价。一种观点是完全否定。认为是一个极其糟糕的会使党堕落的纲领，差不多每一个字都应当批判。另一种观点认为，不能完全否定。因为无论是从爱森纳赫派领袖们的情况看，还是从马克思、恩格斯著作在德国的传播和被接受的情况看，或是从当时德国的局势看，都很难制定出一个内容科学的纲领，而当时的客观形势又迫切要求实现两派合并。《哥达纲领》是由两派共同起草、在合并大会上投票通过的，它如实地反映了两个派别的理论观点。

3. 关于《哥达纲领批判》发表当时的社会反响和作用，也是长期存在着两方面的争论。一种意见认为，《哥达纲领批判》在当时起了很大的直接作用。它批判了《哥达纲领》的错误，第一次对拉萨尔主义进行了总清算。另一种意见认为，《哥达纲领批判》在当时基本上没有起积极的直接作用。因为德国社会民主党领袖李卜克内西并未从根本上赞同马克思、恩格斯的观点。

笔者认为，关于对《哥达纲领批判》写作背景方面的研究，是对这部经典内容进行系统研究的起点。学界在这方面进行研究时忽视了对共产主义运动本身之外的资本主义世界的新变化的研究，尤其是忽视了

---

① 马伯钧：《〈哥达纲领批判〉研究综述》，载《信阳师范学院学报》（哲学社会科学版）1994年第4期，第26页。

俾斯麦新政对科学社会主义构建所产生的影响等方面的研究。如果能打通这一环节，对马克思前后思想变化进行比较，可能在诸多的争论上就会形成统一的认识。

(二)《哥达纲领批判》内容及影响研究

在我国关于《哥达纲领批判》内容方面的研究主要涉及三方面问题。改革开放前，大家对此经典的研究比较僵化，更多地受到"苏联模式"影响。改革开放伊始，大家思想不断得到解放，围绕着"什么是社会主义，怎样建设社会主义"的主题，开始争论社会主义的阶段划分问题。进入90年代，社会主义市场经济目标得以确立，许多专家开始从这里探寻所有制以及经济运行方式的灵丹妙药。随着改革开放的不断深入，在经济总量上取得重大成就的同时，社会贫富差距进一步拉大，那么《哥达纲领批判》里面是否有着解决这一问题的好方法呢？这也成为当前大家研究的焦点。

1. 关于过渡时期、国家以及无产阶级专政问题。马克思写道："在资本主义社会和共产主义社会之间，有一个从前者变为后者的革命转变时期。同这个时期相适应的也有一个政治上的过渡时期，这个时期的国家只能是**无产阶级的革命专政**。"① 在这里，诸多专家把马克思、恩格斯、列宁、斯大林、毛泽东等革命家关于无产阶级专政的思想以及前后之间的联系与变化进行比较和分析是相当有意义的。同时，一些专家认为：无产阶级专政是同过渡时期相联系的，过渡时期结束以后，无产阶级专政就不要了，国家也应该由此消亡。但是，现实社会主义却需要坚持无产阶级专政，于是人们便把"从资本主义社会到社会主义社会之间"的小过渡时期，解释为"从资本主义社会到社会主义发达阶段之间"的中过渡时期，或者解释为"从资本主义社会到共产主义高级阶段之间"的大过渡时期。李惠斌认为，造成以上错误的认识，关键是"苏联模式"的长期影响。他指出："列宁在《国家与革命》一文中对

---

① 《马克思恩格斯文集》第3卷，北京：人民出版社2009年版，第445页。

于马克思和恩格斯的无产阶级专政和国家理论进行了两个重大修改：一是把无产阶级专政等同于无产阶级国家；二是把国家的存在时间无限期地推后了。……今天，由于我们明显地意识到了社会主义初级阶段的阶级结构变化情况和初级阶段的长期性，所以列宁这个修改的不准确性已经完全被历史所证明。……改革开放已经进行了30年，我们需要重新思考马克思、恩格斯在国家转型意义上提出的'无产阶级专政'的概念，放弃以阶级镇压和'对人的管理'为主要内容的传统国家理论，并在这个基础上对我国的立法思想和立法理念进行全面的研究和清理。在这个问题上，回到马克思依然是我们今天研究这个问题的新的出发点。"①

2. 关于社会主义的所有制结构问题。所有制问题是科学社会主义理论中的一个核心问题，也是中国特色社会主义道路研究中的一个非常重要的问题。马克思在《哥达纲领批判》里不仅坚持而且更加强调了社会主义应当坚持的是社会所有制，它的主要特征是公有制和集体经济，它的发展方向是"重新建立个人所有制"。但是，它是一种怎样的公有制和集体经济呢？它应该是一种"共同占有、个人有份"或者以国有化为主要特征的经济吗？在这两个问题上学者们产生了不同的分歧。我们注意到有个别理论工作者，从"私有制"和"民主社会主义"的角度来解读"社会所有制"或"重新建立个人所有制"。他们的主张名义上是马克思主义，实质上却是借用马克思的有关思想进行包装，试图通过共同占有、个人有份，把私有经济划入到社会主义经济成分之中，从而模糊公有制与私有制的界限，在中国推行私有化，实行民主社会主义，否定科学社会主义的根本经济制度。这种思想无论在理论上还是实践上的危害可见一斑，需要引起我们足够警惕。第二种观点认为社会主义的所有制就是国有化。随着经济体制改革的不断深入，当前坚持这一观点的人已经为数不多，大家更多的是对国有化提出不同的质疑。

---

① 李惠斌：《走出苏联模式之后的中国道路——"中国模式"的文本学建构》，载《北京行政学院学报》2011年第3期，第50页。

关于生产资料国有化的问题，在马克思、恩格斯的理论中并不是一个简单的话题，生产资料国有化在中外历史上都不同程度地出现过，恩格斯甚至认为国家掌握生产资料是剥削达到了顶点。所以马克思、恩格斯后来一直强调要以个人自由为前提，由社会直接掌握生产资料，使劳动者拥有能使劳动者个人的劳动增值的权利。当前，我们应该寻找市场经济与公有制结合的最佳方式，真正走出一条既可实现劳动者的共同富裕又会给企业以发展活力的所有制方式。那么，这种有效的方式是什么呢？这也是现在研究的前沿和需要进一步探讨的课题。

3. 关于社会主义个人消费品的分配问题。对于社会主义阶段如何进行个人消费品的分配，马克思在《哥达纲领批判》里的论述是比较全面的。但是如何进一步细化这些论述，并把它付诸实践，每个历史阶段都烙下了鲜明的时代特色。改革开放的过程中，我们允许一部分人先富起来，这是十分必要的，但是到目前为止，可能更多的是要解决共同富裕的问题了，这也是近几年来，大家不断重读《哥达纲领批判》的重要原因。高翔莲认为：按劳分配是社会主义生产关系得以建立的基本理论前提之一，按劳分配原则属于社会主义的基本原则。我们的确实行了按劳分配原则，但我国现阶段实行的按劳分配制度与马克思所设想的按劳分配原则有一些差异。为此，有必要全面认识我国现阶段的分配方式的层次性和目前存在的非劳动收入，更加注重分配中的公平问题。① 杨茜认为：社会主义条件下由于生产资料实现了公有制，生产资料归劳动者所有，每一个劳动者在做了各项扣除以后，从社会领回的正好是他给予社会的。他给予社会的，就是他个人的劳动量。② 笔者认为，以上关于按劳分配的解释以及实现公平分配的方法是值得商榷的。至于当前个人消费品的分配，不应当仅限于二次分配的调节，而应当注重产前生产资料分配的公平性以及产后利润分配的社会化问题，这才是解决问题

---

① 高翔莲、胡家贵：《从〈哥达纲领批判〉看我国现阶段的按劳分配制度》，载《湖北社会科学》2007年10期，第14页。
② 杨茜：《对〈哥达纲领批判〉中的"按劳分配"的理解》，载《时代教育（教育教学版）》2006年12期，第175页。

的根本之道，同时也是有待进一步研究的重点。

综上可见，学术界对《哥达纲领批判》中的某些观点有不同的认识，但马克思揭示的从资本主义到社会主义以至于实现共产主义的历史大趋势、公有制和按劳分配及无产阶级专政的基本原则，国家在这个历史阶段的任务和演变等等，都对我们当前进行的建设有中国特色社会主义具有极强的启发作用。因此，《哥达纲领批判》作为科学社会主义的重要文献，至今仍具有重要的理论价值与现实指导作用，对今天构建社会主义和谐社会仍有借鉴意义。

第三部分　当代解读

第四章 《哥达纲领批判》的基本内容

《哥达纲领批判》即《对德国工人党纲领的几点意见》。由于该篇著作是对刚刚通过的《哥达纲领》提出的意见或批判,所以采取了论战的形式,逐条进行批驳。公开发表的《哥达纲领批判》由一篇序言、一封书信和正文组成。序言及书信指出了写作和发表的背景、动机和目的。正文四章着重在理论上,尤其是在经济理论上批判拉萨尔从错误的理论发展到了为资本主义制度、为资本家阶级对工人阶级的剥削进行辩护的地步,以此划清同拉萨尔机会主义的界限,并进一步阐明了无产阶级的革命路线和科学社会主义的基本原理。

第一部分批评了纲领的五个条文,这是对总纲错误观点的批评。在这一章里,马克思着重批判了拉萨尔的"劳动的解放"[1]的观点。说劳动的解放,而不是说工人阶级的解放,说明拉萨尔没有超过古典经济学的水平。因为只有在区别劳动和劳动力的基础上才能解开资本家剥削工人的秘密,从而达到解开资本家阶级和工人阶级之间关系的实质。马克思在批判纲领草案关于生产资料所有制与分配关系问题上的错误等观点基础上,阐明了社会主义阶段社会总产品和个人消费品的分配原则,论述了共产主义社会发展两个阶段的原理。第二部分主要是批判拉萨尔主义关于自由的人民国家和废除"铁的工资规律"[2]的谬论,着重批判了《哥达纲领》在理论上的倒退。并且进一步揭示了资本主义工资的实质,阐明了工人阶级获得解放就必须消灭雇佣劳动制度的观点。第三部

---

[1] 《马克思恩格斯文集》第3卷,北京:人民出版社2009年版,第431页。
[2] 同上书,第440页。

分主要是批判了哥达纲领中的拉萨尔的依靠"国家帮助"① 工人建立生产合作社的幻想。阐明了无产阶级只有通过社会革命才能建立社会主义的原理。第二、三部分是对《哥达纲领》中实现目标手段的批判，这些手段反映了拉萨尔主义否认阶级斗争，歪曲国家阶级实质，诱导工人阶级放弃用革命的办法改造社会，从而走上机会主义或改良主义的道路。第四部分专门批判纲领中关于民主的一节，揭露了纲领草案中拉萨尔的"自由国家"②的谬论，剖析了纲领中提出的政治要求的资产阶级民主主义性质，论述了共产主义制度下国家职能和形态的变化，指出过渡时期和无产阶级专政的必要性和重要性。接着在这部分中，还简要批评了纲领中关于教育、科学、信仰和劳动等方面的要求，指出了在这些并不重要的具体方面，纲领的提法也是错误百出，反映纲领的炮制者在理论上的幼稚和对现实问题的无知。

一 序言部分

1891 年《哥达纲领批判》公开发表时，恩格斯为其专门写了一篇序言，同时附上哥达合并大会前马克思给威·白拉克的信。此外中文版《马克思恩格斯选集》第 3 卷、《马克思恩格斯文集》第 3 卷在出版上述两个历史文件时，也把恩格斯于 1875 年 3 月写给奥·倍倍尔的信刊印于后，作为学习《哥达纲领批判》的参考资料。以上三个文件也是十分重要的，是全面深刻理解《哥达纲领批判》所不可缺少的。

恩格斯的序言主要说明了 15 年后首次发表《哥达纲领批判》的原因，并指出现在刊行的《哥达纲领批判》删掉了"一些针对个别人的尖锐的词句和评语"，而是"用省略号来代替"③。恩格斯解释说，当时"手稿中有些地方语气很激烈，这是由下述两种情况引起的：第一，马克思和我同德国运动的关系，比同其他任何一国运动的关系都更为密

---

① 《马克思恩格斯文集》第 3 卷，北京：人民出版社 2009 年版，第 442 页。
② 同上书，第 443 页。
③ 同上书，第 423 页。

切；因此这个纲领草案中所表现的明显的退步，不能不使我们感到特别愤慨。第二，那时国际海牙代表大会闭幕才两年，我们正在同巴枯宁和他的无政府主义派进行最激烈的斗争，他们要我们对德国工人运动中发生的一切负责；因而我们不得不预先想到，他们也会把我们说成是这个纲领的秘密制定者。这些顾虑现在已经消失，保留有关词句的必要性也就随之消失。"① 恩格斯这段话明确地告诉我们，按照马克思的原意，对纲领的批判本来是更尖锐更激烈的，因为原则问题是不能有一丝一毫的妥协的。这也再次表明马克思与恩格斯坚定而鲜明的党性。

马克思给威·白拉克的信是恩格斯在首次发表《哥达纲领批判》时就附上的。因此这封信是对当时写作背景的最好说明。马克思在看到《哥达纲领》草案后十分气愤，随即于1875年5月5日，给威廉·白拉克（爱森纳赫派的创始人和领导人）写了信，在信中尖锐地指出：党的纲领是"判定党的运动水平的里程碑"，而这个合并的纲领却是一个"极其糟糕的、会使党精神堕落的纲领"②。同时还寄出了《对德国工人党纲领的几点意见》，对纲领草案逐条进行了批驳，极力划清同拉萨尔机会主义路线的界限。在这封信中，马克思表明了自己对纲领的严正立场，并具体说明了采取这种严厉态度的原因。比如，"在国外有一种为党的敌人所热心支持的见解——一种完全荒谬的见解，仿佛我们从这里秘密地操纵所谓爱森纳赫党的运动。例如巴枯宁还在他新近出版的一本俄文著作中要我不仅为这个党的所有纲领等等负责，甚至要为李卜克内西自从和人民党合作以来所采取的每一个步骤负责。"③ 同样是在这封信里，马克思进一步指出："一步实际运动比一打纲领更为重要"。④ 这句话原是为了批评爱森纳赫派热衷于合并和匆匆忙忙制定一个机会主义纲领的错误。但这句话无疑有普遍意义，它反映了马克思对实际运动的

---

① 《马克思恩格斯文集》第3卷，北京：人民出版社2009年版，第423—424页。
② 同上书，第426页。
③ 同上书，第425—426页。
④ 同上书，第426页。

重视，马克思早就说过，共产主义本来就是"消灭现存状况的现实的运动"①。在这封信中马克思还特别批评了爱森纳赫派"向那些本身需要援助的人们无条件投降"，"拿原则来做交易"，以致使这次合并"是用过高的代价换来的"②。总之，通过对这封信的学习和把握，将有助于我们更深刻地理解《哥达纲领批判》的宗旨和意义。

恩格斯1875年3月18—28日给奥·倍倍尔的信，写于马克思的《哥达纲领批判》和给威·白拉克的信之前。这封信表明了马克思和恩格斯对德国的两个工人党（爱森纳赫派和拉萨尔派）原定于1875年初实行合并所持的共同意见。写信的直接原因是：1875年3月7日《人民国家报》和《新社会民主党人报》发表了将要合并的德国社会民主工党的纲领草案。这个草案提出了一整套反科学的荒谬论点，并在原则上承认了拉萨尔主义，遭到了马克思和恩格斯的严厉批判。1875年3月，恩格斯写信给倍倍尔，对纲领草案提出了尖锐批评，指出："这个连文字也写得干瘪无力的纲领中差不多每一个字都应当加以批判。它是这样一种纲领，一旦它被通过，马克思和我**永远不会**承认建立在这种基础上的**新党**，而且我们一定会非常严肃地考虑，我们将对它采取（而且还要公开采取）什么态度。"③ 但是这个草案只在文字上略加修改就于1875年5月在哥达举行的合并大会上通过了。

就内容来说，恩格斯的这封信同马克思的《哥达纲领批判》有着密切的联系，其基本思想是完全一致的。恩格斯在信里更深刻和详尽地说明了他和马克思的共同见解。恩格斯首先指出，爱森纳赫派"在理论方面比拉萨尔派的领袖高明一百倍，而在政治机警性方面却差一百倍；'诚实的人'又一次受到了不诚实的人的极大的欺骗。"④ 虽然马克思和恩格斯在对两个工人党的合并问题上持肯定态度，但是他们认为，必须在坚持原则的基础上，在理论问题和政治问题上不向已在工人群众中失

---

① 《马克思恩格斯文集》第1卷，北京：人民出版社2009年版，第439页。
② 同上书，第426页。
③ 同上书，第415页。
④ 同上书，第411页。

去自己影响的拉萨尔派让步的条件下，才能实行合并。而爱森纳赫派却在对方极为困难而自己极其有利的情况下在理论上向拉萨尔派做了不应做的让步。接着恩格斯从5个方面对纲领草案中的拉萨尔主义错误进行了尖锐的批判，谴责了纲领放弃工人阶级同盟军，背离无产阶级国际主义、宣扬"铁的工资规律"①和"国家帮助"②以及避而不谈工会作用等错误观点，并着重批判了"自由的人民国家"③的口号，指出这纯粹是无稽之谈，它只能导致思想和理论上的混乱。

恩格斯的这封信，在态度上和观点上与马克思完全合拍，如出一人之笔，这正反映了他们思想相通，行动一致。这封信可以看做是《哥达纲领批判》的姊妹篇，深刻理解这封信的思想，将有助于我们领会《哥达纲领批判》的精神实质。当然，这封信没有触及过渡时期和共产主义社会发展两个阶段的原理，但是在其他问题上，特别是对纲领错误观点的批判，恩格斯的见解还是很犀利的。恩格斯的这封信36年之后才首次发表在1911年斯图加特出版的倍倍尔《我的一生》的第2卷中。

二 第一部分

第一部分主要是批判拉萨尔的"劳动的解放"④的观点。马克思剖析了《哥达纲领》（以下简称《纲领》）草案第一部分的5个条文，批判了拉萨尔主义分配观点的错误，第一次阐明共产主义社会发展阶段的原理和社会主义时期的分配原则。

1.《纲领》提出："劳动是一切财富和一切文化的源泉，而因为有益的劳动只有在社会中和通过社会才是可能的，所以劳动所得应当不折不扣和按照平等的权利属于社会一切成员。"⑤

---

① 《马克思恩格斯文集》第3卷，北京：人民出版社2009年版，第412页。
② 同上书，第413页。
③ 同上书，第414页。
④ 同上书，第431页。
⑤ 同上书，第428页。

马克思指出,"劳动是一切财富和一切文化的源泉",这一概念是反科学的。自然界如土地、矿山、水源、森林等自然资源和劳动一样也是财富源泉,物质财富是由使用价值构成的。所以不仅劳动,土地、矿山等同样也是物质财富的源泉。离开这些物质条件,单纯人的劳动,不作用于任何劳动对象,是什么物质财富也创造不出来的。马克思在《资本论》中指出:"人在生产中只能像自然本身那样发挥作用,就是说,只能改变物质的形式。不仅如此,他在这种改变形态的劳动本身中还要经常依靠自然力的帮助。因此,劳动并不是它所生产的使用价值即物质财富的唯一源泉。"① 那么在什么情况下,劳动才能成为财富和文化的源泉呢?马克思说,只有在劳动具备了相应的对象和资料的时候,这种说法才是正确的。因此,不是随便什么劳动都能创造财富,这里有个生产资料所有权问题,"只有一个人一开始就以所有者的身份来对待自然界这个一切劳动资料和劳动对象的第一源泉,把自然界当做属于他的东西来处置,他的劳动才成为使用价值的源泉,因而也成为财富的源泉。"② 拉萨尔机会主义这一提法的另一面就是避开生产资料所有制这个关键问题,空谈劳动是一切财富的源泉,这正是资产阶级的说法,是为资产阶级所欢迎的。其实质是掩盖资本主义剥削,在不触动资本主义私有制的前提下革命。马克思首当其冲的指出这一问题,意在揭露拉萨尔机会主义采取了非阶级分析的立场,宣扬超阶级的劳动创造财富论的观点,它最终只能把工人运动引到机会主义邪路上去。

随后,马克思进一步批判所谓"有益的劳动只有在社会中和通过社会才是可能的"③。《纲领》开篇即说劳动是一切财富和文化的源泉,因此一切社会都离不开劳动。现在第二句话又讲社会对劳动的作用,任何有益的劳动只存在社会里和通过社会才能进行。马克思讽刺说,同理,无益的甚至有损公益的劳动和游手好闲,也离不开社会,只有在社会里这些无益的劳动才能成为一个职业部门,如此说来,就可以抄袭卢梭的

---

① 《马克思恩格斯文集》第 5 卷,北京:人民出版社 2009 年版,第 56 页。
② 《马克思恩格斯文集》第 3 卷,北京:人民出版社 2009 年版,第 428 页。
③ 同上书,第 429 页。

全部著作了。

卢梭是 18 世纪法国启蒙思想家，他在所著《社会契约论》中认为，人类处在原始自然状态中时，是完全过着孤独生活的自然人。自从出现了财产私有制，人类便从自然状态进入到社会状态。社会状态既是进步又是退步，开垦荒地、江河通航是进步，但是同时也出现游手好闲和拦路抢劫等等破坏行为，这都是在社会状态下出现的，也都是离不开社会的。《纲领》说有益劳动离不开社会，其实无益劳动也离不开社会，这就等于把卢梭著作重抄一遍。其实卢梭的这种看法是片面的，劳动的有益与无益并不完全取决于其社会性。所以不能单用社会性来说明有益劳动和无益劳动。马克思紧接着又从另一个侧面对这一说法进行了揭露。即所谓有益的劳动不过是能够产生预期效果的劳动。在原始社会时期，按卢梭的说法，这时正处在自然状态，尚未进入社会状态，但是这时也存在野蛮人用石块击毙野兽、采集果实等有益的劳动。如此说来，有益的劳动并不一定只有在社会里和通过社会才能进行，在社会状态之前的自然状态下，也可以存在有益劳动。马克思用这么多笔墨批判《纲领》的这句话，目的不是为了弄清有益或无益劳动与社会的关系，而是要指明"劳动所得应该不折不扣和按照平等的权利属于社会一切成员"[1]，这句话的前提是错误的，是根本不能成立的。

那么在错误的前提下，得出的结论自然也是错误的，是毫无任何革命气息，是一切统治者都欢迎和承认的。因为这里完全抛开了生产资料所有制的性质，抽掉了阶级内容，根本不讲劳动所得到底是归什么样的社会，哪个阶级在这个社会中占主导，这种对劳动和社会的泛泛空谈，恰恰是资产阶级所要求的。马克思正是深刻揭示了这项条文的要害是回避对资本主义社会基本矛盾的分析，泛泛空谈劳动社会，其目的无非是要把拉萨尔的"不折不扣的劳动所得"[2] 这个机会主义谬论强加给无产阶级政党。作为由马克思主义理论武装起来的政党，其纲领首先应该从

---

[1] 《马克思恩格斯文集》第 3 卷，北京：人民出版社 2009 年版，第 428 页。
[2] 同上书，第 430 页。

分析资本主义社会的基本矛盾出发，使工人阶级理解历史，面对现实，提高工人群众的阶级意识。同时，还应在党纲中揭示社会主义必然取代资本主义的历史规律，指明工人阶级肩负的消灭资本主义建设共产主义的伟大历史使命。但《纲领》全然没有这样做，一开始就把拉萨尔机会主义路线灌输给了工人阶级。

2. 《纲领》提出，"在现代社会，劳动资料为资本家阶级所垄断；由此造成的工人阶级的依附性是一切形式的贫困和奴役的原因。"①

马克思首先揭露《纲领》篡改了"国际工人协会共同章程"的提法。"章程"里是如此表述的："劳动者在经济上受劳动资料即生活源泉的垄断者的支配，是一切形式的奴役即一切社会贫困、精神屈辱和政治依附的基础"②。"章程"所指的"劳动资料即生活源泉的垄断者"既包括资本家阶级也包括地主阶级对生产资料的垄断。"章程"的论断是正确的。因为，在一切资本主义国家，即使在资本主义最发达的国家，如当时的美国，土地仍然由地主所垄断，资本家多半不是他的工厂所在的那块土地的所有者。而当时的德国更加落后，容克地主阶级还掌握着政权，是极端的反革命派。所以德国的无产阶级革命既要反对资产阶级，更应当反对地主阶级。而《纲领》却将其篡改为"在现代社会中，劳动资料为资本家阶级所垄断"③。只提劳动资料为资本家阶级垄断，不提地主阶级对劳动资料的垄断，这样的纲领是把贵族地主阶级排除在革命对象之外。其实质是反对资产阶级而保护地主阶级，是一种改良主义。也再次证明了《纲领》彻头彻尾地接受了拉萨尔派机会主义的错误观点。

《纲领》为什么只反对资产阶级而不反对地主阶级呢？马克思指出，"是因为拉萨尔由于现在大家都知道的原因**仅仅**攻击资本家阶级，而不攻击土地所有者。"④ 这就意味着拉萨尔及其追随者早已投靠了德

---

① 《马克思恩格斯文集》第3卷，北京：人民出版社2009年版，第431页。
② 同上书，第431页。
③ 同上书，第431页。
④ 同上书，第431页。

意志帝国。马克思在1865年2月23日给路·库格曼的信中这样写道："拉萨尔事实上已经背叛了党。他同俾斯麦订立了一个正式的契约（他自然并没有得到任何保证）。他本来要在1864年9月底到汉堡去，在那里（同疯狂的施拉姆和普鲁士警探马尔一起）迫使俾斯麦兼并石勒苏益格—荷尔斯泰因，也就是以'工人'的名义来宣布兼并，等等，而俾斯麦为此则答应给予普选权和实行某些冒牌的社会主义措施。"① 马克思和恩格斯认为拉萨尔的这个政治"遗嘱"是对无产阶级利益的背叛，表明拉萨尔已经完全站到俾斯麦的反动政府一边去了。

这就是马克思所说的"大家都知道的理由"的内幕。正是由于拉萨尔同俾斯麦达成了反动的政治交易，所以在拉萨尔主义机会主义里，只是单纯地攻击资本家阶级，而从不攻击土地所有者（容克地主）。所以他们在起草《纲领》时，有意歪曲第一国际章程，将劳动资料即生活源泉的垄断改为劳动资料为资本家阶级垄断，有意漏掉了土地所有者，把他排除在工人阶级遭受奴役和贫困的原因之外。

3.《纲领》提出："劳动的解放要求把劳动资料提高为社会的公共财产，要求集体调节总劳动并公平分配劳动所得。"②

拉萨尔机会主义的重要特征之一就是摒弃了无产阶级的历史使命，而专注于分配问题，认为只要在分配问题上取得胜利，无产阶级最终目的也就实现了。为此他们从分配决定论原则出发，提出了一系列分配方面的具体要求。因此，这一节的重点就是批判拉萨尔机会主义在分配问题上的错误观点，并由此进一步阐明了社会主义总产品分配原理和按劳分配原则。

首先，马克思指出，"劳动解放要求把劳动资料提高为社会的公共财产"③，这句话是个"模糊观念"④。正确的表达应把"提高"改为"变为"。"提高"的政治含义无非就是宣扬在资本主义体系范围内通过

---

① 《马克思恩格斯文集》第10卷，北京：人民出版社2009年版，第220页。
② 《马克思恩格斯文集》第3卷，北京：人民出版社2009年版，第431页。
③ 同上书，第431页。
④ 同上书，第432页。

合法手段和和平道路实现生产资料的社会占有,这也就是贯彻拉萨尔所宣扬的在资产阶级国家帮助下,实现社会主义,把私有制提高为公有制。显然,这是一条宣扬"和平过渡"的机会主义路线。而"变为"则是要求通过革命手段把地主资本家占有的劳动资料变为劳动人民的公共财产,实行剥夺剥削者,变生产资料资本主义私有制为社会主义公有制,这才是真正的马克思主义革命路线。针对这个提法,马克思仅仅说"这只不过是顺便提一句罢了"①。但是仅仅两个字的差异,却道出了两条路线存在的根本性分歧。

马克思对《纲领》鼓吹的公平分配进行批判。在拉萨尔看来,资本主义制度是优越的,遗憾的只是分配不那么公平罢了。把分配制度改良一下,搞点所谓公平分配就可以了。这就暴露了在当时既有的经济关系下实现所谓的公平分配的实质就是为了维护资本主义的剥削制度。拉萨尔分配观的要害就是在所谓分配问题上大做文章,以此颠倒经济基础与上层建筑、生产与分配的关系。马克思主义认为,经济基础决定上层建筑。分配是一种经济关系,属于经济基础范畴,它是由生产资料所有制所决定的。也就是说,有什么样的生产资料所有制,相应地就有什么样的分配方式和分配制度,这叫做生产决定分配。一定的生产关系总是产生出适合或有利于这种关系的分配原则,而不可能背离或相反。而《纲领》草案所提出的所谓"公平"和"平等"分配的要求,已经超出了生产关系的范围,是从外部为经济基础找依托。这不仅决定不了经济基础,相反,其本身是由经济关系决定和制约的。

在揭露了"公平的分配"②实质之后,马克思进一步阐明了生产决定分配的原理。马克思指出:"消费资料的任何一种分配,都不过是生产条件本身分配的结果;而生产条件的分配,则表现生产方式本身的性质。"③ 在资本主义条件下,生产资料掌握在资产阶级手里,这就决定了产品的按资分配形式,劳动者只能得到维护劳动力再生产的生活资

---

① 《马克思恩格斯文集》第 3 卷,北京:人民出版社 2009 年版,第 431 页。
② 同上书,第 432 页。
③ 同上书,第 436 页。

料。要改变资本主义的不合理的分配关系,必须彻底改变生产资料私有制,解决这个问题的唯一办法就是推翻资本主义制度。

其次,马克思指出:《纲领》鼓吹"不折不扣"[①]的劳动所得也完全错误的。在共产主义社会里,社会总产品的分配是有折有扣的。社会总产品进入个人消费之前要进行6项扣除:

第一,用来补偿消耗掉的生产资料的部分。

第二,用来扩大生产的追加部分。

第三,用来应付不幸事故、自然灾害等的后备基金或保险基金。[②]

以上三项扣除是用于生产的,在经济上是必要的。至于扣除多少,应当根据现有的生产力来确定,部分的应根据概率论来确定。

余下部分在进入个人消费之前,还得进行扣除:

第一,**同生产没有直接关系的一般管理费用**。同现代社会比起来,这一部分一开始就会极为显著地缩减,并随着新社会的发展而日益减少。

第二,**用来满足共同需要的部分**,如学校、保健设施等。同现代社会比起来,这一部分一开始就会显著地增加,并随着新社会的发展而日益增长。

第三,**为丧失劳动能力的人**等等**设立的基金**,总之,就是现在属于所谓官办济贫事业的部分。[③]

以上6项扣除正如马克思所指出的:"从一个处于私人地位的生产者身上扣除的一切,又会直接或间接地用来为处于社会成员地位的这个生产者谋利益。"[④] 因此,只有做了这些扣除之后,才谈得上《纲领》所说的"分配"。至此,马克思不仅再次批判了拉萨尔机会主义路线的实质,而且随之论述了共产主义社会的基本形式。

那么,推翻资本主义制度后的社会应该是什么样的状态呢?马克思

---

① 《马克思恩格斯文集》第3卷,北京:人民出版社2009年版,第432页。
② 同上书,第432页。
③ 同上书,第433页。
④ 同上书,第433页。

把共产主义社会的发展分为第一阶段和高级阶段,并且阐明了共产主义社会中的分配原理。

(1) 共产主义社会的发展分为两个阶段

马克思对共产主义社会的发展阶段作了具体的区别与划分。马克思认为,在共产主义社会的初期或第一阶段各方面都还不可能是很完善的。它的不完善性主要集中在新的社会不是在它自身的基础上发展起来的,而是刚刚从资本主义社会中孕育出来的。也就是说,无产阶级是通过暴力革命的手段,推翻了资本主义制度,但是由于社会发展的联系性和继承性,新生的共产主义社会不可避免的还带有资本主义时代的气息。这种客观条件决定了旧有的社会分工与差异在很短的时间内难以消除,共产主义第一阶段(社会主义)的生产力水平还不是很高,这些条件都直接影响到了共产主义第一阶段(社会主义)的生产和分配。同时在精神和道德上,资本主义时代的影响也将长期存在和延续,劳动对绝大多数人来说,还不是生活的第一需要和自己内在本质的要求,而仅仅是谋生的手段。这些旧社会的痕迹只有在生产高度发展,生产资料社会化程度不断提高的基础上才能消除,人类社会也由此才能真正进入共产主义高级阶段。

(2) 按劳分配是共产主义第一阶段(社会主义)实行的分配原则

马克思指出:共产主义的第一阶段(社会主义),"每一个生产者,在作了各项扣除以后,从社会领回的,正好是他给予社会的。他给予社会的,就是他个人的劳动量。……他从社会领得一张凭证,证明他提供了多少劳动(扣除他为公共基金而进行的劳动),他根据这张凭证从社会储存中领得一份耗费同等劳动量的消费资料。"① 这就是说,在这一时期,个人消费品的分配实行的是按劳分配的原则。在共产主义的第一阶段(社会主义),为什么必须实行按劳分配原则呢?如前所述,这是由当时当地的经济及道德和精神状况所决定的。面对着刚刚从资本主义脱胎出来的新生社会,分配产品的最好尺度自然就是

---

① 《马克思恩格斯文集》第3卷,北京:人民出版社2009年版,第434页。

劳动。因为按着劳动来分配产品，可以调动人们劳动的积极性，用消费品来刺激人们多劳动，这是在人们不能完全自觉自愿劳动的情况下的最好手段。这里劳动带有谋生的意义，因而也带有一定的强制性质，这也是保证社会生产，推动社会发展的动力源泉。当然，必须指出马克思在这里提出了一些按劳分配的具体形式，比如发放劳动券、消灭商品交换和货币等等。其实，社会是不断发展变化的，在具体的实践中也会碰到许许多多的具体问题。需要我们注意的是，马克思在这里申明的仅仅是一种原则，而具体的做法需要同当时当地的具体实践相结合。

马克思在赞扬按劳分配原则进步性的同时，也明确地指出了它的缺陷和不足。在我们看来，按劳分配是等量劳动换取等量报酬，这对所有劳动者都是一视同仁的。但是马克思却认为："在这里**平等的权利**按照原则仍然是**资产阶级权利**。"[①] 所谓资产阶级权利就是指资产阶级国家的法律所确认的权利，它反映资本主义经济关系的要求，反映资产阶级的意志和利益。在社会主义社会里，由于消灭了生产资料由资本家独占的私有制，建立了生产资料的公有制，这就从根本上摧毁了资产阶级赖以生存的基础。可是，由于社会主义社会是刚刚从资本主义社会中脱胎出来的，在经济、道德和精神方面还保留着资本主义母体的许多痕迹。从这个视角看，虽说等量劳动获取等量报酬是社会主义阶段下取得的巨大进步，但是劳动对于不同的人来说，却是大不相同的。因为尽管都以劳动作为尺度，但是不同的人由于先天条件的不同，他所提供的劳动数量和质量也会有很大差异，即使先天条件一致，但往往又会由于后天环境、教育、职业等等的不同，也会带来劳动数量与质量的差异，于是出现了消费品分配的多寡与不均，最后造成的结果往往是人们消费品分配事实上的不平等。而要消灭分配事实上的不平等，在大力发展生产力的同时，只有继续把人类社会推向更高的发展阶段。

---

① 《马克思恩格斯文集》第 3 卷，北京：人民出版社 2009 年版，第 434 页。

(3) 各尽所能、按需分配是共产主义社会高级阶段实行的分配原则

马克思认为共产主义第一阶段（社会主义）实行按劳分配并不是人类社会最理想的分配制度。只有"在共产主义社会高级阶段，在迫使个人奴隶般地服从分工的情形已经消失，从而脑力劳动和体力劳动的对立也随之消失之后；在劳动已经不仅仅是谋生的手段，而且本身成了生活的第一需要之后；在随着个人的全面发展，他们的生产力也增长起来，而集体财富的一切源泉都充分涌流之后，——只有在那个时候，才能完全超出资产阶级权利的狭隘眼界，社会才能在自己的旗帜上写上：各尽所能，按需分配！"①

马克思的精辟论述说明了只有实行按需分配，才能消除权利平等下的事实不平等。所以，按劳分配虽说是分配制度历史上的一场革命，但却只能给我们提供分配机会的均等，并不能从根本上消除分配事实上的不平等，因此不是我们奋斗的终极目标，只有实现共产主义的按需分配，才能达到理想的境界。但是要达到这一目标需要经过长期的奋斗，要具备一系列客观条件。一是迫使人们奴隶般地服从分工的情况已经消失，从而脑力劳动和体力劳动的对立也随之消失。二是劳动已经不仅仅是谋生的手段，而是本身成了生活的第一需要。三是随着个人的全面发展，生产力也增长起来，而集体财富的一切源泉都充分涌流。这三方面条件都不是孤立的，而是互为前提、缺一不可的。社会产品极大丰富是实现按需分配的物质前提。要实现这样的物质前提就必须有人的全面发展和科学文化素质的提高，而要达到这个目标，就必须消灭旧式的强制性的社会分工。当这三方面条件具备以后，这时才可能消灭资产阶级权利的狭隘境界，在分配社会产品时不必实行等价交换的原则。人的能力有大小，只要尽到了自己的努力，就可以充分满足一切人的物质和文化的需要。这就是共产主义高级阶段的分配原则，也是人类奋斗的最终理想。

---

① 《马克思恩格斯文集》第 3 卷，北京：人民出版社 2009 年版，第 435—436 页。

4.《纲领》提出:"劳动的解放应当是工人阶级的事情,对它说来,其他一切阶级只是**反动的一帮**。"①

这一节重在批判《纲领》混淆敌友界限的谬论。马克思毫不客气的指出:《纲领》所谓"对它说来,其他一切阶级只是**反动的一帮**"②,完全是从拉萨尔那里抄来的错误观点。作为一个党的纲领,在分析社会各阶级性质的基础上,应当以团结最广大的群众来孤立和打击大家共同的敌人。《纲领》却恰恰只反对资产阶级,不反对地主和贵族。这个条文完全违背马克思主义的阶级斗争学说,无论从理论上和实践上来看都是十分有害的。

《纲领》首先认为"劳动的解放应当是工人阶级的事情"。③ 这句话是从第一国际章程的导言中抄来的,但是却经过了修订。第一国际章程写道:"工人阶级的解放应该由工人阶级自己去争取"④,这是马克思的一贯思想。可是纲领却篡改这一重要思想,把工人阶级的解放歪曲成为劳动的解放。说劳动的解放,而不是说工人阶级的解放,说明《纲领》以及拉萨尔都没能超过古典经济学的水平。古典经济学家不知道劳动和劳动力的区别。马克思超过了他之前的所有的经济学家,他区别了劳动和劳动力。只有在这种区别的基础上才能解开资本家剥削工人的秘密,从而解开资本家阶级和工人阶级之间的关系的实质。从根本上讲,在资本主义社会中要解放的不是劳动,而是从事劳动的工人阶级和劳动群众。获得解放的唯一途径就是无产阶级联合其他劳动阶级,通过暴力革命的手段实现无产阶级专政,最终在解放全人类的过程中解放自己。遗憾的是纲领对这些原则问题闭口不谈,却大谈什么劳动的解放。所以马克思说:"应当解放——解放什么?——'劳动'。谁能理解,就让他去理解吧!"⑤

---

① 《马克思恩格斯文集》第3卷,北京:人民出版社2009年版,第437页。
② 同上书,第437页。
③ 同上书,第437页。
④ 同上书,第437页。
⑤ 同上书,第437页。

无产阶级应当把哪些阶级作为自己的同盟军呢？马克思早在《共产党宣言》里就作了具体分析。他指出："中间等级，即小工业家、小商人、手工业者、农民，他们同资产阶级作斗争，都是为了维护他们这种中间等级的生存，以免于灭亡。所以，他们不是革命的，而是保守的。不仅如此，他们甚至是反动的，因为他们力图使历史的车轮倒转。如果说他们是革命的，那是鉴于他们行将转入无产阶级的队伍，这样，他们就不是维护他们目前的利益，而是维护他们将来的利益，他们就离开自己原来的立场，而站到无产阶级的立场上来。"① 这说明农民和手工业者以及其他小资产阶级阶层是具有两面性的阶级。一方面，他们作为私有者，要维护自己的小生产的地位。但是另一方面，他们作为劳动者，又是不满地主和资本家的统治和压榨而倾向革命的。因此，无产阶级在解放自身的同时，必须联合农民和手工业者以及其他小资产阶级，也只有如此，才能真正谈得上解放全人类。

可以看出，正确对待中间阶级特别是农民阶级是马克思主义的重要组成部分，也是实现社会主义和共产主义理想的重要基础。事实上，1874年的帝国国会选举中，德国社会民主工党同小资产阶级政党就曾结成联盟，这使得该党在国会中的议席由1个增加到6个。事实也再次证明了马克思主义的正确性与《纲领》观点的荒谬性。

5.《纲领》提出："工人阶级为了本身的解放，首先是**在现代民族国家的范围**内进行活动，同时意识到，它的为一切文明国家的工人所共有的那种努力必然产生的结果，将是各民族的国际的兄弟联合。"②

在这里，马克思着重揭露了纲领执迷不悟地追随了拉萨尔以最狭隘的民族观点来对待工人运动，公开背叛了《共产党宣言》的国际主义思想。《共产党宣言》明确指出："资产阶级，由于开拓了世界市场，使一切国家的生产和消费都成为世界性的了。"③ 资本的国际性决定资产阶级统治也带有国际性质。而"随着资产阶级的发展，随着贸易自由

---

① 《马克思恩格斯文集》第2卷，北京：人民出版社2009年版，第42页。
② 《马克思恩格斯文集》第3卷，北京：人民出版社2009年版，第438页。
③ 《马克思恩格斯文集》第2卷，北京：人民出版社2009年版，第35页。

的实现和世界市场的建立,随着工业生产以及与之相适应的生活条件的趋于一致,各国人民之间的民族分隔和对立日益消失"①。在这种情况下,无产阶级的革命斗争在形式上是民族的,而在内容上则是国际性的。因为各资本主义国家都在经济上处于世界市场的范围之内,在政治上处于世界国家体系的范围之内。对待各国的工人运动,资产阶级早已在世界范围内联合起来了。那么,无产阶级要取得社会主义革命的胜利,就必须"全世界无产者,联合起来"②,坚持国际主义,进行联合斗争,共同反对资本的国际统治,消灭一切剥削制度,解放全人类。只有这样,无产阶级才能最后解放自己。但《纲领》根本不提无产阶级的国际主义义务,把工人阶级的国际联合仅仅归结为意识到大家的共同意图而已。因此,马克思讽刺说:"实际上,这个纲领的国际信念,比自由贸易派的国际信念**还差得难以估量**。"③

最后,马克思还提到了第一国际问题。第一国际是指导各国无产阶级联合行动的总指挥部,是无产阶级国际主义原则的组织体现,也是各国工人阶级联合进行国际活动的第一次尝试。但是,第一国际的存在并不能完全取代各国工人阶级在本国范围内的独立斗争,更不能取代他们根据本国的客观实际而做出的正确决策。第一国际为推动各国工人政党的建立和工人运动的发展做出了不可磨灭的贡献。但是在巴黎公社失败以后,马克思、恩格斯总结了巴黎公社的历史经验,提出了必须在各国建立工人阶级政党的号召,这样,工人阶级的国际组织已经再也不能以原来的形态存在下去了。它需要建立的是各国工人阶级政党的联合组织,以后的第二、第三国际的建立的初衷也都是为了贯彻无产阶级国际主义这一原则的。

---

① 《马克思恩格斯文集》第 2 卷,北京:人民出版社 2009 年版,第 50 页。
② 同上书,第 66 页。
③ 《马克思恩格斯文集》第 3 卷,北京:人民出版社 2009 年版,第 439 页。

三　第二部分

第二部分的核心与重点是批判拉萨尔的所谓"铁的工资规律"[①]。纲领提出:"德国工人党从这些原则出发,用一切合法手段去争取建立**自由国家**——和——社会主义社会:废除工资制度连同**铁的工资规律**——和——任何形式的剥削,消除一切社会的和政治的不平等。"[②] 马克思首先对所谓"铁的工资规律"进行批判。进一步揭露资本主义工资制度的实质,阐明了工人阶级只有消灭雇佣劳动制度,才能摆脱贫困和被剥削的地位。

1. 揭露"铁的工资规律"的实质

什么是"铁的工资规律"? 拉萨尔宣称,在劳动的供求支配下,决定着工资铁的经济规律是这样的:平均工资始终停留在一国人民为维持生存和繁殖后代按照习惯所要求的必要的生活水平上。他认为工人的日工资总是在平均工资周围摆动,而决定工资变动的,是人口增加或减少,即人口增加就会引起工资下降,工资下降到一定的水平,又会引起人口减少,工资又可以上升,如此循环往复。这种所谓"铁的工资规律"纯粹是拉萨尔捏造出来的。马克思在《资本论》里,早就进行了详尽的论述。证明工资的变化是与资本主义生产的周期性,产业后备军的伸缩性,劳动时间的长短,劳动生产率高低,物价和税收等密切相关的。所以恩格斯指出:"调节工资的各种规律非常复杂……绝对不是铁的,反而是很有弹性的。"[③] 拉萨尔之所以把资本主义的工资现象和无产阶级的贫困化说成是自然规律,是"铁的工资规律",无非是想用废除工资制度连同铁的工资规律掩人耳目,以达到承认和宣扬"铁的工资规律"的目的,最终达到维护反动阶级的统治。

[①] 《马克思恩格斯文集》第3卷,北京:人民出版社2009年版,第440页,以下出现的相同引用,不再重复注释。
[②] 同上书,第440页。
[③] 同上书,第412页。

2. 批判"铁的工资规律"的理论基础是反动的马尔萨斯人口论

所谓"铁的工资规律"并不是拉萨尔的创造。马克思明确指出："没有什么东西是拉萨尔的"①，全是抄来的。"铁的"一词是从歌德的诗中抄来的。而"铁的工资规律"的论据又是马尔萨斯的人口论。马尔萨斯是18世纪的英国牧师，资产阶级经济学家，一生为资本主义做辩护。马尔萨斯的基本论题是人口增长有超过食物供应增长趋势的思想。马尔萨斯在他最初发表的论著中，用相当严格的形式表述了这种思想，认为人口有几何增长的趋势（即按指数增长的趋势，如级数1，2，4，8，16……），而食物供应只有算术增长的趋势（即按直线性增长的趋势，如级数1，2，3，4，5……）。人口会有无限增长的趋势，直到食物供应的极限为止。马尔萨斯因此从中得出结论：大多数人注定要在贫困中和在饥饿的边缘上生活。从长远的观点来看，任何技术进展都不能改变这种趋势，因为食品供应增加必然要受到限制，而人口增加的速度会无限地大于地球为人类生产提供条件的物质的增加速度。

那么，用什么样的办法来限制人口增长速度或减少人口呢？马尔萨斯设想的方案就是战争、瘟疫、贫困、饥饿等，只有这些天灾人祸，才能使人口减少，才能使人口与生活资料的增长相适应。这样，马尔萨斯就以人口增长太快等自然原因来解释无产阶级的相对贫困化和绝对贫困化，而资本主义剥削这一主要原因便被马尔萨斯一笔抹杀了。长期以来，资产阶级经济学家正是以马尔萨斯人口理论为依据，来证明社会主义不能消除自然本身造成的贫困，而只能使它普遍化，认为社会主义的成果不过是将人口增长带来的贫困平均一下，同时分布在社会的整个表面上罢了。拉萨尔的"铁的工资规律"恰恰是从马尔萨斯那里抄来的，借用了马尔萨斯的论据，把它捧成工资规律。从思想上来说，只能是对马尔萨斯的继承，没有任何新的突破。

马克思在《资本论》等著作中就马尔萨斯人口理论进行了透彻的

---

① 《马克思恩格斯文集》第3卷，北京：人民出版社2009年版，第440页。

分析和批判。他指出，世界上不存在绝对的人口过剩，资本主义社会的人口过剩只是相对的人口过剩，即人口只是相对于资本对劳动力的需求来说才是过剩的，这是资本主义生产方式特有的人口规律。因此，用人口的自然增长或相对的人口过剩来解释工人的失业和贫困是十分荒谬的。相对人口过剩是资本主义生产方式存在的必要条件，它不是工人贫困的原因。要解释为什么造成工人贫困，需要更深一步到社会制度上去找原因。正是有鉴于此，马克思才说："如果这个理论是正确的，那么，我即使把雇佣劳动废除一百次，也还废除**不了**这个规律，因为在这种情况下，这个规律不仅支配着雇佣劳动制度，而且支配着**一切**社会制度。"①

3. 进一步阐明和发展了马克思主义工资理论和剩余价值学说

科学的工资理论是由马克思在剩余价值学说中予以阐明的。在资本主义社会，不了解剩余价值学说，就不可能真正理解工人工资的实质和奥秘。遗憾的是《纲领》却提出"铁的工资规律"，从而倒退到拉萨尔的教条那里去了，这当然是"令人气愤的退步"②。

马克思指出："**工资**不是它**表面上呈现**的那种东西，不是**劳动的价值**或**价格**，而只是**劳动力的价值**或**价格**的隐蔽形式。"③ 马克思首先区分了劳动和劳动力，指出劳动力是人的劳动能力，这种能力的支出过程就是劳动。工人出卖给资本家的不是劳动，而是劳动力，劳动作为一种劳动力的使用不可能成为商品，只有劳动力才是商品。劳动力这种商品和其他商品一样，具有价值和使用价值。它的价值就是由维持劳动者及其家属所必需的生活资料的价值或价格决定的，工资就是这种价值或价格的体现。劳动力的使用价值就是劳动，当它付诸使用的时候，能够创造价值，而且这种价值比工资要高得多，这部分高出工资的价值就叫做剩余价值，创造剩余价值就是劳动力这种商品的特殊属性。剩余价值是由剩余劳动提供的，工资是由必要劳动提供的。"整个资本主义生产体

---

① 《马克思恩格斯文集》第3卷，北京：人民出版社2009年版，第440—441页。
② 同上书，第441页。
③ 同上书，第441页。

系的中心问题,就是用延长工作日,或者提高生产率,增强劳动力的紧张程度等等办法,来增加这个无偿劳动"。① 剩余价值为资本家无偿占有,这就是资本家剥削工人的秘密。

马克思揭示的这个秘密是具有划时代意义的。由于剩余价值学说的创立,"过去关于工资的全部资产阶级见解以及对这种见解的全部批评都被彻底推翻了,并且弄清了:雇佣工人只有为资本家(因而也为同资本家一起分享剩余价值的人)白白地劳动一定的时间,才被允许为维持自己的生活而劳动,就是说,才被允许**生存**。"② 工人生存的这种被动状况完全是由雇佣劳动制度所造成的,只有推翻这种制度,工人阶级和劳动群众才能获得解放。马克思主义以前的空想社会主义者们目睹了资本主义社会中工人所遭受的苦难,但找不出苦难的根源,只是同情工人的悲苦处境,却不能对这种悲苦处境作出科学的说明。只有马克思才第一次揭示了工资的实质和资本主义剥削的秘密。

在马克思创立的剩余价值学说和科学的工资理论已经武装全党的时候,《纲领》却大肆兜售拉萨尔的教条,把废除"铁的工资规律"作为无产阶级的奋斗目标。这就表明"他们在草拟妥协纲领时是多么令人不能容忍地轻率,多么无耻!"③ 因此,马克思通过批判"铁的工资规律",再次表明了无产阶级要获得解放,只有而且必须首先推翻资本主义制度。

四 第三部分

《纲领》在提出废除"铁的工资规律"的要求以后,又进一步提出希望借助国家的帮助,通过建立生产合作社来实现社会主义。纲领写道:"为了**替社会问题的解决开辟道路**,德国工人党要求**在劳动人民的民主监督下**,依靠**国家帮助**建立生产合作社。在工业和农业中,生产合

---

① 《马克思恩格斯文集》第 3 卷,北京:人民出版社 2009 年版,第 441 页。
② 同上书,第 441 页。
③ 同上书,第 442 页。

作社**必须广泛建立**，以致能从它们里面产生总劳动的社会主义的组织。"① 这就是拉萨尔设计的无产阶级实现社会主义的途径，马克思对《纲领》散布的拉萨尔的幻想和机会主义路线进行了尖锐的批判。

马克思一针见血地指出，《纲领》"依靠**国家帮助**建立生产合作社"②的谬论，其本质就是接受资产阶级统治，反对无产阶级革命。靠国家帮助，建立生产合作社以实现社会主义，这只能是拉萨尔及其追随者一厢情愿的机会主义幻想而已。自《共产党宣言》问世以来，马克思、恩格斯始终认为无产阶级只有团结起来，在自己政党的领导下，通过无产阶级革命，打碎旧的资产阶级国家机器，建立无产阶级专政。在这个前提下，无产阶级才能真正掌握自己的命运。这条革命道路从理论上已经被马克思和恩格斯进行了严密而深刻的论证，从实践上被1848年欧洲大革命和1871年巴黎公社革命的正反两方面经验所证实，是千锤百炼和颠扑不破的真理。可惜《纲领》却不顾历史与现实，坚持认为资本主义社会问题的解决与社会主义社会的实现统统可以抛开阶级斗争和革命，通过乞求地主和资产阶级的恩赐，由他们掌管的国家机器的帮助，来建立生产合作社。在此基础上，达到问题的解决与社会主义的实现。诚然，资本主义社会中工人创立的一些消费和信贷合作社，有助于减轻中间剥削，改善一些生活，在某种程度上是有意义的，表明工人在"力争变革现存的生产条件"③。但是，据此就轻率地认为在既有的国家机器援助下实现的合作社是工人阶级摆脱困境的唯一道路就大错特错了。工人阶级的根本解放在于联合起来推翻资本主义制度，实现社会主义。当国家政权和生产资料仍然掌握在资产阶级手中的时候，幻想通过合作社就能实现社会主义，是不可思议的。可见，这套机会主义幻想从根本上抹杀了旧的国家机器的阶级性质和它镇压与剥削人民的基本职能。这正是拉萨尔对容克地主资产阶级及其国家的幻想，也再次证明了他与俾斯麦的沆瀣一气，实质上是叫工人阶级不要有反对德意志帝国的

---

① 《马克思恩格斯文集》第3卷，北京：人民出版社2009年版，第442页。
② 同上书，第442页。
③ 同上书，第443页。

企图，而要把自己的解放寄托在封建军事专制国家的帮助上。所以马克思说："这真不愧为拉萨尔的幻想：靠国家贷款能够建设一个新社会，就像能够建设一条新铁路一样！"①

马克思在揭露了"依靠**国家帮助**建立生产合作社"②的谬论后，又进一步撕下了《纲领》给这个谬论蒙上的面纱，即把"国家帮助"置于劳动人民的民主监督之下，就可以解决一切社会问题，实现劳动人民的完全解放。其实，这根本改变不了纲领的机会主义实质。从当时德国的实际情况看，资本主义发展并不充分，农民仍占绝对多数。受到封建地主和贵族的残酷剥削，农民的文化素质不高，而且没有充分地组织起来。对于农民来说，根本没有办法去监督国家以及议会的活动，这句话纯粹是泛泛空谈。其实所谓"国家帮助"并不是拉萨尔的新创，而是他从法国资产阶级共和主义者、基督教社会主义的代表毕舍那里剽窃来的。毕舍是19世纪初法国历史学家，在其著作中大力宣扬国家帮助工人建立生产合作社的理论，他企图用生产合作社来平息法国当时日益发展的工人反抗斗争，破坏工人运动，同时还和法国社会主义者争夺工人群众。马克思在当时就对这一派别进行了深刻剖析和严厉批判，可惜几十年后的德国工人党又把这一套荒谬主张载入自己的党纲中，这就充分表明，《纲领》的炮制者妄图把机会主义主张当做教义强加给工人，从思想上瓦解党，从组织上分裂党，背叛无产阶级的根本利益，使工人运动成为狭隘的学派运动。所以马克思说："主要的过失不在于把这个特殊的万灵药方写入了纲领，而在于从阶级运动的立场完全退到宗派运动的立场。"③

马克思严厉地批判了《纲领》提出的"国家帮助"工人建立生产合作社的谬论，重点在于批判和揭露"国家帮助"的幻想和机会主义实质，而不是一般地反对和批判生产合作社。生产合作社，在资本主义社会确实存在过。它的出现是小生产者为反对资本家的兼并而成

---

① 《马克思恩格斯文集》第3卷，北京：人民出版社2009年版，第441页。
② 同上书，第442页。
③ 同上书，第443页。

立的实行自卫的经济联合。后来一些空想社会主义者也组织合作社，想以此来摆脱资本主义剥削，求得自身的生存与解放。英国空想社会主义者罗伯特·欧文就曾希望把合作社作为改造资本主义的灵丹妙药，但是当政权和生产资料都掌握在剥削者手中时，合作社也就成了资本主义的附庸，最终的结果是不言而喻的。马克思在这里指出，合作社作为工人争取变革现存生产条件，作为团结、组织自己队伍的组织，同资产阶级进行经济、政治的斗争等等，是难能可贵的。但是，这同国家帮助建立的合作社毫无共同之处。而且明确提出："现有的合作社，它们**只是**在工人自己独立创办，既不受政府保护，也不受资产者保护的情况下，才有价值。"①

不过马克思早在 1866 年就已阐明过资本主义制度下的合作社的局限性，指出："合作制度限于单个雇佣劳动奴隶通过自己的努力所创造的这种狭小的形式，决不能改造资本主义社会。为了把社会生产变为一种广泛的、和谐的自由合作劳动的制度，必须进行**全面的社会变革，社会制度基础的变革**，而这种变革只有把社会的有组织的力量即国家政权从资本家和大地主手中转移到生产者本人的手中才能实现。"② 所以《纲领》妄图通过生产合作社来改变整个资本主义制度，"产生出调节总劳动的社会主义组织"③ 是根本不可能的。无产阶级要掌握自己的命运，只有通过无产阶级革命，才能推翻资本主义制度，建立社会主义社会，从而也才可能把工人阶级从资本主义的压迫下解放出来。这才是唯一正确的道路。

五 第四部分

这一部分共分 A、B 两节，是《哥达纲领批判》的另一个重点。这里着重批判了拉萨尔在国家问题上的机会主义观点和一些庸俗的民主主义要

---

① 《马克思恩格斯文集》第 3 卷，北京：人民出版社 2009 年版，第 443 页。
② 《马克思恩格斯全集》第 16 卷，北京：人民出版社 1964 年版，第 219 页。
③ 《马克思恩格斯文集》第 3 卷，北京：人民出版社 2009 年版，第 442 页。

求。在此基础上进一步阐明了马克思主义的国家学说。明确提出了在资本主义社会和社会主义社会之间，有一个政治上的过渡期，这个时期的国家只能是无产阶级的革命专政。由此深刻地阐发了无产阶级专政的原理，把马克思主义国家学说和社会主义共产主义理论推进到一个新的高度。

1. 马克思对《纲领》鼓吹"自由国家"进行批判

马克思指出：《纲领》鼓吹的"自由国家"① 是抹杀国家的阶级实质，掩盖德意志帝国的反动本质，是彻头彻尾的机会主义路线。马克思主义告诉我们，国家是阶级斗争不可调和的产物，是阶级斗争的工具，是一个阶级压迫另一个阶级的暴力机器。无论是奴隶主的国家、封建主的国家或资产阶级国家皆是如此。可是拉萨尔在国家问题上却提出了一整套成系统的机会主义谬论。他认为，国家是超阶级的社会组织，它的基本任务是教育全人类，引导社会走向自由和进步。无产阶级只要能够争得普选权，选出工人代表参加议会，进行议会斗争，就能使地主和资产阶级专政的国家变成"自由国家"。遗憾的是，《纲领》只字不提暴力革命和无产阶级专政，反而接纳了拉萨尔机会主义的观点，把争取"自由国家"作为党的奋斗目标。这对一个工人党的纲领来说是完全不能容忍的，它必将工人运动引向歧途，必须针锋相对地进行彻底的批判和斗争。

那么，《纲领》所要力求争取的"自由国家"究竟是什么呢？恩格斯在给奥·倍倍尔的信中指出："从字面上看，自由国家就是可以自由对待本国公民的国家，即具有专制政府的国家。"②。这就是说，所谓"自由国家"并不是什么新鲜与玄妙的东西，而需要工人阶级努力地去争取，它实际上就是统治阶级能够自由地奴役和镇压被统治阶级的国家。可见，自由是有阶级属性的，有统治阶级的自由，就必然没有被统治者的自由。资本主义制度下的"自由国家"，就是剥削者可以自由地去镇压劳动人民。同样，无产阶级也需要国家，"当无产阶级还**需要国**

---

① 《马克思恩格斯文集》第 3 卷，北京：人民出版社 2009 年版，第 443 页。
② 同上书，第 414 页。

家的时候,它需要国家不是为了自由,而是为了镇压自己的敌人,一到有可能谈自由的时候,国家本身就不再存在了。"① 所以,无产阶级及其政党应当用一切手段去推翻剥削阶级的镇压与统治,代之以无产阶级专政。

由此可见,马克思、恩格斯认为的自由就在于把国家由一个站在社会之上的机关变成完全服从这个社会的机关,其意思就是指阶级消灭和国家消亡,管理社会的职责由"共同体"②来代为执行。而这只能到共产主义社会才能够实现。如恩格斯在《反杜林论》中所说:"国家政权对社会关系的干预在各个领域中将先后成为多余的事情而自行停止下来。那时,对人的统治将由对物的管理和对生产过程的领导所代替。"③只有到了这个时候才会有真正的自由。

总之,在马克思、恩格斯看来,国家的存在就不会有真正自由,真正有自由的时候不会有国家,二者是连不到一起的。而《纲领》力求用一切合法手段,来争取"自由国家",不提打碎由容克地主与资产阶级组成的普鲁士王朝的反动统治。很明显,"自由国家"只能是麻痹群众,维护普鲁士王朝反动统治的机会主义谬论,只能表明《纲领》对马克思主义的歪曲与背叛。

2. 马克思对《纲领》关于"国家的基础"④的唯心主义谬论进行批判

国家的基础是什么?按照马克思主义的解释是社会经济关系。即生产力决定生产关系,经济基础决定上层建筑,而国家正是属于上层建筑范畴,国家的性质、形式归根到底都是由社会的经济基础即生产关系的性质所决定的。也就是说资本主义国家就是以资本主义生产关系为基础的,这个社会的精神、道德是资本主义经济基础的反映。所以马克思讲:"不同的文明国度中的不同的国家,不管它们的形式如何纷繁,却

---

① 《马克思恩格斯文集》第3卷,北京:人民出版社2009年版,第414页。
② 同上书,第414页。
③ 《马克思恩格斯文集》第9卷,北京:人民出版社2009年版,第297页。
④ 《马克思恩格斯文集》第3卷,北京:人民出版社2009年版,第444页。

有一个共同点：它们都建立在现代资产阶级社会的基础上，只是这种社会的资本主义发展程度不同罢了。"① 可是《纲领》却"不把现存社会（对任何未来社会也是一样）当做现存**国家的**（对未来社会来说是未来国家的）**基础**，反而把国家当做一种具有自己的'精神的、道德的、自由的基础'的独立存在物"②。正因为《纲领》根本不了解马克思主义的这些基本原理，抹杀国家对经济基础的依赖，散布超阶级、超社会的国家观，所以马克思才说《纲领》对社会主义思想领会的多么肤浅。《纲领》这种宣传，目的在于企图掩盖德意志帝国的阶级本质。

3. 马克思进一步阐明了过渡时期和无产阶级专政理论

马克思对《纲领》的拉萨尔机会主义国家观的批判，很自然地引发出关于未来的国家制度问题。既然资本主义国家制度植根于资本主义生产关系的基础之上，它的实质是资产阶级专政。那么无产阶级革命胜利后，未来共产主义社会制度会是什么样子的呢？"换句话说，那时有哪些同现在的国家职能相类似的社会职能保留下来呢？这个问题只能科学地回答"③。马克思明确提出："在资本主义社会和共产主义社会之间，有一个从前者变为后者的革命转变时期。同这个时期相适应的也有一个政治上的过渡时期，这个时期的国家只能是**无产阶级的革命专政**。"④

马克思在这里所要考察的共产主义社会里的社会制度，很显然不是指共产主义社会高级阶段，因为那时阶级和国家已经消亡了，不存在国家制度问题。因此，马克思这里所说的共产主义社会是指第一阶段，即社会主义社会。马克思要考察的就是在共产主义社会第一阶段（社会主义社会）中国家制度方面发生哪些变化。共产主义社会第一阶段是以公有制为基础的社会，它的最主要特征是适应社会化大生产发展的需要，建立起以公有制为基础的新型的生产关系。这种生产关系是在彻底打碎

---

① 《马克思恩格斯文集》第 3 卷，北京：人民出版社 2009 年版，第 444 页。
② 同上书，第 444 页。
③ 同上书，第 443—444 页。
④ 同上书，第 445 页。

私有制生产关系的前提下产生的。十分明显，打碎旧的生产关系，并在此基础上建成社会主义社会，必须经历相当长的一段历史时期。因为我们在打碎旧体制，建立新制度的时候，被推翻的资产阶级绝不会坐以待毙，必然是拼死的斗争和疯狂的反抗。没有这段时间的艰苦斗争，旧社会是绝不会被彻底摧毁，新社会是决不能建立起来的。同时，这段历史时期不仅要有公有制的经济基础，还需要全面改组社会生活，在政治、思想、文化、道德等方面相应地建立起社会主义社会的新秩序来，这也需要经过长期的努力才能完成。而要实现这些目标，唯一的途径就是实行无产阶级专政。

早在《共产党宣言》中，马克思、恩格斯就提出了无产阶级专政的思想，他们讲到："工人革命的第一步就是使无产阶级上升为统治阶级……无产阶级将利用自己的政治统治，一步一步地夺取资产阶级的全部资本，把一切生产工具集中在国家即组织成为统治阶级的无产阶级手里，并且尽可能快地增加生产力的总量。"① 1850 年，马克思在《一八四八至一八五〇年法兰西阶级斗争》一书中第一次使用了无产阶级专政这个术语，指出："社会主义就是**宣布不断革命**，就是无产阶级的**阶级专政**，这种专政是达到**消灭一切阶级差别**，达到消灭这些差别所由产生的一切生产关系，达到消灭和这些生产关系相适应的一切社会关系，达到改变由这些社会关系产生出来的一切观念的必然的过渡阶段。"② 1852 年马克思在致魏德迈的信中又进一步明确指出："阶级斗争必然要导致无产阶级专政"，"这个专政不过是达到**消灭一切阶级**和进入**无阶级社会**的过渡"。③ 到了 1871 年，马克思在《法兰西内战》中再一次强调指出："工人阶级不能简单地掌握现成的国家机器，并运用它来达到自己的目的"④，必须建立自己的政权机构来代替统治阶级的国家机器。《哥达纲领批判》则进一步指出，从资本主义到共产主义的革命转变，

---

① 《马克思恩格斯文集》第 2 卷，北京：人民出版社 2009 年版，第 52 页。
② 同上书，第 166 页。
③ 《马克思恩格斯文集》第 10 卷，北京：人民出版社 2009 年版，第 106 页。
④ 《马克思恩格斯文集》第 3 卷，北京：人民出版社 2009 年版，第 151 页。

中间须经过一个政治上的过渡时期,而这个时期的国家只能是无产阶级的革命专政。列宁在评价马克思这个论断时指出:"这个结论是马克思根据他对无产阶级在现代资本主义社会中的作用的分析,根据关于这个社会发展情况的材料以及关于无产阶级与资产阶级对立的利益不可调和的材料所得出的。"① 无产阶级专政是科学社会主义学说的核心之一,是识别真假马克思主义的试金石。遗憾的是,《纲领》避而不谈无产阶级的革命专政,却承袭了拉萨尔的机会主义国家观,空谈"现代社会"、"现代国家"②,并争取"自由国家",最终只能给德国的无产阶级革命造成危害,把德国工人运动引向歧途。

4. 马克思对《纲领》提出的庸俗的民主主义要求进行了批判

《纲领》在拉萨尔机会主义理论的基础上进一步提出了"普选权、直接立法、人民权利、国民军"③等政治要求。马克思指出,这些要求一点也不新鲜,都是从资产阶级民主派和小资产阶级民主派那里抄来的。这些要求有的纯属空想,根本不可能实现,而有一些要求如普选权已经在一些资产阶级国家实现了。"不过实现了这些要求的国家不是在德意志帝国境内,而是在瑞士、美国等等"④ 资产阶级民主共和制国家。在民主共和国的制度下实现这些要求是很自然的。但是当时的德国是"一个以议会形式粉饰门面、混杂着封建残余、同时已经受到资产阶级影响、按官僚制度组成、以警察来保护的军事专制国家"⑤,向这样的国家提出这些要求是没有意义的。《纲领》没有勇气提出用民主共和国去代替军事专制的德意志帝国,而且还向这个帝国庄严地保证:"用'合法手段'从它那里争得这类东西!"⑥ 这只不过是一厢情愿而已。

同时,《纲领》还提出用统一的累进税作为国家的经济基础。"德

---

① 《列宁全集》第31卷,北京:人民出版社1985年版,第82页。
② 《马克思恩格斯文集》第3卷,北京:人民出版社2009年版,第444页。
③ 同上书,第445页。
④ 同上书,第445页。
⑤ 同上书,第446页。
⑥ 同上书,第446页。

国工人党提出下列要求**作为国家的经济的基础**……交纳单一的累进所得税"①。统一累进所得税是政府机关的经济基础，没有赋税，政府也就无法存在了，但是它决不是国家的经济基础。按照马克思主义的解释，国家与政府是有区别的，国家是阶级统治的工具，是一个阶级压迫另一个阶级的暴力工具，它的性质和职能是通过政府行为来体现与实现的。国家的经济基础不是赋税，而是以生产资料所有制为基础的经济关系，它决定着国家的性质。而赋税是政府机构的经费来源，是在一个国家下，不分阶级或阶层，而以全体社会成员的收入为征税前提的。如果把赋税看成国家的经济基础，而不看成是政府的经济来源，就会混淆国家与政府的区别，弄不清国家与政府的性质了。《纲领》把赋税这一政府的经济来源作为国家的经济基础，表明它把政府和国家混为一谈。其结果就是掩盖了国家真正的经济基础，把生产资料所有制问题回避了，进而掩盖了资产主义剥削制度与工人贫困的真正根源。

马克思对《纲领》在民主共和国和混淆国家和政府区别的错误的批判，进一步揭穿了《纲领》在国家问题上的错误。它们与马克思提出的过渡时期和无产阶级专政理论相呼应，进一步深刻地批判了《纲领》中处处充斥的拉萨尔机会主义国家观，同时也展示了马克思主义的科学国家观，有利于我们更全面系统地把握马克思主义的国家学说。

5. 马克思对《纲领》提出的作为国家的精神和道德基础的各项要求也进行了批判

《纲领》提出"由国家实行普遍的和**平等的国民教育**。实行普遍的义务教育。实行免费教育。"② 其实这些完全都是空想。教育属于上层建筑的范畴，它是有阶级性的，只能为特定的阶级或经济基础服务。在资本主义社会里，教育只能为资产阶级服务，而不可能为无产阶级服务。要实现劳动人民受教育的权利，就"应当把政府和教会对学校的任何影响都同样排除掉"③，只有这样，才能摆脱国家对教育的干预，使

---

① 《马克思恩格斯文集》第3卷，北京：人民出版社2009年版，第446页。
② 同上书，第446页。
③ 同上书，第447页。

受教育者真正享受到科学的教育，而不致受到资产阶级国家阶级性的影响。总之，《纲领》全部有关教育的条文都深深地沾染了拉萨尔对德意志帝国的迷信和忠顺，以及对资产阶级民主的无条件崇拜，这正是《纲领》背离科学社会主义理论与实践的表现。

《纲领》还提出了"**科学自由**"①和"**信仰自由**"②的口号。科学自由是从普鲁士宪法中抄来的，而信仰自由是从资产阶级自由主义者那里抄来的，把它们列入党纲都是毫无意义的。既然要提出这个问题，那就应该反映工人党自己的观点。在马克思看来"资产阶级的'信仰自由'不过是容忍各种各样的**宗教信仰自由**而已，工人党则力求把信仰从宗教的妖术中解放出来。"③ 人们应该信仰科学，信仰真理，但《纲领》没有宣传工人党的立场，说明"他们不愿越过'资产阶级的'水平"④。《纲领》提出信仰自由的唯一目的，不过是"要想提醒自由主义者记住他们的旧口号"⑤ 而已。

讲完信仰自由问题，马克思说："现在我就要讲完了，因为纲领中接下去的附带部分不是纲领的**重要**组成部分。所以我在这里只简单地谈一谈。"⑥ 这里主要涉及"正常的劳动日"、"限制女工和童工"、"调整监狱劳动"和"有效的责任法"等等。⑦ 这些要求都含混不清，光有"空洞的虔诚的愿望"⑧，没有触及雇佣劳动制度这一根本要害问题。

最后，马克思用一生坚守的理念作为全书的结尾："我已经说了，我已经拯救了自己的灵魂。"⑨ 这句话一方面表明了马克思的坦诚，毫不隐瞒自己的观点，另一方面也表明马克思的责任心和坚持原则的革命

---

① 《马克思恩格斯文集》第3卷，北京：人民出版社2009年版，第447页。
② 同上书，第448页。
③ 同上书，第448页。
④ 同上书，第448页。
⑤ 同上书，第448页。
⑥ 同上书，第448页。
⑦ 同上书，第448—449页。
⑧ 同上书，第448页。
⑨ 同上书，第449页。

精神与斗争精神。对马克思来说，坚持工人运动的正确道路，批判各种机会主义思潮，不使工人运动走上歧途，是他义不容辞的责任与使命。所以，他百忙中不顾身体病痛，对《哥达纲领》进行了严厉的批判与修正。马克思有一种如释重负感，认为这是拯救了自己的灵魂，反之，如果对《哥达纲领》的机会主义错误熟视无睹，任其败坏工人政党的声誉和瓦解工人阶级的革命斗志，不采取原则立场，进行尖锐的批判，那就等于出卖了自己的灵魂，与拉萨尔主义同流合污了。马克思的责任心和使命感，坚持原则的斗争精神，表明自己思想的坦诚态度，这都是我们当前应该认真体会与反思的。

第三部分　当代解读

第五章　人类社会形态的划分以及未来的发展趋势研究

马克思在《哥达纲领批判》里最主要的理论建树是在充分利用《德意志意识形态》、《共产党宣言》、《资本论》等著作创作过程中已建立的辩证唯物论和历史唯物论以及在巴黎公社实践经验的基础上，把唯物辩证法具体运用于社会过程的分析，完整而科学地制定了关于未来共产主义社会发展阶段的学说。这一学说的制定，标志着马克思主义关于未来社会形态理论的最终完成。

一　划分人类社会形态的理论前提

马克思自 19 世纪 40 年代开始就逐步深入地研究人类社会的发展和演进过程。其中，达尔文的《物种起源》与摩尔根的《古代社会》对马克思的影响是十分深远的。马克思第一次从历史整体的唯物主义高度把人类历史看做是一个有机统一体，把人类历史发展作为一个自然历史过程，揭示人类历史发展的客观规律。

早在 300 万年或 400 万年之前，就出现了人类的始祖，单就人类文明史而言也有 8000 年的历史。但人类社会到底是如何演进的一直是人们争论的焦点。马克思曾在这方面有卓越的贡献。他认为："大体说来，亚细亚的、古希腊罗马的、封建的和现代资产阶级的生产方式可以看做是经济的社会形态演进的几个时代。"① 长期以来,大家都认为:五形态说是马克思的论述,事实上并非如此,它只是斯大林的概括。"历史上有五种基本类型的生产关系:原始公有制的、奴隶占有制的、封建制的、资本主义的、社会主义的。"② 后来在"苏联模式"影响下,人们对社会主义出现了僵化认识,五形态论被作为亘古不变的真理强加于马克思。随着社会主义改革的深入和考古学、历史学的发展,史学界率先否定了社会演进机械的、单线的五阶段论,恢复了马克思主义的传统,认为人类社会的发展是普遍性与特殊性的多线论的统一。

如下图:

采猎社会	（手工）小生产社会		（机器）大生产社会		
	过渡期	相对稳定期	过渡期	相对稳定期	
氏族公社	亚细亚式 古代式 日耳曼式	奴隶制 封建制	封建资本主义 自由资本主义	国家资本主义 社会主义	共产主义

马克思认为:生产力与生产关系的矛盾运动及经济基础与上层建筑的矛盾运动是人类社会发展的基本矛盾,是人类社会发展的根本动力。生产力和生产关系是生产方式的两个方面。二者是相互制约、相互作用的。一方面,生产力决定生产关系。在生产方式中,生产力是其物质内容,它是最革命最活跃的因素。生产力的状况决定生产关系的性质和形式,生产力的发展决定生产关系的变革。马克思说:"手推磨产生的是封建主的社会,蒸汽磨产生的是工业资本家的社会。"③ 生产关系的变革不能随意的超越生产力的发展水平。另一方面,生产关系反作用于生产力。在生产方式中,生产关系是生产力赖以存在的社会形式,它体现着人们的经济利益,影响人们在生产中的主动性、积极性,从而影响生

---

① 《马克思恩格斯文集》第2卷,北京:人民出版社2009年版,第592页。
② 《列宁主义问题》,北京:人民出版社1973年版,第649页。
③ 《马克思恩格斯文集》第1卷,北京:人民出版社2009年版,第602页。

产力的发展。

经济基础与上层建筑的矛盾运动是人类社会发展的又一基本矛盾。经济基础即经济结构是指同生产力的一定发展阶段相适应的生产关系的总和。上层建筑是指建立在一定经济基础之上的社会意识形态和与此相适应的政治法律制度及措施。在经济基础和上层建筑的关系中,首先是经济基础决定上层建筑。经济基础的需要决定上层建筑的产生;经济基础的性质决定上层建筑的性质;经济基础的变化发展决定上层建筑的变化发展及其方向。同时,上层建筑对经济基础具有反作用。这种反作用集中表现在为自己的经济基础服务。上层建筑具有对经济基础依赖性的同时又具有相对的独立性,这就使上层建筑不会完全地、绝对地适应经济发展的需要,他们之间总会有矛盾。

可见,社会有机系统的演进的最终动力和根据在于生产力的发展。生产力的发展状况决定了社会制度变革的可能性范围。世界上各个民族、各个国家的社会演进都是遵循这一普遍规律的,他决定了人类社会演进的一般道路。然而,社会形态演进的一般规律或统一性并不能完全地决定每一社会演进的全部状况。由于生产力发展的一定水平只是决定了一个建立相适应社会交往制度的可能性范围,因而,不同民族、不同国家在一定的生产力发展水平的基础上,仍有可能选择一定范围的社会制度的可能性。一个民族、一个国家之所以做出这种或那种选择,有其特定的原因:1. 取决于民族和国家的利益;2. 取决于交往;3. 取决于对历史必然性以及本民族特点的把握程度,等等。

二 人类社会的单线演进与多模式发展

在《德意志意识形态》中,马克思通过叙述物质生产与意识生产的关系,从宏观角度概括出社会发展的五形态理论,这是人类社会发展的单线演进。同时,马克思主义也认为通往共产主义的道路不是一元而是多元的,人类社会的发展是单线演进与多模式发展的有机统一体。

依据社会发展的物质基础和生产方式将人类社会发展演进的过程划

分为：采猎社会、手工小生产社会、机器大生产社会。采猎社会是采集狩猎型社会的简称。它以简单的木制或石制工具为生产工具，以动植物为对象，以氏族为组织方式的原始公有制的社会形态。手工小生产社会是以铜制或铁制手工工具为生产工具，以农业为根基，以阶级统治为基础的私有制社会形态。机器大生产社会是以大机器（信息技术等）为生产工具，以生产资料的逐步社会化为主要形态的社会。它的发展方向是共产主义。共产主义社会是实现人的全面自由发展的社会形态。总之，无论人类社会怎样发展，物质基础和生产方式总是不可逾越的，物质生产是社会发展的根本决定力量，这才是社会发展单线性的真正实质。"采猎——手工生产——机器生产……"这一历史形态的演变过程，是一个必然的、不以人的意志为转移的过程。某些国家和地区可以借助其他国家、民族和地区的力量，使其中的某些形态的转变时间延长或缩短，但是人们不可凭借主观愿望跳过其中任何发展阶段，也不可能随意颠倒他们的演化顺序。

马克思主义认为，物质世界的统一性是多样性的统一，而不是简单的无差别的统一。人类社会的发展自然也不能例外。在单线演进下，人类社会的发展又呈现多模式的特点。人们可以在物质基础的前提下根据历史传统、民族利益、交往等特点选择自己的发展模式。例如：在世界范围内，当人们的生产活动仍处于使用简陋生产工具从事个体手工小生产的阶段，一个民族、国家和地区是形成奴隶制还是封建制是取决于这个民族、国家和地区自然的、历史的和其他方面的条件，但其发展的整体趋向是封建制。由此来看：第一，奴隶制的基本单位城邦的内部是以封建土地关系为主的。在城邦内部多数平民多少都可以获得或租到一定的土地，并将大部分的劳动产品上缴国家和大土地所有者。古埃及、古巴比伦、古代中国等皆是如此。第二，就奴隶的来源看，主要是战俘并伴随着城邦走向帝国而逐渐减少。第三，奴隶制随着内部生产关系的扩大和帝国的产生必然有走向封建制的趋向。封建制是手工小生产社会的最佳模式。

在机器大生产的社会里，资本主义与社会主义是两个既相互对立又存在继承性的社会制度。就资本主义的发展史而言,从英国资产阶级革命算起,至今已有370余年的历史。资本主义作为一种社会制度产生以后,先后经历了封建资本主义、自由资本主义和垄断资本主义等阶段,逐步达到成熟与完善的程度。作为人类历史上最后一种剥削制度,资本主义必然走向灭亡,并被社会主义制度所代替,这是历史发展不可逆转的总趋势和客观规律。然而,第二次世界大战以后,资本主义在生产力、生产关系等方面发生了一系列新变化,出现了许多新现象、新特点,表现出了一种垂而不死的态势,给人们的思想带来了种种疑虑和困惑。那么为何会出现这种现象?马克思在《〈政治经济学批判〉导言》中讲到:"无论哪一个社会形态,在它所能容纳的全部生产力发挥出来以前,是决不会灭亡的;而新的更高的生产关系,在它的物质存在条件在旧社会的胎胞里成熟以前,是决不会出现的。"① 马克思在这里谈两个决不会,很好地说明了两点:第一,社会制度的更替应当遵循当时当地的生产力条件。第二,旧有的社会制度在它被彻底取代之前,有着很强的自我更新能力。这种自我更新的能力正是来自于变革,以及对不同体制、不同模式经验的借鉴与吸收。资本主义无论从一国历史的变迁,还是从多国的横向比较,历来就没有形成统一的模式,而是在多样化的条件下得到充分的展现与发展。

十月革命的胜利,为实现人类理想的共产主义开辟了新纪元,之后百余年有近20个国家相继确立了社会主义制度。各国马克思主义者在争取革命胜利与社会主义建设的实践中,都曾经走过单一模式的道路,结果是有目共睹的。同样,落后的东方国家与未来发达资本主义国家进入到社会主义的方式以及模式的选择也必定是多样化的。新中国成立至今,无论是正面的经验还是反面的教训,都再次证明了社会主义不能全世界遵循一个模式,中国特色社会主义道路是中国实现马克思主义中国化过程中的必然选择,也体现和证明了人类社会的演进是单线演进与多模式发展。

---

① 《马克思恩格斯文集》第2卷,北京:人民出版社2009年版,第592页。

三 社会的单线跨越之间应该有过渡期

社会的单线跨越之间应当有一个过渡期，它是社会发展的一个承前启后阶段，是包含着两种社会形态的社会发展模式。同时，在这个时期也是社会发展中各种矛盾激化的时期。

在采猎社会和手工小生产社会之间过渡期是亚细亚式和日耳曼式与古代式。就欧亚大陆而言，中国由黄河到长江，印度由印度河到恒河，西亚、中亚由安那托利亚至波斯、阿富汗，欧洲由地中海沿岸到波罗的海之南，由不列颠至乌克兰，及至于亚欧大陆毗连的地中海南岸，都先后不一地成为农耕和半农耕地带。由此构成一个绵亘于亚欧大陆东西两端之间的、偏南的、长弧形的农耕世界。在这个农耕世界之北，是宜于游牧和半游牧的地区。约在公元前第四世纪后期西亚两河流域首先突破原始公社各自独立的状态，在较大范围内形成并加强村落与村落之间的横向联系，出现了居民密集的聚落，由此兴起了很多以城为中心的小国。稍后，尼罗河、印度河、黄河、爱琴海地区都先后诞生了文明，出现了并立的小国。而游牧地带生产增长率低，社会分化相对缓慢，因此原始部落牢固存在，直到近代大工业出现前。马克思在研究古代闪密特人（北非近东一带）和雅利安人（史前居住在伊朗和印度北部一带的一个民族）社会生产方式得出了亚细亚生产方式，并加以推广。就亚细亚式而言，从生产力角度讲已进入到手工小生产社会，但生产关系上过多地保留了原始公有制，而个体所有或私有制只是一种先进的但仅为补充的生产关系。而对于日耳曼式，它比亚细亚式的产生要靠后。从生产力角度讲也已进入到手工小生产社会，但生产关系则是以个体所有或私有制为基础、原始公有制为补充的，它更接近于奴隶制或封建制。在这个过渡期里，亚细亚式和日耳曼式是根本对立的，同是在以手工小生产的基础上，一个试图要保留原有的生产关系，一个试图要根除原有的生产关系，但无论它们怎样对立转化，其历史的发展总趋势只能是进入到与手工小生产相适应的相对稳定期。

那么,怎样去理解资本主义向社会主义过渡呢?从无产阶级取得政权到共产主义高级阶段到来之前,社会的发展要不要分阶段过渡?如何过渡?这是国际共产主义运动史上一个具有重大现实意义的理论问题。问题的溯源要从马克思在《哥达纲领批判》和列宁的《国家与革命》中的论断谈起。

马克思经过总结巴黎公社革命的经验和教训,长期思考和论证后指出:"在资本主义社会和共产主义社会之间,有一个从前者变为后者的革命转变时期。同这个时期相适应的也有一个政治上的过渡时期,这个时期的国家只能是**无产阶级的革命专政**。"① 在马克思与恩格斯的有生之年,这也仅仅是一个问题的假设。此后列宁根据俄国的具体情况,进一步总结道:"这个结论是马克思根据他对无产阶级在现代资本主义社会中的作用的分析,根据关于这个社会发展情况的材料以及关于无产阶级与资产阶级对立的利益不可调和的材料所得出的。从前,问题的提法是这样的:无产阶级为了求得自身的解放,应当推翻资产阶级,夺取政权,建立自己的革命专政。现在,问题的提法已有些不同了:从向着共产主义发展的资本主义社会过渡到共产主义社会,非经过一个'政治上的过渡时期'不可,而这个时期的国家只能是无产阶级的革命专政。"②

如何正确来理解马克思与列宁的论断以及两者之间的变化?我们首先探寻一下马克思在《哥达纲领批判》一书中的相关论述。马克思把未来共产主义社会划分为第一阶段和高级阶段。关于共产主义社会的第一阶段(社会主义社会)马克思的表述如下:"我们这里所说的是这样的共产主义社会,它不是在它自身基础上已经**发展了的**,恰好相反,是刚刚从资本主义社会中**产生出来的**,因此它在各方面,在经济、道德和精神方面都还带着它脱胎出来的那个旧社会的痕迹。"③ 他

---

① 《马克思恩格斯文集》第3卷,北京:人民出版社2009年版,第445页。
② 《列宁专题文集(论马克思主义)》,北京:人民出版社2009年版,第257页。
③ 《马克思恩格斯文集》第3卷,北京:人民出版社2009年版,第434页。

还指出这个社会的基本特点,"在一个集体的、以生产资料公有为基础的社会中,生产者不交换自己的产品;用在产品上的劳动,在这里也不表现为这些产品的**价值**,不表现为这些产品所具有的某种物的属性,因为这时,同资本主义社会相反,个人的劳动不再经过迂回曲折的道路,而是直接作为总劳动的组成部分存在着。"① 又强调指出这个社会的,"每一个生产者,在作了各项扣除之后,从社会领回的,正好是他给予社会的。他给予社会的,就是他个人的劳动量。"② 这个新生的社会"不承认任何阶级差别,因为每个人都像其他人一样只是劳动者;但是它默认劳动者的,不同等的个人天赋,从而不同等的工作能力,是天然特权"。③ 所以马克思在《哥达纲领批判》一书中所说的这些社会特征指的是共产主义社会的第一阶段社会主义社会,而不是共产主义的高级阶段。

从《哥达纲领批判》的文献来看,马克思实际上是划分了资本主义社会之后的三个阶段:第一个阶层分为从资本主义社会到共产主义社会的过渡阶段;第二个阶段是共产主义的第一个阶段或初级阶段;第三个阶段是共产主义的高级阶段。后来的研究也有人把这里的第一个阶段叫"小过渡阶段",第二个阶段叫做"大过渡阶段"。

列宁经过革命与实践,在《国家与革命》一书中把马克思的意思解释得更加明确。列宁指出:社会主义社会的"生产资料已经不是个人的私有财产。它们已归全社会所有"④。"人**剥削**人已经不可能了,因为已经不能把工厂、机器、土地等**生产资料**攫为私有了"⑤。"国家正在消亡,因为资本家已经没有了,阶级已经没有了,因而也就没有什么**阶级**可以**镇压**了。但是,国家还没有完全消亡,因为还要保卫那个确认事实上的不平等的'资产阶级权利'。要使国家完全消亡,必

---

① 《马克思恩格斯文集》第3卷,北京:人民出版社2009年版,第433—434页。
② 同上书,第434页。
③ 同上书,第435页。
④ 《列宁专题文集(论马克思主义)》,北京:人民出版社2009年版,第263页。
⑤ 同上书,第264页。

须有完全的共产主义"。①

同时，列宁继承了马克思关于"过渡时期"和"无产阶级革命专政"的思想，明确地把无产阶级的革命专政看成是资本主义社会到社会主义社会的过渡时期的特殊的国家。"在资本主义和社会主义之间有一段很长的'阵痛'时期；暴力永远是替旧社会接生的助产婆；同资产阶级社会到社会主义社会的过渡时期相适应的，是一种特殊的国家（这就是对某一阶级有组织地使用暴力的特殊制度），即无产阶级专政。"② 又说过，"从资本主义过渡到社会主义，需要经过长久的阵痛，经过长时期的无产阶级专政，摧毁一切旧东西，无情地消灭资本主义的各种形式"。③

马克思当时设想无产阶级社会主义革命将会首先在发达的资本主义国家相继或同时取得胜利，由于这些国家具备较高的生产力水平，因而在取得无产阶级革命的胜利以后，将会在较短的时间内进入到共产主义社会的第一阶段（社会主义社会）。列宁在十月革命以前，同样是认可和支持这一观点的。

在十月革命胜利以后，由于特殊的国情，列宁逐步认识到在俄国这样一个农业与小资产阶级占优势的国家里，向社会主义社会过渡比资本主义发达国家要困难得多。列宁认为在俄国十月革命胜利后的相当长的历史时期内，国家与阶级依旧存在，而且还要在各个角落存在好多年。生产力相对发达的北美或西欧，这个时期也许会短一些。正是基于以上的认识，列宁首先从生产力水平与经济基础的角度，采取"新经济政策"来代替"战时共产主义政策"，默认了无产阶级专政条件下，过渡时期的长期性与特殊性。可以说，列宁关于苏俄向社会主义过渡的制度安排是合理、合适的。

遗憾的是，苏联的后继领导人不但没有深刻认识到过渡时期的复杂性和长期性，反而通过社会运动的方式，强行超越生产力发展水平

---

① 《列宁专题文集（论马克思主义）》，北京：人民出版社2009年版，第266页。
② 《列宁全集》第33卷，北京：人民出版社1985年版，第197页。
③ 《列宁专题文集（论社会主义）》，北京：人民出版社2009年版，第383页。

与历史发展阶段而建成所谓的"社会主义",并且急于向共产主义过渡。忽略过渡时期的长期性与艰巨性所造成的恶果已被历史与实践反复证明。

总之,资本主义和社会主义是根本对立的,在制度方面不存在继承性,一切都需要重建,因此在无产阶级夺取政权以后,也就不可能一下子就在经济、政治、思想文化和其他方面把社会主义制度确立下来。经过一段转变或过渡时期是完全必要的,也是不可避免的。实践中,马克思在《哥达纲领批判》中提出的过渡时期理论在东方国家进行了特殊实践。但是,马克思原本期望的在西方发达资本主义国家中率先实现的过渡却至今仍未得到实施。因此,如何实现马克思为西方发达资本主义国家设计的过渡时期理论还有待将来世界革命提供新的经验来加以充实和论证。

第四部分　经典著作选编

卡·马克思

哥达纲领批判

恩格斯写的 1891 年版序言

这里刊印的手稿——对纲领草案的批判以及给白拉克的附信——曾于1875年哥达合并代表大会召开以前不久寄给白拉克，请他转给盖布、奥尔、倍倍尔和李卜克内西过目，然后退还马克思。既然哈雷党代表大会已把关于哥达纲领的讨论提到了党的议事日程，所以我认为，如果我还不发表这个与这次讨论有关的重要的——也许是最重要的——文件，那我就要犯隐匿罪了。

但是，这个手稿还有另外的和更广泛的意义。其中第一次明确而有力地表明了马克思对拉萨尔开始从事鼓动工作以来所采取的方针的态度，而且既涉及拉萨尔的经济学原则，也涉及他的策略。

这里用以剖析纲领草案的那种无情的尖锐性，用来表述得出的结论和揭露草案缺点的那种严厉性，——这一切在15年以后的今天再也不会伤害任何人了。地道的拉萨尔分子只是还有个别的残余存在在国外，而哥达纲领甚至也被它的那些制定者在哈雷当做完全不能令人满意的东西放弃了。

虽然如此，我还是在内容不受影响的地方，把一些涉及个人的尖锐的词句和评语删掉了，而用省略号来代替。如果马克思今天发表这个手稿，他自己也会这样做的。手稿中有些地方语气很激烈，这是由下述两种情况引起的：第一，马克思和我同德国运动的关系，比同其他任何一国运动的关系都更为密切；因此这个纲领草案中所表现的明显的退步，不能不使我们感到特别愤慨。第二，那时国际海牙代表大会闭幕才两年，我们正在同巴枯宁和他的无政府主义派进行最激烈的斗争，他们要我们对德国工人运动中发生的一切负责；因而我们不得不预先想到，他们也会把我们说成是这个纲领的秘密制定者。这些顾虑现在已经消失，保留有关词句的必要性也就随之消失。

还由于新闻出版法的缘故，有些语句也只用省略号暗示出来。在我不得不选用比较缓和的说法的地方，加上了方括号。其他地方都按手稿付印。

弗·恩格斯
1891年1月6日于伦敦

弗·恩格斯写于1891年1月6日	原文是德文
载于1890—1891年《新时代》杂志第9年卷第1册第18期	中文根据《马克思恩格斯全集》德文版第22卷翻译

给威廉·白拉克的信

1875年5月5日于伦敦

亲爱的白拉克：

下面对合并纲领的批判性批注，请您阅后转交盖布和奥尔、倍倍尔和李卜克内西过目。**注意：手稿必须退还给您**，以便我必要时使用。① 我工作太忙，已经不得不远远超过医生给我限定的工作量。所以，写这么长的东西，对我来说决不是一种"享受"。但是，为了使

---

① 这句话在马克思手稿中写在信头上，并标上一个符号+。1891年发表时没有这句话。——编者注

党内朋友们（这个通知就是为他们写的）以后不致误解我不得不采取的步骤，这是必要的。

这里指的是，在合并大会以后，恩格斯和我将要发表一个简短的声明，内容是：我们同上述原则性纲领毫不相干，同它没有任何关系。①

这样做是必要的，因为在国外有一种为党的敌人所热心支持的见解——一种完全荒谬的见解，仿佛我们从这里秘密地操纵所谓爱森纳赫党的运动。例如巴枯宁还在他新近出版的一本俄文著作②中要我不仅为这个党的所有纲领等等负责，甚至要为李卜克内西自从和人民党合作以来所采取的每一个步骤负责。③

此外，我的义务也不容许我哪怕用外交式的沉默来承认一个我认为极其糟糕的、会使党精神堕落的纲领。

一步实际运动比一打纲领更重要。所以，既然不可能——而局势也不容许这样做——**超过爱森纳赫纲领**，那就干脆缔结一个反对共同敌人的行动协定。但是，制定一个原则性纲领（应该把这件事推迟到由较长时间的共同工作准备好了的时候），这就是在全世界面前树立起可供人们用来衡量党的运动水平的里程碑。

拉萨尔派的首领们靠拢我们，是因为他们为形势所迫。如果一开始就向他们声明，决不拿原则做交易，那么他们就**不得不**满足于一个行动纲领或共同行动的组织计划。可是并没有这样做，反而允许他们拿着委托书来出席，并且自己承认这种委托书是有约束力的，这就等于向那些本身需要援助的人无条件投降。不仅如此，他们甚至在**妥协代表大会以前**又召开一次代表大会，而自己的党却在**事后**才召开自己的代表大会。人们显然是想回避一切批评，不让自己的党有一个深思的机会。④ 大家知道，合并这一事实本身是使工人感到满意的；但是，如果有人以为这种一时的成功不是用过高的代价换来的，那他就错了。

---

① 1891年发表时删去了这段话。——编者注
② 指巴枯宁1873年在瑞士用俄文出版的《国家制度和无政府状态》。——编者注
③ 1891年发表时删去了"不仅"二字和"甚至……负责"这半句话。——编者注
④ 1891年发表时删去了这句话。——编者注

况且，撇开把拉萨尔的信条奉为神圣这一点不谈，这个纲领也是完全要不得的。

我将在最近把《资本论》法文版的最后几分册寄给您。排印工作因法国政府禁止而耽搁了很久。在本星期内或下星期初本书可以印完。前六分册您收到了没有？请把伯恩哈德·贝克尔的**地址**也告诉我，我也要把最后几分册寄给他。①

人民国家报出版社有自己的习惯。例如到现在为止连一本新版的《科隆共产党人案件》②也没有给我寄来。

致衷心的问候。

您的　卡尔·马克思

卡·马克思写于1875年5月5日

载于1890—1891年《新时代》杂志第9年卷第1册第18期

原文是德文

中文根据《马克思恩格斯全集》历史考证版第1部分第25卷并参考《马克思恩格斯全集》德文版第19卷翻译

德国工人党纲领批注

一

1. "劳动是一切财富和一切文化的源泉，**而因为**有益的劳动只有在社会中和通过社会才是可能的，所以劳动所得应当不折不扣和按照平等的权利属于社会一切成员。"

---

① 1891年发表时删去了这段话。——编者注
② 指马克思《揭露科隆共产党人案件》1875年第2版，见《马克思恩格斯全集》中文第2版第11卷。——编者注

本段第一部分："劳动是一切财富和一切文化的源泉。"

劳动**不是**一切财富的**源泉**。**自然界**同劳动一样也是使用价值（而物质财富就是由使用价值构成的!）的源泉，劳动本身不过是一种自然力即人的劳动力的表现。上面那句话在一切儿童识字课本里都可以找到，并且**在**劳动具备相应的对象和资料的**前提**下是正确的。可是，一个社会主义的纲领不应当容许这种资产阶级的说法回避那些唯一使这种说法具有意义的**条件**。只有一个人一开始就以所有者的身份来对待自然界这个一切劳动资料和劳动对象的第一源泉，把自然界当做属于他的东西来处置，他的劳动才成为使用价值的源泉，因而也成为财富的源泉。资产者有很充分的理由硬给劳动加上一种**超自然的创造力**，因为正是由于劳动的自然制约性产生出如下的情况：一个除自己的劳动力以外没有任何其他财产的人，在任何社会的和文化的状态中，都不得不为另一些已经成了劳动的物质条件的所有者的人做奴隶。他只有得到他们的允许才能劳动，因而只有得到他们的允许才能生存。

现在不管这句话有什么毛病，我们且把它放在一边。那么结论应当怎样呢？显然应当是：

"因为劳动是一切财富的源泉，所以社会中的任何人不占有劳动产品就不能占有财富。因此，如果他自己不劳动，他就是靠别人的劳动生活，而且也是靠别人的劳动获得自己的文化。"

可是并没有这样做，反而借助于"**而因为**"这样的字眼硬接上第二句话，以便从第二句，而不是从第一句作出结论来。

本段第二部分："有益的劳动只有在社会中和通过社会才是可能的。"

按照第一句话，劳动是一切财富和一切文化的源泉，就是说，任何社会都不能离开劳动。相反，我们现在却看到，任何"有益的"劳动都不能离开社会。

那么同样可以说，只有在社会中，无益的、甚至有损公益的劳动才能成为一种行业，只有在社会中才能游手好闲过日子，如此等等，——

一句话，可以抄袭卢梭的全部著作了。

而什么是"有益的"劳动呢？那只能是产生预期的有益结果的劳动。一个蒙昧人（而人在他已不再是猿以后就是蒙昧人）用石头击毙野兽、采集果实等等，就是进行"有益的"劳动。

第三，结论："而因为有益的劳动只有在社会中和通过社会才是可能的，所以劳动所得应当不折不扣和按照平等的权利属于社会一切成员。"

多妙的结论！既然有益的劳动只有在社会中和通过社会才是可能的，劳动所得就应当属于社会，其中只有不必用来维持劳动"条件"即维持社会的那一部分，才归各个劳动者所得。

事实上，这个论点在一切时代都被**当时的社会制度的先驱**①提出过。首先要满足政府以及依附于它的各个方面的要求，因为政府是维持社会秩序的社会机关；其次要满足各种私有者②的要求，因为各种私有财产是社会的基础，如此等等。你们看，这些空洞的词句是随便怎么摆弄都可以的。

本段第一和第二两部分只有像下面这样说才能有些合乎情理的联系：

"劳动只有作为社会的劳动"，或者换个说法，"只有在社会中和通过社会"，"才能成为财富和文化的源泉"。

这个论点无可争辩地是正确的，因为孤立的劳动（假定它的物质条件是具备的）即使能创造使用价值，也既不能创造财富，又不能创造文化。

但是另一个论点也是同样无可争辩的：

"随着劳动的社会性的发展，以及由此而来的劳动之成为财富和文化的源泉，劳动者方面的贫穷和愚昧、非劳动者方面的财富和文化也发展起来。"

这是直到目前的全部历史的规律。因此，不应当泛泛地谈论"**劳**

---

① 1891 年发表时这里是"捍卫者"。——编者注
② 1891 年发表时这里是"私有财产"。——编者注

动"和"社会",而应当在这里清楚地证明,在现今的资本主义社会中怎样最终创造了物质的和其他的条件,使工人能够并且不得不铲除这个历史祸害①。

实际上,把这整个行文和内容都不妥当的条文放在这里,只不过是为了把拉萨尔的"不折不扣的劳动所得"作为首要口号写在党的旗帜上。以后我还要回过来谈"劳动所得"、"平等的权利"等等,因为同样的东西在下面又以稍微不同的形式重复出现。

2. "在现代社会,劳动资料为资本家阶级所垄断;由此造成的工人阶级的依附性是一切形式的贫困和奴役的原因。"

这段从国际章程中抄来的话,经过这番"修订"就变成错误的了。②

在现代社会,劳动资料为土地所有者和资本家所垄断(地产的垄断甚至是资本垄断的基础)。无论是前一个或者后一个垄断者阶级,国际章程在有关条文中都没有指名。它谈到的是"**劳动资料即生活源泉的垄断**"。"生活源泉"这一补充语充分表明,劳动资料也包括土地。

作这种修订,是因为拉萨尔由于现在大家都知道的原因**仅仅**攻击资本家阶级,而不攻击土地所有者。在英国,资本家甚至多半不是他的工厂所在的那块土地的所有者。

---

① 1891年发表时这里是"社会祸害"。——编者注
② 马克思起草的《协会临时章程》的原话是:"劳动者在经济上受劳动资料即生活源泉的垄断者的支配,是一切形式的奴役即一切社会贫困、精神沉沦和政治依附的基础。"——编者注

3. "劳动的解放要求把劳动资料提高为社会的公共财产，要求集体调节总劳动并公平分配劳动所得。"

"把劳动资料提高为公共财产"！应当是说把它们"变为公共财产"。这不过是顺便提一句罢了。

什么是"**劳动所得**"呢？是劳动的产品呢，还是产品的价值？如果是后者，那么，是产品的总价值呢，或者只是劳动新加在消耗掉的生产资料的价值上的那部分价值？

"劳动所得"是拉萨尔为了代替明确的经济学概念而提出的一个模糊观念。

什么是"公平的"分配呢？

难道资产者不是断言今天的分配是"公平的"吗？难道它事实上不是在现今的生产方式基础上唯一"公平的"分配吗？难道经济关系是由法的概念来调节，而不是相反，从经济关系中产生出法的关系吗？难道各种社会主义宗派分子关于"公平的"分配不是也有各种极

不相同的观念吗？

为了弄清楚"公平的分配"一语在这里是什么意思，我们必须把第一段和本段对照一下。本段设想的是这样一个社会，在那里"劳动资料是公共财产，总劳动是由集体调节的"，而在第一段我们则看到，"劳动所得应当不折不扣和按照平等的权利属于社会一切成员"。

"属于社会一切成员"？也属于不劳动的成员吗？那么"不折不扣的劳动所得"又在哪里呢？只属于社会中劳动的成员吗？那么社会一切成员的"平等的权利"又在哪里呢？

"社会一切成员"和"平等的权利"显然只是些空话。问题的实质在于：在这个共产主义社会中，每个劳动者都应当得到拉萨尔的"不折不扣的劳动所得"。

如果我们把"劳动所得"这个用语首先理解为劳动的产品，那么集体的劳动所得就是**社会总产品**。

现在从它里面应当扣除：

第一，用来补偿消耗掉的生产资料的部分。

第二，用来扩大生产的追加部分。

第三，用来应付不幸事故、自然灾害等的后备基金或保险基金。

从"不折不扣的劳动所得"中扣除这些部分，在经济上是必要的，至于扣除多少，应当根据现有的物资和力量来确定，部分地应当根据概率计算来确定，但是这些扣除无论如何根据公平原则是无法计算的。

剩下的总产品中的另一部分是用来作为消费资料的。

在把这部分进行个人分配之前，还得从里面扣除：

第一，同生产没有直接①关系的一般管理费用。

同现代社会比起来，这一部分一开始就会极为显著地缩减，并随着新社会的发展而日益减少。

第二，用来满足共同需要的部分，如学校、保健设施等。

同现代社会比起来，这一部分一开始就会显著地增加，并随着新社会的发展而日益增长。

第三，为丧失劳动能力的人等等**设立的基金**，总之，就是现在属于所谓官办济贫事业的部分。

只有现在才谈得上纲领在拉萨尔的影响下狭隘地专门注意的那种"分配"，就是说，才谈得上在集体中的各个生产者之间进行分配的那部分消费资料。

"不折不扣的劳动所得"已经不知不觉地变成"有折有扣的"了，虽然从一个处于私人地位的生产者身上扣除的一切，又会直接或间接地用来为处于社会成员地位的这个生产者谋利益。

正如"不折不扣的劳动所得"一语消失了一样，现在，"劳动所得"一语本身也在消失。在一个集体的、以生产资料公有为基础的社会中，生产者不交换自己的产品；用在产品上的劳动，在这里也不表现为

---

① 1891年发表时没有"直接"一词。——编者注

这些产品的**价值**,不表现为这些产品所具有的某种物的属性,因为这时,同资本主义社会相反,个人的劳动不再经过迂回曲折的道路,而是直接作为总劳动的组成部分存在着。于是,"劳动所得"这个由于含义模糊就是现在也不能接受的用语,便失去了任何意义。

我们这里所说的是这样的共产主义社会,它不是在它自身基础上已经**发展了的**,恰好相反,是刚刚从资本主义社会中**产生出来的**,因此它在各方面,在经济、道德和精神方面都还带着它脱胎出来的那个旧社会的痕迹。所以,每一个生产者,在作了各项扣除以后,从社会领回的,正好是他给予社会的。他给予社会的,就是他个人的劳动量。例如,社会劳动日是由全部个人劳动小时构成的;各个生产者的个人劳动时间就是社会劳动日中他所提供的部分,就是社会劳动日中他的一份。他从社会领得一张凭证,证明他提供了多少劳动(扣除他为公共基金而进行的劳动),他根据这张凭证从社会储存中领得一份耗费同等劳动量的消费资料。他以一种形式给予社会的劳动量,又以另一种形式领回来。

显然,这里通行的是调节商品交换(就它是等价的交换而言)的同一原则。内容和形式都改变了,因为在改变了的情况下,除了自己的劳动,谁都不能提供其他任何东西,另一方面,除了个人的消费资料,没有任何东西可以转为个人的财产。至于消费资料在各个生产者中间的分配,那么这里通行的是商品等价物的交换中通行的同一原则,即一种形式的一定量劳动同另一种形式的同量劳动相交换。

所以,在这里**平等的权利**按照原则仍然是**资产阶级权利**,虽然原则和实践在这里已不再互相矛盾,而在商品交换中,等价物的交换只是**平均来说**才存在,不是存在于每个个别场合。

虽然有这种进步,但这个平等的权利总还是被限制在一个资产阶级的框框里。生产者的权利是同他们提供的劳动**成比例的**;平等就在于以**同一尺度**——劳动——来计量。但是,一个人在体力或智力上胜过另一个人,因此在同一时间内提供较多的劳动,或者能够劳动较长的时间;而劳动,要当做尺度来用,就必须按照它的时间或强度来确定,不然它就不成其为尺度了。这种**平等**的权利,对不同等的劳动来说是不平等的权利。它不承认任何阶级差别,因为每个人都像其他人一样只是劳动者;但是它默认,劳动者的不同等的个人天赋,从而不同等的工作能力,是天然特权。**所以就它的内容来讲,它像一切权利一样是一种不平等的权利**。权利,就它的本性来讲,只在于使用同一尺度;但是不同等的个人(而如果他们不是不同等的,他们就不成其为不同的个人)要用同一尺度去计量,就只有从同一个角度去看待他们,从一个**特定的**方面去对待他们,例如在现在所讲的这个场合,把他们**只当做劳动者**,再不把他们看做别的什么,把其他一切都撇开了。其次,一个劳动者已经结婚,另一个则没有;一个劳动者的子女较多,另一个的子女较少,如此等等。因此,在提供的劳动相同,从而由社会消费基金中分得的份额相同的条件下,某一个人事实上所得到的比另一个人多些,也就比另一个人富些,如此等等。要避免所有这些弊病,权利就不应当是平等的,而应当是不平等的。

但是这些弊病,在经过长久阵痛刚刚从资本主义社会产生出来的共产主义社会第一阶段,是不可避免的。权利决不能超出社会的经济结构以及由经济结构制约的社会的文化发展。

在共产主义社会高级阶段,在迫使个人奴隶般地服从分工的情形已经消失,从而脑力劳动和体力劳动的对立也随之消失之后;在劳动已经不仅仅是谋生的手段,而且本身成了生活的第一需要之后;在随着个人的全面发展,他们的①生产力也增长起来,而集体财富的一切源泉都充分涌流之后,——只有在那个时候,才能完全超出资产阶级权利的狭隘眼界,社会才能在自己的旗帜上写上:各尽所能,按需分配!

我较为详细地一方面谈到"不折不扣的劳动所得",另一方面谈到"平等的权利"和"公平的分配",是为了指出这些人犯了多么大的罪,他们一方面企图把那些在某个时期曾经有一些意义,而现在已变成陈词滥调的见解作为教条重新强加于我们党,另一方面又用民主

---

① 1891年发表时这里没有"他们的"。——编者注

主义者和法国社会主义者所惯用的、凭空想象的关于权利等等的废话，来歪曲那些花费了很大力量才灌输给党而现在已在党内扎了根的现实主义观点。

除了上述一切之外，在所谓**分配**问题上大做文章并把重点放在它上面，那也是根本错误的。

消费资料的任何一种分配，都不过是生产条件本身分配的结果；而生产条件的分配，则表现生产方式本身的性质。例如，资本主义生产方式的基础是：生产的物质条件以资本和地产的形式掌握在非劳动者手中，而人民大众所有的只是生产的人身条件，即劳动力。既然生产的要素是这样分配的，那么自然就产生现在这样的消费资料的分配。如果生产的物质条件是劳动者自己的集体财产，那么同样要产生一种和现在不同的消费资料的分配。庸俗的社会主义仿效资产阶级经济学家（一部分民主派又仿效庸俗社会主义）把分配看成并解释成一种不依赖于生产方式的东西，从而把社会主义描写为主要是围绕着分配兜圈子。既然真实的关系早已弄清楚了，为什么又要开倒车呢？

4. "劳动的解放应当是工人阶级的事情，对它说来，其他一切阶级只是**反动的一帮**。"

前一句是从国际章程的导言中抄来的，但是经过了"修订"。那里写道："工人阶级的解放应当是工人自己的事情"①；这里却说"工人阶级"应当解放——解放什么？——"劳动"。谁能理解，就让他去理解吧。

另一方面，作为补偿，后一句引用了地道的拉萨尔的话："对它（工人阶级）说来，其他一切阶级只组成**反动的一帮**。"

在《共产主义宣言》②中写道："在当前同资产阶级对立的一切阶

---

① 马克思起草的《协会临时章程》的原话是："工人阶级的解放应该由工人阶级自己去争取。"——编者注

② 即《共产党宣言》。——编者注

级中,只有无产阶级是**真正革命的阶级**。其余的阶级都随着大工业的发展而日趋没落和灭亡,无产阶级却是大工业本身的产物。"①

资产阶级,作为大工业的体现者,对封建主和中间等级说来,在这里是被当做革命阶级看待的,而封建主和中间等级力求保持过时的生产方式所创造的一切社会阵地。所以他们并不是**同资产阶级一起**只组成反动的一帮。

另一方面,无产阶级对资产阶级说来是革命的,因为无产阶级本身是在大工业基地上成长起来的,它力求使生产摆脱资产阶级企图永远保存的资本主义性质。但是,《宣言》又补充说:"中间等级……是革命的,那是鉴于他们行将转入无产阶级的队伍。"②

所以,从这个观点看来,说什么对工人阶级说来,中间等级"同资产阶级一起"并且加上封建主"只组成反动的一帮",这也是荒谬的。

难道在最近这次选举中有人向手工业者、小工业家等等以及**农民**说过:对我们说来,你们同资产者和封建主一起只组成反动的一帮吗?

拉萨尔熟知《共产主义宣言》③,就像他的信徒熟知他写的福音书一样。他这样粗暴地歪曲《宣言》,不过是为了粉饰他同专制主义者和封建主义者这些敌人结成的反资产阶级联盟。

此外,在上面这一段,他的格言是勉强塞进去的,它同那句从国际章程中摘来但被歪曲了的引语毫不相干。这纯粹是一种狂妄无耻的做法,而且绝对不是俾斯麦先生所不喜欢的,这是柏林的马拉所干的廉价的蛮横行径之一。

---

① 见《马克思恩格斯文集》第 2 卷第 41 页。——编者注
② 同上书,第 42 页。——编者注
③ 即《共产党宣言》。——编者注

> 5. "工人阶级为了本身的解放,首先是**在现代民族国家的范围内**进行活动,同时意识到,它的为一切文明国家的工人所共有的那种努力必然产生的结果,将是各民族的国际的兄弟联合。"

同《共产主义宣言》[①] 和先前的一切社会主义相反,拉萨尔从最狭隘的民族观点来理解工人运动。有人竟在这方面追随他,而且这是在国际进行活动以后!

不言而喻,为了能够进行斗争,工人阶级必须在国内**作为阶级**组织起来,而且它的直接的斗争舞台就是本国。所以,它的阶级斗争不就内容来说,而像《共产主义宣言》[①]所指出的"就形式来说",是本国范围内的斗争。但是,"现代民族国家的范围",例如德意志帝国,本身又在经济上"处在世界市场的范围内",在政治上"处在国家体系的范围内"。任何一个商人都知道德国的贸易同时就是对外贸易,而俾斯麦先生的伟大恰好在于他实行一种**国际的**政策。

而德国工人党把自己的国际主义归结为什么呢?就是意识到它的努力所产生的结果"将是**各民族的国际的兄弟联合**"。这句从资产阶级的和平和自由同盟那里抄来的话,是要用来代替各国工人阶级在反对各国统治阶级及其政府的共同斗争中的国际兄弟联合的。这样,**关于德国工人阶级的国际职责**竟一字不提!德国工人阶级竟然应当这样去对付为反对它而已经同其他一切国家的资产者实现兄弟联合的本国资产阶级,对付俾斯麦先生的国际阴谋政策!

实际上,这个纲领的国际信念,比自由贸易派的国际信念**还差得难以估量**。自由贸易派也说,它的努力所产生的结果是"各民族的国际的兄弟联合"。但是它还做一些事使贸易成为国际性的,而决不满足于意识到一切民族只在本国从事贸易。

[①] 即《共产党宣言》。——编者注

各国工人阶级的国际活动绝对不依赖于"**国际工人协会**"的存在。"国际工人协会"只是为这种活动创立一个中央机关的第一个尝试;这种尝试由于它所产生的推动力而留下了不可磨灭的成绩,但是在巴黎公社失败之后,已经不能再以**它的第一个历史形态**继续下去了。

俾斯麦的《北德报》为了使其主子满意,宣称德国工人党在新纲领中放弃了国际主义,这倒是完全说对了。

二

"德国工人党从这些原则出发,用一切合法手段去争取建立**自由国家**——和——社会主义社会:废除工资制度**连同铁的工资规律**——和——任何形式的剥削,消除一切社会的和政治的不平等。"

关于"自由"国家,我后面再讲。

这样,德国工人党将来就必须信奉拉萨尔的"铁的工资规律"了!为了不让它埋没掉,竟胡说什么"废除工资制度(应当说:雇佣劳动制度)**连同铁的工资规律**"。如果我废除了雇佣劳动,我当然也就废除了它的规律,不管这些规律是"**铁的**"还是海绵的。但是拉萨尔反对雇佣劳动的斗争几乎只是围绕着这个所谓的规律兜圈子。所以,为了证明拉萨尔宗派已经获得胜利,应当废除"工资制度**连同铁的工资规律**",而不是不连同后者。

大家知道,在"铁的工资规律"中,除了从歌德的"永恒的、铁的、伟大的规律"中抄来的"铁的"这个词以外,没有什么东西是拉萨尔的。"铁的"这个词是正统的信徒们借以互相识别的一个标记。但是,如果我接受带有拉萨尔印记因而是拉萨尔所说的意义上的规律,我就不得不连同他的论据一起接受下来。这个论据是什么呢?正如朗格在拉萨尔死后不久所表明的,这就是(朗格自己宣扬的)马尔萨斯的人口论。但是,如果这个理论是正确的,那么,我即使把雇佣劳动废除一百次，也还废除**不了**这个规律，因为在这种情况下，这个规律不仅支配着雇佣劳动制度，而且支配着**一切**社会制度。经济学家们 50 多年以来正是以此为根据证明，社会主义不能消除**自然本身造成的**贫困，而只能使它**普遍**化，使它同时分布在社会的整个表面上！

但是，这一切都不是主要的。**完全撇开**拉萨尔对这个规律的**错误**表述不谈，真正令人气愤的退步在于：

自从拉萨尔死后，在**我们党内**，这样一种科学见解已经给自己开辟了道路，就是**工资**不是它**表面上呈现的**那种东西，不是**劳动的价值或价格**，而只是**劳动力的价值**或**价格**的隐蔽形式。这样，过去关于工资的全部资产阶级见解以及对这种见解的全部批评都被彻底推翻了，并且弄清了：雇佣工人只有为资本家（因而也为同资本家一起分享剩余价值的人）白白地劳动一定的时间，才被允许为维持自己的生活而劳动，就是说，才被允许生存；整个资本主义生产体系的中心问题，就是用延长工作日，或者提高生产率，增强劳动力的紧张程度等等办法，来增加这个无偿劳动；因此，雇佣劳动制度是奴隶制度，而且劳动的社会生产力越发展，这种奴隶制度就越残酷，不管工人得到的报酬较好或是较坏。而现在，当这个见解在我们党内越来越给自己开辟出道路的时候，竟有人倒退到拉萨尔的教条那里去，虽然他们应当知道，拉萨尔并**不懂得**什么是工资，而是跟着资产阶级经济学家把事物的外表当做事物的本质。

这正像奴隶们终于发现了自己受奴役的秘密而举行起义时，其中有一个为陈旧观念所束缚的奴隶竟在起义的纲领上写道：奴隶制度必须废除，因为在奴隶制度下，奴隶的给养最多不能超过某个非常低的标准！

我们党的代表们竟如此粗暴地践踏这个在党员群众中广泛传播的见解，仅仅这一事实岂不就证明了他们在草拟妥协纲领时是多么令人不能容忍地轻率，多么无耻[①]！

[①] 1891 年发表时没有"多么令人不能容忍地"和"多么无耻"。——编者注

本段末尾"消除一切社会的和政治的不平等"这一不明确的语句，应当改成：随着阶级差别的消灭，一切由这些差别产生的社会的和政治的不平等也自行消失。

三

"为了替**社会问题的**解决**开辟道路**，德国工人党要求在**劳动人民的民主监督下**，依靠**国家帮助**建立生产合作社。在工业和农业中，生产合作社**必须广泛建立**，以致能从它们里面产生总劳动的社会主义的组织。"

在拉萨尔的"铁的工资规律"之后，就是这个先知提出的救世良方！"道路"确实"开辟"得不错！现存的阶级斗争被换上了拙劣的报刊作家的空话——要"开辟道路"来"**解决**"的"**社会问题**""总劳动的社会主义的组织"不是从社会的革命转变过程中，而是从国家给予生产合作社的"国家帮助"中"产生"的，并且这些生产合作社是由**国家**而不是由工人"**建立**"的。这真不愧为拉萨尔的幻想：靠国家贷款能够建设一个新社会，就像能够建设一条新铁路一样！

由于还知道一点羞耻，于是就把"国家帮助"置于——"劳动人民的民主监督下"。

第一，德国的"劳动人民"大多数是农民而不是无产者。

第二，"民主的"这个词在德语里意思是"人民当权的"。什么是"劳动人民的人民当权的监督"呢？何况所说的是这样的劳动人民，他们通过向国家提出的这些要求表明，他们充分意识到自己既没有当权，也没有成熟到当权的程度！

在这里深入批评毕舍在路易——菲力浦时代为了**对付**法国社会主义者而开列的、被《工场》派的反动工人所采用的药方，那是多余的。主要的过失不在于把这个特殊的万灵药方写入了纲领，而在于从阶级运动的立场完全退到宗派运动的立场。

如果说工人们想要在社会的范围内，首先是在本国的范围内创造合作生产的条件，这只是表明，他们力争变革现存的生产条件，而这同靠国家帮助建立合作社毫无共同之处！至于现有的合作社，它们**只是**在工人自己独立创办，既不受政府保护，也不受资产者保护的情况下，才有价值。

四

现在我来谈民主的一节。

A. "**国家的自由的基础。**"

首先，照第二节的说法，德国工人党争取建立"自由国家"。

自由国家，这是什么东西？

使国家变成"自由的"，这决不是已经摆脱了狭隘的臣民见识的工人的目的。在德意志帝国，"国家"几乎同在俄国一样地"自由"。自由就在于把国家由一个高踞社会之上的机关变成完全服从这个社会的机关；而且就在今天，各种国家形式比较自由或比较不自由，也取决于这些国家形式把"国家的自由"限制到什么程度。

德国工人党——至少是当它接受了这个纲领的时候——表明：它对社会主义思想领会得多么肤浅，它不把现存社会（对任何未来社会也是一样）当做现存**国家的**（对未来社会来说是未来国家的）**基础**，反而把国家当做一种具有自己的"**精神的、道德的、自由的基础**"的独立存在物。

而且纲领还荒谬地滥用了"**现代国家**"、"**现代社会**"等字眼，甚至更荒谬地误解了向之提出自己要求的那个国家！

"现代社会"就是存在于一切文明国度中的资本主义社会，它或多或少地摆脱了中世纪的杂质，或多或少地由于每个国度的特殊的历史发展而改变了形态，或多或少地有了发展。"现代国家"却随国境而异。它在普鲁士德意志帝国同在瑞士不一样，在英国同在美国不一样。所以，"现代国家"是一种虚构。

但是，不同的文明国度中的不同的国家，不管它们的形式如何纷繁，却有一个共同点：它们都建立在现代资产阶级社会的基础上，只是这种社会的资本主义发展程度不同罢了。所以，它们具有某些根本的共同特征。在这个意义上可以谈"现代国家制度"，而未来就不同了，到那时，"现代国家制度"现在的根基即资产阶级社会已经消亡了。

于是就产生了一个问题：在共产主义社会中国家制度会发生怎样的变化呢？换句话说，那时有哪些同现在的国家职能相类似的社会职能保留下来呢？这个问题只能科学地回答；否则，即使你把"人民"和"国家"这两个词连接一千次，也丝毫不会对这个问题的解决有所帮助。

在资本主义社会和共产主义社会之间，有一个从前者变为后者的革命转变时期。同这个时期相适应的也有一个政治上的过渡时期，这个时期的国家只能是**无产阶级的革命专政**。

但是，这个纲领既不谈无产阶级的革命专政，也不谈未来共产主义社会的国家制度。

纲领的政治要求除了人所共知的民主主义的陈词滥调，如普选权、直接立法、人民权利、国民军等等，没有任何其他内容。这纯粹是资产阶级的人民党、和平和自由同盟的回声。所有这些要求，只要不是靠幻想夸大了的，都已经**实现了**。不过实现了这些要求的国家不是在德意志帝国境内，而是在瑞士、美国等等。这类"未来国家"就是**现代国家**，虽然它是存在于德意志帝国的"范围"以外。

但是他们忘记了一点。既然德国工人党明确地声明，它是在"现代民族国家"内，就是说，是在自己的国家即普鲁士德意志帝国内进行活动——否则，它的大部分要求就没有意义了，因为人们只要求他们还没有的东西——，那么，它就不应当忘记主要的一点，就是说，这一切美妙的玩意儿都建立在承认所谓人民主权的基础上，所以它们只有在**民主共和国**内才是适宜的。

既然他们没有勇气①像法国工人纲领在路易-菲力浦和路易-拿破仑

---

① 1891年发表时这里是"既然他们不可能"。——编者注

时代那样要求民主共和国——而这是明智的，因为形势要求小心谨慎——，那就不应当采取这个既不"诚实"也不体面的①手法：居然向一个以议会形式粉饰门面、混杂着封建残余、同时已经受到资产阶级影响、按官僚制度组成、以警察来保护的军事专制国家，要求只有在民主共和国里才有意义的东西，并且还向这个国家庄严地保证，他们认为能够"用合法手段"从它那里争得这类东西！②

庸俗民主派把民主共和国看做千年王国，他们完全没有想到，正是在资产阶级社会的这个最后的国家形式里阶级斗争要进行最后的决战，——就连这样的庸俗民主派也比这种局限于为警察所容许而为逻辑所不容许的范围内的民主主义高明得多。

事实上，他们是把"国家"理解为政府机器，或者理解为构成一个由于分工而同社会分离的独特机体的国家，这可以从下面的话得到证明："德国工人党提出下列要求**作为国家的经济的基础**……交纳单一的累进所得税……"赋税是政府机器的经济的基础，而不是其他任何东西的经济的基础。在存在于瑞士的"未来国家"里，这种要求差不多已经实现了。所得税是以不同社会阶级的不同收入来源为前提，因而是以资本主义社会为前提。所以，利物浦的财政改革派——以格莱斯顿的弟弟为首的资产者——提出和这个纲领相同的要求，这是不足为奇的。

    B."德国工人党提出下列要求作为国家的精神的和道德的基础：

  1. 由国家实行普遍的和**平等的**国民教育。实行普遍的义务教育。实行免费教育。"

平等的国民教育？他们怎样理解这句话呢？是不是以为在现代社会中（而所谈到的只能是现代社会）教育对一切阶级都可以是**平等的**呢？或者是要求用强制的方式使上层阶级也降到国民学校这种很低的教育水

---

① 1891年发表时删去了"既不'诚实'也不体面的"这几个字。——编者注
② 1891年发表时删去了"并且……这类东西！"这半句话。——编者注

平，即降到仅仅适合于雇佣工人甚至农民的经济状况的教育水平呢？

"实行普遍的义务教育。实行免费教育。"前者甚至存在于德国，后者就国民学校来说存在于瑞士和美国。如果说，在美国的几个州里，"高一级的"学校也是"免费的"，那么，事实上这不过是从总税收中替上层阶级支付了教育费用而已。顺便指出，A项第5条所要求的"实行免费诉讼"也是如此。刑事诉讼到处都是免费的；而民事诉讼几乎只涉及财产纠纷，因而几乎只同有产阶级有关。难道他们应当用人民的金钱来打官司吗？

在关于学校的一段中，至少应当把技术学校（理论的和实践的）同国民学校联系起来提出。

"**由国家实行国民教育**"是完全要不得的。用一般的法律来确定国民学校的经费、教员资格、教学科目等等，并且像美国那样由国家视察员监督这些法律规定的实施，这同指定国家为人民的教育者完全是两回事！相反，应当把政府和教会对学校的任何影响都同样排除掉。在普鲁士德意志帝国（他们会说，他们谈的是"未来国家"，但是这种空洞的遁词也无济于事；我们已经看到，这是怎样一回事了），倒是需要由人民对国家进行极严厉的教育。

但是整个纲领，尽管满是民主的喧嚣，却彻头彻尾地感染了拉萨尔宗派对国家的忠顺信仰，或者说感染了并不比前者好一些的对民主奇迹的信仰，或者说得更确切些，整个纲领是这两种对奇迹的信仰的妥协，这两种信仰都同样远离社会主义。

"**科学自由**"——普鲁士宪法中有一条就是这样写的。为什么把它写在这里呢？

"**信仰自由**"！如果现在，在进行文化斗争的时候，要想提醒自由主义者记住他们的旧口号，那么只有采用下面这样的形式才行：每一个人都应当有可能满足自己的宗教需要，就像满足自己的肉体需要一样①，不受警察干涉。但是，工人党本来应当乘此机会说出自己的看法：

---

① 1891年发表时这里是"满足自己的宗教需要……"——编者注

资产阶级的"信仰自由"不过是容忍各种各样的**宗教信仰自由**而已，工人党则力求把信仰从宗教的妖术中解放出来。但是他们不愿越过"资产阶级的"水平。

现在我就要讲完了，因为纲领中接下去的附带部分不是纲领的**重要**组成部分。所以我在这里只简单地谈一谈。

2．"正常的工作日。"

其他任何国家的工人党都没有局限于这种含糊的要求，而总是明确地指出，在当前条件下多长的工作日是正常的。

3．"限制妇女劳动和禁止儿童劳动。"

如果限制妇女劳动指的是工作日的长短和工间休息等等，那么工作日的正常化就应当已经包括了这个问题；否则，限制妇女劳动只能意味着在那些对妇女身体特别有害或者对女性来说违反道德的劳动部门中禁止妇女劳动。如果指的是这一点，那就应当说清楚。

"**禁止儿童劳动**"！这里绝对必须指出**年龄界限**。

普遍禁止儿童劳动是同大工业的存在不相容的，所以这是空洞的虔诚的愿望。

实行这一措施——如果可能的话——是反动的，因为在按照不同的年龄阶段严格调节劳动时间并采取其他保护儿童的预防措施的条件下，生产劳动和教育的早期结合是改造现代社会的最强有力的手段之一。

4．"对工厂工业、作坊工业和家庭工业实行国家监督。"

在普鲁士德意志这样一个国家里，应当明确地要求：工厂视察员只有经过法庭才能撤换；每个工人都可以向法庭告发视察员的失职行为；视察员必须是医生。

5. "调整监狱劳动。"

在一个一般性的工人纲领里面,这是一种微不足道的要求。无论如何应当明白说出,工人们不愿意由于担心竞争而让一般犯人受到牲畜一样的待遇,特别是不愿意使他们失掉改过自新的唯一手段即生产劳动。这是应当期望于社会主义者的最低限度的东西。

6. "实行有效的责任法。"

应当说明,"有效的"责任法是什么意思。

顺便指出,在正常的工作日这一条中,忽略了工厂立法中关于卫生设施和安全措施等等那一部分。只有当这些规定遭到破坏时,责任法才发生效力。

总之,这一附带部分也是写得很草率的。①

我已经说了,我已经拯救了自己的灵魂。

卡·马克思大约写于1875年4月底—5月7日	原文是德文
载于1890—1891年《新时代》杂志第9年卷第1册第18期	中文根据《马克思恩格斯全集》历史考证版第1部分第25卷并参考《马克思恩格斯全集》德文版第19卷翻译

选自《马克思恩格斯文集》第3卷,北京:人民出版社2009年版,第423—450页。

---

① 1891年发表时删去了这句话。——编者注

恩格斯

弗·恩格斯给奥·倍倍尔的信

1875年3月18—28日于伦敦

亲爱的倍倍尔:

我已经接到您2月23日的来信,并且为您身体这样健康而高兴。

您问我,我们对合并这件事有什么看法?可惜我们的处境和您完全一样。无论是李卜克内西或其他什么人都没有给我们通报任何情况,因此,我们知道的也只是报纸上登载的东西,而且报纸上并没有登载什么,直到大约一星期前才登出了纲领草案。这个草案的确使我们吃惊不小。

我们党经常向拉萨尔派伸出手来,建议和解或者至少是合作,但是每次都遭到哈森克莱维尔们、哈赛尔曼们和特耳克们的无礼拒绝,因而就连每个小孩子都必然要由此得出这样一个结论:既然这些先生们现在自己跑来表示和解,那他们一定是陷入极端困难的境地了。但是,考虑到这些人的尽人皆知的本性,我们有责任利用这种困境取得一切可能的保证,使这些人无法靠损害我们党的利益在工人舆论中重新巩固他们已经动摇的地位。我们应当以极其冷淡的和不信任的态度对待他们,是否合并要看他们有多少诚意放弃他们的宗派口号和他们的"国家帮助",并基本上接受1869年的爱森纳赫纲领或这个纲领的适合目前情况的修正版。我们的党在理论方面,即在对纲领有决定意义的方面,**绝对没有什么要向拉萨尔派学习**的,而拉萨尔派倒是应当向我们的党学习;合并的第一个条件是,他们不再做宗派主义者,不再做拉萨尔派,也就是说,他们首先要放弃国家帮助这个救世良方,即使不完全放弃,也要承认它同其他许多可能采取的措施一样是个次要的过渡措施。纲领草案证明,我们的人在理论方面比拉萨尔派的领袖高明一百倍,而在政治机警性方面却差一百倍;"诚实的人"又一次受到了不诚实的人的极大的欺骗。

第一,接受了拉萨尔的响亮的但从历史的观点来看是错误的说法:对工人阶级说来,其他一切阶级只是反动的一帮。这句话只有在个别例外场合才是正确的,例如,在像巴黎公社这样的无产阶级革命时期,或者是在这样的国家,那里不仅资产阶级按照自己的形象塑造了国家和社会,而且民主派小资产阶级也跟着资产阶级彻底完成了这种变形。拿德国来说,如果民主派小资产阶级属于这反动的一帮,那么,社会民主工党怎么能够多年同他们,同人民党携手一道走呢?《人民国家报》自己的几乎全部的政治内容怎么能够取自于小资产阶级民主派的《法兰克福报》呢?怎么能够在这个纲领中列入不下七项在字句上同人民党和小资产阶级民主派的纲领完全一致的要求呢?我所指的是七项政治要求,即1—5 和 1—2,这七项要求中没有一项不是**资产阶级**民主主义的要求。

第二,工人运动的国际性原则实际上在当前完全被抛弃,而且是被五年来在最困难的情况下一直极其光荣地坚持这一原则的人们所抛弃。德国工人处于欧洲运动的先导地位,**主要**是由于他们在战争期间采取了真正国际性的态度;任何其他国家的无产阶级都没有能做得这样好。现在,在国外,当各国政府极力镇压在某一个组织内实现这一原则的任何尝试,而各国工人到处都极力强调这个原则的时候,竟要德国工人抛弃这个原则!工人运动的国际主义究竟还剩下什么东西呢?只剩下渺茫的希望——甚至不是对欧洲工人在今后争取解放的斗争中进行合作的希望,不是的,而是对未来的"各民族的国际的兄弟联合"的希望,是对和平同盟中的资产者的"欧洲合众国"的希望!

当然根本没有必要谈国际本身。但是,至少不应当比 1869 年的纲领后退一步,而大体上应当这样说:**虽然**德国工人党**首先**是在它所处的国境之内进行活动(它没有权利代表欧洲无产阶级讲话,特别是讲错误的话),但是它意识到自己和各国工人的团结一致,并且始终准备着一如既往继续履行由这种团结一致所带来的义务。即使不直接宣布或者认为自己是"国际"的一部分,这种义务也是存在着的,例如,在罢工时进行援助并阻止本国工人移居国外,设法使德国工人通过党的机关刊物了解国外的运动的情况,进行宣传反对日益迫近的或正在爆发的王朝战争,在这种战争期间采取1870年至1871年所模范地实行过的策略等等。

第三,我们的人已经让别人把拉萨尔的"铁的工资规律"强加在自己头上,这个规律的基础是一种陈腐不堪的经济学观点,即工人平均只能得到**最低的**工资,之所以如此,是因为按照马尔萨斯的人口论工人总是过多(这就是拉萨尔的论据)。但是,马克思在《资本论》里已经详细地证明,调节工资的各种规律非常复杂,根据不同的情况,时而这个规律占优势,时而那个规律占优势,所以它们绝对不是铁的,反而是很有弹性的,这件事根本不像拉萨尔所想象的那样用三言两语就能了结。拉萨尔从马尔萨斯和李嘉图(歪曲了后者)那里抄袭来的这一规律的马尔萨斯论据,例如拉萨尔在《工人读本》第5页上引自他的另一本小册子的这一论据,已被马克思在《资本的积累过程》① 这一篇中驳斥得体无完肤了。接受拉萨尔的"铁的规律",也就是承认一个错误的论点和它的错误的论据。

第四,纲领把拉萨尔从毕舍那里剽窃来的国家帮助原封不动地提出来作为**唯一的社会的**要求。而在这之前,白拉克已经非常出色地指出这个要求毫无用处,并且我们党的即使不是全部,也是几乎全部的发言者在同拉萨尔分子的斗争中都已经被迫起来反对这种"国家帮助"!我们党不能比这更忍辱屈从了。国际主义竟降低到阿曼德·戈克的水平,社会主义竟降低到资产阶级共和主义者毕舍的水平,而毕舍**针对社会主义者**提出这个要求,是为了排挤他们!

但是,拉萨尔所说的"国家帮助"至多也只是为达到下述目的而实行的许多措施中的一个,这个目的在纲领草案中是用软弱无力的词句表述的:"为了替社会问题的解决开辟道路。"好像我们还有一个在理

---

① 见《马克思恩格斯文集》第5卷第651—887页。——编者注

论上**没有解决**的社会**问题**似的！所以，如果这样说：德国工人党力求通过工业和农业中的以及全国范围内的合作生产来消灭雇佣劳动从而消灭阶级差别；它拥护每一项有助于达到这一目的的措施！——那是没有一个拉萨尔分子能提出什么反驳来的。

第五，根本就没有谈到通过工会使工人阶级作为阶级组织起来。而这是非常重要的一点，因为工会是无产阶级的真正的阶级组织，无产阶级靠这种组织和资本进行日常的斗争，使自己受到训练，这种组织即使今天遇到最残酷的反动势力（像目前在巴黎那样）也决不会被摧毁。既然这一组织在德国也获得了这种重要性，我们认为，在纲领里提到这种组织，并且尽可能在党的组织中给它一个位置，那是绝对必要的。

所有这一切都是我们的人为了讨好拉萨尔派而做的。而对方做了些什么让步呢？那就是在纲领中列入一堆相当混乱的**纯民主主义的要求**，其中有一些是纯粹的时髦货，例如"人民立法"，这种制度存在于瑞士，如果它还能带来点什么东西的话，那么带来的害处要比好处多。要是说人民管理，这还有点意义。同样没有提出一切自由的首要条件：一切官吏对自己的一切职务活动都应当在普通法庭面前遵照普通法向每一个公民负责。至于在任何自由主义的资产阶级纲领中都会列入而在这里看起来有些奇怪的要求，如科学自由、信仰自由，我就不想再说了。

自由的人民国家变成了自由国家。从字面上看，自由国家就是可以自由对待本国公民的国家，即具有专制政府的国家。应当抛弃这一切关于国家的废话，特别是出现了已经不是原来意义上的国家的巴黎公社以后。无政府主义者用"**人民国家**"这个名词把我们挖苦得很够了，虽然马克思驳斥蒲鲁东的著作①和后来的《共产主义宣言》②都已经直接指出，随着社会主义社会制度的建立，国家就会自行解体和消失。既然国家只是在斗争中、在革命中用来对敌人实行暴力镇压的一种暂时的设施，那么，说自由的人民国家，就纯粹是无稽之谈了：当无产阶级还**需**

---

① 指《哲学的贫困》，见《马克思恩格斯文集》第1卷——编者注
② 即《共产党宣言》。——编者注

要国家的时候，它需要国家不是为了自由，而是为了镇压自己的敌人，一到有可能谈自由的时候，国家本身就不再存在了。因此，我们建议把"国家"一词全部改成"共同体"［Gemeinwesen］，这是一个很好的古德文词，相当于法文的"公社"。

　　用"消除一切社会的和政治的不平等"来代替"消灭一切阶级差别"，这也很成问题。在国和国、省和省、甚至地方和地方之间总会有生活条件方面的**某种**不平等存在，这种不平等可以减少到最低限度，但是永远不可能完全消除。阿尔卑斯山的居民和平原上的居民的生活条件总是不同的。把社会主义社会看做**平等**的王国，这是以"自由、平等、博爱"这一旧口号为根据的片面的法国人的看法，这种看法作为当时当地一定的**发展阶段**的东西曾经是正确的，但是，像以前的各个社会主义学派的一切片面性一样，它现在也应当被克服，因为它只能引起思想混乱，而且因为这一问题已经有了更精确的叙述方法。

　　我不再写下去了，虽然在这个连文字也写得干瘪无力的纲领中差不多每一个字都应当加以批判。它是这样一种纲领，一旦它被通过，马克思和我**永远不会**承认建立在这种基础上的**新党**，而且我们一定会非常严肃地考虑，我们将对它采取（而且还要公开采取）什么态度。请您想想，在国外人们是要**我们**为德国社会民主工党的一切言行负责的。例如，巴枯宁在他的著作《国家制度和无政府状态》中要我们替《民主周报》创办以来李卜克内西所说的和所写的一切不加思考的话负责。人们就是以为，我们在这里指挥着一切，可是您和我都知道得很清楚，我们几乎从来没有对党的内部事务进行过任何干涉，如果说干涉过的话，那也只不过是为了尽可能改正在我们看来是错误的地方，而且**仅仅是理论上的**。但是您自己会理解，这个纲领将成为一个转折点，它会很容易地迫使我们拒绝同承认这个纲领的政党一道承担任何责任。

　　一般说来，一个政党的正式纲领没有它的实际行动那样重要。但是，一个**新**的纲领毕竟总是一面公开树立起来的旗帜，而外界就根据它来判断这个党。因此，新的纲领无论如何不应当像这个草案那样比爱森纳赫纲领倒退一步。我们总还得想一想，其他国家的工人对这个纲领将会说些什么；整个德国社会主义无产阶级向拉萨尔主义的这种投降将会造成什么印象。

同时我深信，在**这种**基础上的合并连一年也保持不了。难道我们党的优秀分子会愿意不断地重复拉萨尔关于铁的工资规律[208]和国家帮助那一套背熟了的词句吗？我想看看比如您在这种情况下的态度！而如果他们这样做，他们的听众就会向他们喝倒彩。而且我相信，拉萨尔派会死抱住纲领的**这些**条文不放，就像犹太人夏洛克非要他那一磅肉①不可。分裂是一定会发生的；但是到那时我们想必已经使哈赛尔曼、哈森克莱维尔和特耳克及其同伙重新获得"诚实的"名声；分裂以后，我们将被削弱，而拉萨尔派将会增强；我们的党将丧失它的政治纯洁性，并且再也不可能有力地反对它自己一度写在自己旗帜上的拉萨尔词句；如果拉萨尔派以后又说：他们是真正的和唯一的工人党，我们的人是资产者，那么，他们是可以拿这个纲领来证明的。纲领中的一切社会主义措施都是**他们的，我们**的党除了小资产阶级民主派的一些要求以外就什么东西也没有添进去，而小资产阶级民主派**又被这个党**在同一个纲领中说成"反动的一帮"的一部分！

我把这封信搁下来，是因为您在4月1日庆祝俾斯麦生辰那一天才会被释放，而我是不愿意让这封信去冒暗中传送时被搜去的危险的。刚刚接到了白拉克的信，他对这个纲领也有很大的疑虑，他想知道我们的意见。因此，我把这封信寄给他，由他转寄，这样他也可以看一下此信，而我就用不着把这件麻烦事全部重写一遍。此外，我也把真相告诉了朗姆，我给李卜克内西只是简单地写了几句。我不能原谅他，因为关于全部事件直到可以说太迟的时候他还连**一个字**也没有告诉我们（而朗姆和其他人以为他已经详细地通知我们了）。虽说他从来就是这样做的——因此，我们，马克思和我，同他进行了多次不愉快的通信——，而这一次做得实在太不像话了，**我们坚决不和他一起走**。

希望您设法夏天到这里来，当然您将住在我这里，如果天气好，

---

① 莎士比亚《威尼斯商人》第1幕第3场。——编者注

我们可以去洗几天海水浴,这对于过了很久牢狱生活的您一定颇有裨益。

  致友好的问候。

您的弗·恩·

  马克思刚刚搬了家。他的住址是:伦敦西北区梅特兰公园月牙街41号。

弗·恩格斯写于1875年3月18—28日

原文是德文

第一次发表于奥·倍倍尔《我的一生》1911年斯图加特版第2卷

中文根据《马克思恩格斯全集》德文版第19卷翻译

选自《马克思恩格斯文集》第3卷,北京:人民出版社2009年版,第410—417页。

恩格斯

致威廉·白拉克

不伦瑞克

1875 年 10 月 11 日于伦敦
西北区瑞琴特公园路 122 号①

亲爱的白拉克：

我对您最近一些来信（最后一封是 6 月 28 日）回答迟了，第一是因为马克思和我有六个星期不在一起，他在卡尔斯巴德，我在海边，我在那里看不到《人民国家报》；第二是因为我想稍微等一下，看看新的合并和联合委员会的实际情况如何。

我们完全同意您的看法，李卜克内西热衷于实行合并，为了合并不惜**任何**代价，结果把事情全搞糟了。本来可以认为这是必要的，但是不应当向对方说出来或表示出来。可是在那样搞了以后就得永远拿一个错误为另一个错误辩护。既然合并代表大会已经在腐朽的基础上召开了并且也四处宣扬了，他们就无论如何不愿意让它失败，从而不得不在本质问题上再次作出让步。您说的完全对：这种合并本身包含着分裂的萌芽。如果以后垮掉的**只是**不可救药的狂热分子，而不是他们的所有拥护者，我将感到高兴，因为这些拥护者本来很干练，他们在良好教育下是可以成为有用的人的。这要取决于这件不可避免的事情发生的时间和条件。

这个经过最后修改的纲领包括下面三个组成部分：

---

① 这一行字不知是谁写的。——编者注

（1）拉萨尔的词句和口号，这些在任何条件下都不应接受。如果两个派别实行合并，那末写入纲领的应该是双方一致同意的东西，而不是有争论的东西。然而我们的人竟容许了这些，甘心情愿地通过了卡夫丁轭形门；

（2）一系列庸俗民主主义的要求，这些要求是按照人民党的精神和风格拟出的①；

（3）一些多半是从《宣言》② 中抄来的本应是共产主义的命题，但是作了这样的修改，只要仔细一看，全都是些令人毛骨悚然的谬论。如果不懂得这些事物，那就不要触动它们，或者把它们从那些懂得这些事物的人那里逐句地抄下来。

幸而这个纲领的遭遇比它应该有的遭遇要好些。工人、资产者和小资产者在其中领会出它本来应该有但现在却没有的东西，任何一方面的任何一个人都没有想到去公开分析这些奇怪的命题中任何一个命题的真实内容。这就使我们可以对这个纲领保持沉默。同时，这些条文不能译成任何一种外文，除非**硬**写成明显的胡言乱语，或者是给它们掺进共产主义的含义，而后者是朋友和敌人都会做的。我自己在为我们的西班牙朋友翻译这个纲领时就不得不这样做。

就我所看到的委员会的活动来说，不是令人欣慰的。第一，攻击您的和伯·贝克尔的著作的事件；如果它没有实现，这与委员会无关。第二，宗内曼（马克思在旅途中曾遇到他）说，他曾建议瓦耳泰希为《法兰克福报》撰稿，但是委员会**禁止**瓦耳泰希接受这个建议！③ 这比书报检查制度还要厉害，我不明白瓦耳泰希怎么能容忍这种禁令。真蠢！他们倒是应该设法使得《法兰克福报》在德国各地都有我们的人为它服务！最后，拉萨尔派的成员在建立柏林联合印刷所方面的行动，在我看来也不是很有诚意的：我们的人在莱比锡印刷所轻信地赋予了该委员会以监察委员会的职能，而柏林人却要在**强迫**之下才这样做。不

---

① 见《马克思恩格斯全集》第34卷，第120页。——编者注
② 卡·马克思和弗·恩格斯《共产党宣言》。——编者注
③ 同上书，第9页。——编者注

过，我对这方面的详情不十分了解。

委员会的活动很少，而且正像这几天曾在这里的卡·希尔施所说的，它只是作为通讯机关和问讯机关混日子，这倒也好。委员会的任何积极的干预只会加速危机的到来，看来人们也感到了这一点。

同意在委员会中有三个拉萨尔分子，而只有两个是我们的人，这是何等的软弱！

总之，我们看来受了一点损失，虽然损失还是相当重的。我们希望，事情不再发展下去，同时希望，在拉萨尔派中间的宣传能起到作用。如果到下届帝国国会选举以前情况不变，事情就会好转。不过，施梯伯和特森多尔夫将全力以赴地进行活动，到那时候就会看清哈赛尔曼和哈森克莱维尔是些**什么东西**。

马克思从卡尔斯巴德回来了，完全成了另外一个人，更加壮实、容光焕发、精神饱满、身体健康，很快就能够重新全力投入工作。他和我衷心问候您。有便时，请告诉我们这件事后来的发展情况。莱比锡人同这件事有很深的关系，所以不向我们说明真相，而党的**内部**事情正是现在更加不公开了。

忠实于您的　　弗·恩·

选自《马克思恩格斯全集》第 34 卷，北京：人民出版社 1972 年版，第 147—149 页。

恩格斯

致奥古斯特·倍倍尔

莱比锡

1875年10月12日于伦敦

亲爱的倍倍尔：

您的来信完全证实了我们的看法：这种合并从我们这方面来说是太轻率了，而且它本身就包含着将来分裂的萌芽。如果这种分裂能推迟到下届帝国国会选举以后，那就很好了……

现在这个形式的纲领包括三个部分：

（1）拉萨尔的词句和口号，接受这些东西是我们党的一种耻辱。如果两派想就共同的纲领达成一致，那就应当在纲领中采纳双方一致同意的东西写入纲领，而不涉及双方不一致的地方。诚然，拉萨尔的国家帮助也曾列入爱森纳赫纲领，但是，在那里它不过是许多**过渡措施**中的**一个**，而且就我所听到的一切来看，差不多可以肯定地说，**要不是**合并，它就会在今年的代表大会上根据白拉克的提案删掉了。现在它却被看做医治一切社会病症的绝对正确的和唯一的良药。让别人把"铁的工资规律"和拉萨尔的其他词句强加在自己头上，这是我们党在道义上的一次巨大失败。我们的党改信拉萨尔的信条了。这是怎么也否认不了的。纲领的这一部分是卡夫丁轭形门，我们党就从这下面爬向神圣拉萨尔的赫赫声名；

（2）民主要求，这些要求完全是按照人民党的精神和风格拟出的；

（3）向"**现代**国家"提出的要求（而且不知道其余的"要求"应当向谁提！），这些要求是非常混乱和不合逻辑的；

（4）一般性的原理，多半是从《共产党宣言》和国际的章程①中抄来的，但是修改得不是把内容**全部弄错**，就是变成了**纯粹的谬论**，正如马克思在您熟知的那篇文章②中所详细指出的那样。

整个纲领都是杂乱无章、毫无联系、不合逻辑和丢丑的。要是资产阶级新闻界中有一个有批判头脑的人，他就会把这个纲领加以逐句研究，弄清每句话的真实含义，极其明确地指出荒诞无稽的地方，揭露出矛盾和经济学上的错误（例如，其中断言：劳动资料今天为"资本家阶级所垄断"，似乎地主已经不存在了；不说工人阶级的解放，而胡说"**劳动**的解放"，而劳动本身在今天恰恰是**过分自由了**！），从而把我们的整个党弄得非常可笑。资产阶级新闻界的蠢驴们没有这样做，反而以非常严肃的态度来对待这个纲领，领会出其中所没有的东西，并做了共产主义的解释。工人们似乎也是这样做的。**仅仅是由于这种情况**，马克思和我才没有公开声明不同意这个纲领。当我们的敌人和工人都把我们的见解掺到这个纲领中去的时候，我们可以对这个纲领保持沉默。

如果您对人事问题上所达到的结果感到满意，那就是说，我们这方面的要求一定已降得相当低了。两个是我们的人，三个是拉萨尔派！因此，在这里，我们的人也不是享有平等权利的同盟者，而是战败者，并且从一开始就决定了要处于少数地位。委员会的活动，就我们所知道的来说，也不是令人欣慰的：（1）决议没有把白拉克的和伯·贝克尔的关于拉萨尔主义的两本著作包括在党的文献目录；如果说这个决议被撤销了，那末这与委员会无关，也与李卜克内西无关；（2）禁止瓦耳泰希接受宗内曼向他提出的担任《法兰克福报》记者的建议。这是宗内曼亲自告诉路过那里的马克思的③。使我感到惊奇的，与其说是委员会的妄自尊大和瓦耳泰希对委员会不是嗤之以鼻而是唯命是从，不如说是这项决议的令人难以置信的

---

① 马克思《国际工人协会共同章程》，见《马克思恩格斯文集》第3卷。
② 马克思《哥达纲领批判》，见《马克思恩格斯文集》第3卷。
③ 参看马克思1875年8月21日给恩格斯的信。

愚蠢。委员会倒是应该设法使得象《法兰克福报》那样的报纸到处都只由我们的人替它服务。

……这整个事件是一次富有教育意义的试验，它即使在这种情况下也还有希望取得极其有利的结果，在这一点上，您是完全正确的。这样的合并只要能维持两年，就是一个很大的成功。但是，它无疑是可以用便宜得多的代价取得的。

选自《马克思恩格斯全集》第 34 卷，北京：人民出版社 1972 年版，第 150—152 页。

恩格斯

致卡尔·考茨基

斯图加特

1891年1月7日于伦敦

亲爱的考茨基：

昨天我**挂号**给你寄去了马克思的手稿，这份手稿看来会使你感到高兴。在神圣的德意志帝国，我怀疑这份手稿能照**这个样子**发表。请你从这个角度看一遍，把使你担心而又可以删略的地方删掉，用省略号代替。至于从上下文来看不能删略的地方，请你在校样上标出，尽可能用几句话把你担心的**理由**告诉我，我再来酌情处理。凡是要改动的地方，我要加上括弧，并在我的短序中说明：这是改动过的地方。因此，请把长条校样寄来！

但是，发表这份手稿，除了警察当局以外，可能还有某些人不赞成。如果你认为不得不考虑这一情况，那就请你把这份手稿挂号转寄给阿德勒。在维也纳那里，大概可以全文刊印（可惜，关于宗教需要的精彩地方除外），但**无论如何总是会刊印出来的**。不过，我想，在这里告诉你的我这个**十分坚定**的意图，会使你完全避免任何非难。既然你们反正不能阻止手稿的发表，那末，在德国本国，就在专门为了刊登这类东西而创办的党的机关刊物《新时代》上发表，岂不好得多。

为了给你准备这份手稿，我中断了关于布伦坦诺[①]的写作；因为我

[①] 弗·恩格斯《布伦坦诺contra马克思》。——编者注

在这篇关于布伦坦诺的著作中需要利用手稿中关于铁的工资规律的评述，而且无须费很大气力就可以同时把全部手稿整理出来。我原想在本周内搞完布伦坦诺，但是又来了这么多事，又要处理这么多信，恐怕搞不完了。

如果有什么困难，请通知我。

这里还很冷。可怜的肖莱马感冒了，而且一时失去听力，因而未能来过圣诞节。赛姆·穆尔在阿萨巴病得很重，我正焦虑地等待着关于他的新消息。

你的　弗·恩格斯

向陶舍尔问好。

选自《马克思恩格斯全集》第38卷，北京：人民出版社1972年版，第5—6页。

恩格斯

致卡尔·考茨基

斯图加特

1891年1月15日于伦敦

亲爱的男爵：

你从随信寄去的校样①中可以看出，我不是不近人情的，甚至还在序言②中加了几滴使人镇静的吗啡和溴化钾，希望这对我们的朋友狄茨的多愁善感会起一定的抑制作用。今天我就给倍倍尔写信。以前我没有同他谈过这件事，因为我不愿意使他在李卜克内西面前感到为难。那样，倍倍尔就**有责任**把这件事告诉李卜克内西，而李卜克内西——从他在哈雷所做的关于党纲的讲话来看，他已经从手稿中作了一些摘录——会采取一切办法阻挠手稿的发表。

如果"实现自己的宗教需要，**就像实现自己的肉体需要一样**"这句话在文中不能保留，那就把加了着重号的几个字删掉，用省略号代替。这样，暗示就会更加微妙，而且仍然十分清楚。可以设想，这样一来，此处就不会引起怀疑。

其他地方，我都按你们的要求做了，而且你看，甚至比你们要求的还**多**。

门德尔森夫妇已从巴黎来到这里。门德尔森获释时，法官**禁止**他离开法国。与此相反，**孔斯旦**部长却**要**他自动离境，不然就驱逐出境。孔

---
① 卡·马克思《哥达纲领批判》。——编者注
② 弗·恩格斯《卡·马克思〈哥达纲领批判〉序言》。——编者注

斯旦指派拉布里埃尔——此人同警察当局有联系是众所周知的——把帕德列夫斯基送走。如果帕德列夫斯基在陪审法庭出庭受审，同俄国的勾结就会发生危机：在审判过程中，俄国警探在巴黎的行径就无法掩盖，而帕德列夫斯基则将被**证实无罪**！这样，他就会使政府的处境非常尴尬，因此必须把他撵走。让拉法格给你写一篇文章，谈谈帕德列夫斯基是怎样使法俄联盟破裂的。李卜克内西对这件事的认识，正像他对国外发生的一切事情的认识一样，是完全错误的。

门德尔森夫妇来到这里，没有任何人的地址，结果落到了斯密斯·赫丁利和海德门的手里。这两个人把他们拖去参加了一个什么会，等等。最后，门德尔森夫妇到了我这里。我把爱德的地址告诉了他们。当我出于外交礼节上的考虑，正式回访他们的时候，斯密斯·赫丁利先生走了进来。我利用这个机会，当着波兰人的面，给了他一个轻蔑的冷遇，看来，这起了作用。星期天①，门德尔森夫妇来过我这里。今天，他们俩、爱德和艾威林夫妇要来吃饭。可以期望，布鲁斯、海德门之流所设下的圈套将告破产。可惜你不在这里，我们的第一道菜是牡蛎。

你的　弗·恩

选自《马克思恩格斯全集》第38卷，北京：人民出版社1972年版，第9—10页。

---

① 1月11日。——编者注

恩格斯

致卡尔·考茨基

斯图加特

1891年2月3日于伦敦

亲爱的考茨基：

你以为，马克思的文章①发表以后，给我们的信件会接连不断地飞来吗？恰恰相反，我们什么也没有听到，什么也没有看到。星期六②，我们没有收到《新时代》，我立刻就想到是否又出了什么事情。星期日，爱德来到这里，并把你的信给我看了。我以为，禁止发表这篇文章的手法还是得逞了。星期一，《新时代》终于收到了，不久以后，我发现《前进报》也转载了这篇文章。

既然反社会党人法式的行政措施没有奏效，那末这一大胆的步骤就成为这些人所能采取的上策。而且，这一步骤还有一个好处：它在很大程度上消除了奥古斯特由于最初的惊恐所谈到的那个难以逾越的鸿沟。不管怎样，产生这种惊恐，首先是因为担心文章发表后，若是我们的敌人利用了怎么办？此文在正式机关报上转载，会使我们敌人的进攻锋芒减弱，也使我们能够这样讲：请看，我们是怎样自己批评自己的，我们是唯一能够这样做的政党；你们也这样试试看吧！这也正是这些人一开始就应该采取的正确立场。

因此，对你采取某种强制性的措施，也并不那么容易。我曾请你在

---

① 卡·马克思《哥达纲领批判》。——编者注
② 1月31日。——编者注

必要时把手稿寄给阿德勒[①]；一方面这是要对狄茨施加影响，另一方面也是要为你解脱责任，因为我在一定程度上曾经使你没有选择的余地。我也给奥古斯特写了信，说明全部责任由我承担。

如果还有什么人负有责任的话，那只有狄茨。他知道，在这类事情上，我对他总是好商量的。我不仅满足了他的全部要求，缓和了他提出的某些地方，甚至还缓和了另外一些地方。如果他标出更多的地方，那也会给予考虑的。但是，狄茨认为无可非议的地方，为什么我不保留下来呢？

其实，惊恐之余，除了李卜克内西，大多数人都会感谢我发表这篇东西。它使未来的纲领免除任何不彻底性和空洞的言词，并且提出了他们中间大多数人未必敢于主动提出的无可争辩的论据。人们没有责备他们在反社会党人法实施期间没有修改这个不好的纲领，因为他们当时不能这样做。而现在，他们自己放弃了这个纲领。至于十五年前实行合并时，他们很不高明，竟然受了哈赛尔曼等人的蒙骗，这一点，老实说，他们现在满可以坦率地承认。总之，纲领的三个组成部分：（1）道地的拉萨尔主义，（2）人民党式的庸俗民主主义，（3）谬论，——并没有因为它们作为党的正式纲领保留了十五年之久而变得好些。如果今天还不能公开指出这一点，那要等到什么时候呢？

要是听到什么新消息，请告诉我们。

多多问候。

你的　弗·恩·

选自《马克思恩格斯全集》第 38 卷，北京：人民出版社 1972 年版，第 20—22 页。

[①]《马克思恩格斯全集》第 38 卷，第 5 页。——编者注

恩格斯

致弗里德里希·阿道夫·左尔格

霍布根

1891年2月11日于伦敦

亲爱的左尔格：

1月16日的来信收到了。

你打算不再给我寄《国家主义者》，我**很**同意。在此地，我找不到，根本找不到一个人愿意读这份东西，我自己也无暇去看各种装模作样、爱出风头的人卖弄的小聪明。我早就想请你不要再寄了，但又想，这份东西既然是左尔格给我寄的，上面**总会**有点什么吧。

照片很快就可以取了。亨利希·肖伊想给我雕一幅木刻像，因此不久前我只得又去拍照。共拍了七张，可能会有一张成功的。

希望收到这封信时，你夫人①的病已痊愈，你也恢复了健康。

关于《资本论》的美国版，我无可奉告，因为我从未见过，也不知道是个什么样子。那里的人**有权**翻印我们的作品，这是众所周知的。他们**运用**这个权利，正说明此事他们有利可图；这是十分可喜的，尽管继承人要蒙受损失。但是，我们本来就应当估计到，在美国的销路大大增加以后，会发生这样的情况。

第四版②谅已收到。

---

① 卡塔琳娜·左尔格。——编者注
② 《资本论》第一卷。——编者注

在《新时代》上发表的马克思的文章①,你已经读过了。这篇文章起初使德国社会党的统治者大为恼火,现在看来开始逐渐平静下来。相反地,在党内——老拉萨尔分子除外——这篇文章却很受欢迎。维也纳《工人报》(你将在下一邮班收到)驻柏林记者竟感谢我为党做了这件事(据我猜测,是阿道夫·布劳恩,他是维克多·阿德勒的内弟,李卜克内西的《前进报》的助理编辑)。李卜克内西当然要大发雷霆,因为整个批判就是针对他的,而且正是他伙同好男色的哈赛尔曼一起炮制了这个腐朽的纲领。人们最初的惊恐我很理解:这些人以前总是要求"同志们"只能最温和地对待他们,而现在他们竟受到这样无礼的对待,连他们的纲领也被斥为十足的谬论。在整个事件中一直表现得很勇敢的卡尔·考茨基在给我的信中说:党团打算发表一项声明,说明发表马克思这篇文章事先没有通知他们,他们不赞成发表。这样,就让他们聊以自慰去吧。但是,他们这样做大概是不会得到什么结果的,如果党内赞成这篇文章的人日益增多,并且他们认识到,"这会给敌人提供反对我们自身的武器"的叫嚷是没有多大价值的。

在此期间,我受到了这些先生们的抵制,这倒也好,因为可以使我少浪费一些时间。反正这种状况不会继续很久了。

布莱德洛死后,艾威林接到建议,提他为北安普顿的候选人,而这个建议正是社会民主联盟地方分部提出的,因而名义上是海德门的拥护者提出来的!由于最近十八个月来运动的普遍高涨,联盟盟员大量增加;这些人甘愿把他们毫不了解的对外事务(同可能派勾勾搭搭等)听任海德门之流去管;对这些先生们以前在爱尔兰的倾轧和内讧,他们也全然不知,所以肯定不会承担任何责任。实际上,正是因为海德门及其同伙有一段时间停止了在组织内部的攻击,这些人才加入了他们的组织。由此才有北安普顿人的上述步骤,这一步骤使海德门勃然大怒,特别是因为分部把自己的决定立即通知了联盟中央机关。海德门之流要了

---

① 卡·马克思《哥达纲领批判》。——编者注

一些手法，但都未得逞。艾威林到了那里，受到盛情接待。但离正式提名只剩下四天时间，还需要缴纳一百英镑的选举费用保证金。二十个工人保证每人拿五英镑，凑足这笔款子，并且有一个人表示愿意在此保证下先垫出这一百英镑。后来经过了解才发现，这个人是保守党的一个大奸细。于是，艾威林拒绝了这笔钱，同时示威性地表示了应有的愤慨，并放弃自己的候选人资格。这当然加倍激怒了海德门，因为五年前，他和秦平一起为了竞选拿了托利党二百五十或三百五十英镑。不管怎样，艾威林现在是公认的北安普顿工人候选人，而且很有希望增加选票。这次他会得到九百至一千张选票。

介绍给你的那个年轻人①，可能已经到过你那里。不过，罗姆夫妇认识他，这我那时还不知道。

德国人这次将在5月3日，而不是1日庆祝五一节，法国人对此大为恼怒。这完全是胡闹，去年庆祝五一节，给那天罢工的汉堡工人带来了同盟歇业②（这是未得到定货的工厂主求之不得的），使工人损失了十万马克——外地捐款尚未计算在内，使他们组织良好的工会的力量遭到破坏，使其活动长期陷于瘫痪。现在，德国各工业部门出现了持续的生产过剩，如果在整个德国共同在5月1日举行庆祝，势必要破坏合同，那末，这一庆祝就将导致普遍的同盟歇业，使我们的全部现款消耗殆尽，使我们所有的工会遭到破坏，其结果不是情绪高涨，而是士气低落。因此，这样做是丧失理智。诚然，我们的人在巴黎代表大会上曾那样兴致勃勃地主张在5月1日庆祝这个节日，以致现在使人觉得这种做法是个后退。此外，党团的呼吁书也是一篇无谓的空谈。

在英国这里，哪一天举行庆祝的问题将在星期日解决。海德门及其同伙意识到自己去年的错误，这次想尽量起到领导作用，因此会有很多人赞成5月1日。但这里的资本家也在竭力寻找种种借口搞垮他

---

① 斯·帕德列夫斯基。——编者注
② 见《马克思恩格斯全集》第38卷，第18和24页。——编者注

们最恨的两个工联——码头工人工会，特别是杜西领导的煤气工人和杂工工会。因此，杜西将在这里尽全力防止造成撕毁合同的借口，她将建议在 5 月 3 日，星期日，举行庆祝。煤气工人现在成为爱尔兰一个最强大的组织，并将在以后的选举中提出自己的候选人，既不理会帕涅尔，也不理会麦卡锡了。如果帕涅尔现在还能以工人朋友的身份出现，正是由于他会见了这些煤气工人，他们坦率地把全部真相告诉了他。他们使起初站在独立的爱尔兰工联方面的迈克尔·达维特也清楚了。煤气工人的宪法保障他们完全自由地行使地方自治。煤气工人第一个推动了爱尔兰的工人运动，这是他们的功绩。他们的许多分部是由农业工人组成的。

衷心问候你的夫人。

你的　弗·恩·

选自《马克思恩格斯全集》第 38 卷，北京：人民出版社 1972 年版，第 27—31 页。

恩格斯

致卡尔·考茨基

斯图加特

1891年2月11日于伦敦

亲爱的考茨基：

你的两封来信已收到，十分感谢。倍倍尔和席佩耳的信现退还。

柏林人还在继续对我进行抵制，我一封信也没有收到，他们显然还没有作出任何决定。然而，《汉堡回声报》发表了一篇社论。如果考虑到这些人还受到拉萨尔主义的强烈影响，甚至还相信既得权利体系，那末，这篇社论写得还是很不错的。我从这篇文章和《法兰克福报》还得出这样一个结论：敌对报刊的攻击即使还没有精疲力竭，也已经达到了顶点。只要顶住这种冲击，——据我看，直到现在这种冲击是很软弱的——人们就能很快从最初的惊恐中镇静下来。但是，阿德勒的驻柏林记者（阿·布劳恩？）却因为我发表这份手稿竟向我表示感谢。再有两三起这样的反应，反抗就会瓦解。

1875年5—6月间，他们对倍倍尔隐瞒、而且是有意地隐瞒了这份手稿，这在倍倍尔告诉我他的出狱日期是4月1日时，我马上就清楚了。我还写信对他说，他**应该**看到这篇文章，如果没有发生"什么不好的情况"的话。对这个问题，如有必要，我将在适当时候要求对我作出答复。这个文件长期在李卜克内西手里，白拉克费了好大劲才从他那里要了回来。李卜克内西想把这个文件一直保留在自己手里，以便在最后修改纲领时加以利用。至于如何利用，现在已经很清楚了。

请把拉法格的文章的手稿按挂号印刷品寄给我，我来处理这个问题。另外，他的关于帕德列夫斯基的文章①相当好，对于驳斥《前进报》对法国政治的失实报道是很有用的武器。总之，威廉②在这方面很不走运。他到处吹捧法兰西共和国，而他自己的特约记者盖得却到处骂法兰西共和国。

据席佩耳说，党团准备发表一项声明，对此我根本不予理睬。如果他们愿意，我准备申明：我没有向他们请示的习惯。至于发表这份手稿他们高兴与否，这跟我毫不相干。我乐意为他们保留就这个或那个问题表示异议的权利。如果情况不致发展到我非对声明表态不可，我是不会想去答复的。我们就等着看吧。

关于这个问题，我也不准备给倍倍尔写信，因为，第一，他本人应该先告诉我，他对这个问题的最后意见是怎样的；第二，党团的每一项决议都是全体成员签名的，不管表决时是否每个成员都表示赞成。不过，如果倍倍尔以为我会让自己卷入一场不愉快的论战，那他就错了。要我卷入这场论战，首先他们要说一些我不能置之不理的谎言等等。相反地，我简直是满怀和意，也没有任何理由发火，我渴望架设任何一种桥梁——浮桥，机架桥，铁桥或石桥，甚至是金桥，以便跨越倍倍尔隐约看到在远处可能存在的深渊或鸿沟。

真奇怪！现在席佩耳写道，许多老拉萨尔分子以自己的拉萨尔主义感到自豪，而他们在这里时，却异口同声地断言：在德国再没有拉萨尔分子了！这种说法正是使我打消某些疑虑的一个主要原因。而现在倍倍尔也认为，许多好同志受到很大挫伤。这样的话，本来就应该把当时的情况如实地告诉我。

其次，如果在十五年后的今天，还不能直截了当地谈论拉萨尔在理论上的胡诌和妄测，那要等到什么时候呢？

然而，当时由于反社会党人法的存在，党本身及其执行委员会、党团以及其他等等，除了因为通过这样一个纲领而受到谴责（而这是无法

---

① 保·拉法格《帕德列夫斯基的一枪》。——编者注
② 李卜克内西。——编者注

逃避的）外，没有受到任何其他谴责。在这项法令实施期间，根本谈不上修改纲领的问题。而法令一废除，修改纲领的问题就提到日程上来了。这样，他们还有什么好说的呢？

另外，还要使人们不要再总是过分客气地对待党内的官吏——自己的仆人，不要再总是把他们当做完美无缺的官僚，百依百顺地服从他们，而不进行批评。

你的　弗·恩·

关于艾威林在北安普顿代替布莱德洛为候选人一事，你也许已经听说了。邀请他的是社会民主联盟地方分部和煤气工人。他到了那里，并发表了演说，颇受欢迎。他获得九百至一千张选票是有把握的。但是，他付不出选举费用保证金。一个托利党的奸细要向他提供这笔钱，他愤怒地拒绝了。结果他没有被提名为候选人，但从此他却是公认的北安普顿工人候选人了。

选自《马克思恩格斯全集》第38卷，北京：人民出版社1972年版，第31—34页。

恩格斯

致卡尔·考茨基

斯图加特

1891年2月23日于伦敦

亲爱的考茨基:

我前天仓促发出的贺信,你大概已经收到了。现在还是言归正传,谈谈马克思的信[①]吧。

担心这封信会给敌人提供武器,是没有根据的。恶意的诽谤当然是借任何事由都可以进行的。但是总的说来,这种无情的自我批评引起了敌人极大的惊愕,并使他们产生这样一种感觉:一个能够这样做的党该具有多么大的内在力量啊!这一点,从你寄给我的(多谢!)和我从别处得到的敌人的报纸上可以看得很清楚。坦白地说,这也是我发表这个文件的用意。我知道,这个文件最初一定会使某些人感到很不愉快,但这是不可避免的,在我看来,文件的具体内容绰绰有余地补偿了这一点。同时我知道,党很坚强,能够经受得住这件事,而且我估计,党在目前也会**经受得住**这种在15年前使用的直率的语言,人们会怀着应有的自豪心情提到这次力量的检验,并且说:哪里还有另外一个政党敢于这样做呢?其实,这一点已经由萨克森的《工人报》、维也纳的《工人报》以及《苏黎世邮报》说了。

你在《新时代》第21期上承担起发表的责任,你这样做是很值得称赞的,但是不要忘记,第一个推动力毕竟是我给的,而且在某种程度上是我使你没有选择的余地。所以我要承担主要的责任。至于细节,在这

[①] 指马克思《哥达纲领批判》,见《马克思恩格斯文集》第3卷。——编者注

方面总是会有不同意见的。你和狄茨提出异议的每一个地方，我都已经删去和修改了，即使狄茨标出更多的地方，我也会尽可能地考虑，我总是向你们证明我是好商量的。至于说到主要问题，那么我的责任就是：纲领一提出讨论，就发表这份手稿。况且，李卜克内西在哈雷作了报告，在这个报告中他一方面把抄自马克思手稿的东西放肆地当做自己的加以利用，一方面不指名地对这份手稿进行攻击。马克思如果还在世，一定会拿自己的原稿来同这种篡改进行对证，而我是有义务替他做这件事的。可惜，那时我手头还没有这个文件；我只是在找了很久以后才找到的。

你说，倍倍尔写信告诉你，马克思对拉萨尔的态度激起了老拉萨尔分子的恼怒。这是可能的。这些人并不知道事实经过，看来在这方面也没有对他们作过什么解释。拉萨尔的整个伟大名声是由于马克思容忍他多年来把马克思的研究成果当做自己的东西来装饰门面，而且因为缺乏经济学素养还歪曲了这些成果，如果这些人不了解这一点，那并不是我的过错。但是，我是马克思的著作方面的遗嘱执行人，所以我也是有义务的。

拉萨尔属于历史已有26年了。如果他在非常法时期没有受到历史的批判，那么现在终于到了必须进行这种批判并弄清拉萨尔对马克思的态度的时候了。掩饰拉萨尔的真实面目并把他捧上天的那种神话，决不能成为党的信条。无论把拉萨尔对运动的功绩评价得多么高，他在运动中的历史作用仍然具有两重性。同社会主义者拉萨尔形影不离的是蛊惑家拉萨尔。透过鼓动者和组织者拉萨尔，到处显露出一个办理过哈茨费尔特诉讼案的律师面孔：在手法的选择上还是那样无耻，还是那样喜欢把一些声名狼藉和卖身求荣的人拉在自己周围，并把他们当做单纯的工具加以使用，然后一脚踢开。1862年以前，他实际上还是一个具有强烈的波拿巴主义倾向的、典型普鲁士式的庸俗民主主义者（我刚才看了他写给马克思的那些信），由于纯粹个人的原因，他突然来了个转变，开始了他的鼓动工作。过了不到两年，他就开始要求工人站到王权方面来反对资产阶级，并且同品质和他相近的俾斯麦勾结在一起，如果他不是侥幸恰好在那时被打死，那就一定会在实际上背叛运动。在拉萨尔的鼓动著作中，从马克思那里抄来的正确的东西同他自己的通常是错误的论述混在一起，二者几乎不可能区分开来。由于马克思的批判而感到自己受了伤害的那一部分工人，只了解拉萨尔两年的鼓动工作，而且还是戴着玫瑰色眼镜来看他的鼓动工作的。但是在这种偏见面前，历史的批判是不能永远保持毕恭毕敬的姿态的。我的责任就是最终揭示马克思和拉萨尔之间的关系。这已经做了，我暂时可以因此而感到满足。况且我自己现在还有别的事情要做。而已经发表的马克思对拉萨尔的无情批判，本身就会产生应有的影响并给别人以勇气。但是，假如情况迫使我非讲话不可，我就没有选择的余地：我只有一劳永逸地肃清有关拉萨尔的神话了。

在国会党团里有人叫嚷要对《新时代》进行检查，这确实太妙了。这是反社会党人法时期国会党团独裁（这种独裁当时是必要的而且实行得很好）的幽灵再现呢，还是对冯·施韦泽过去的严密组织的留恋？在德国社会主义科学摆脱了俾斯麦的反社会党人法以后，又要把它置于一个由社会民主党的机关自己炮制和实施的新的反社会党人法之下，这实在是个绝妙的想法。但是，大自然不会让树木长得戳破了天。① 《前进报》上的文章对我没有什么触动。我将等待李卜克内西说明事情的经过，然后再用尽可能友好的语调对二者一并答复。对《前进报》上的文章，只要纠正几个错误的说法（例如，说我们本来不愿意合并，事实证明了马克思不正确等等），并肯定那些不言而喻的东西就行了。如果不再发生新的攻击或出现错误的论断迫使我进一步采取行动，我想，从我这方面来说就以这个答复来结束这场争论。

请告诉狄茨，我正在整理《起源》②。可是今天费舍来信，又要我写三篇新的序言！

你的　弗·恩·

选自《马克思恩格斯全集》第10卷，北京：人民出版社2009年版，第602—605页。

---

① 德语成语，意思是万物都有限度。——编者注
② 恩格斯《家庭、私有制和国家的起源》，见《马克思恩格斯文集》第4卷。——编者注

恩格斯

致弗里德里希·阿道夫·左尔格

霍布根

1891年3月4日于伦敦

亲爱的左尔格：

你2月1日的来信收到了。在这期间，关于社会民主党国会党团对于在《新时代》上发表马克思关于纲领的信①深为不满一事，你大概已经听到很多了。这个文件所引起的波动至今尚未平息。我暂且让这些人出出丑，而在这方面，李卜克内西在《前进报》上也卓有成效。到时候，我当然要答复他们，但避免不必要的漫骂词句，不过没有一点儿讽刺也未必能行。自然，所有在理论方面值得重视的人都站在我这一边——只有倍倍尔除外，他确实不是完全没有根据地感到我挫伤了他，但这是不可避免的。我已经整整一个月因为忙于工作没有看《人民报》②了，所以不知道这场风暴在美国有否反应。在欧洲，拉萨尔派的残余大发雷霆，这些人在你们那里也够多的了。

我现在要准备三本小册子，即再版：（1）《法兰西内战》——总委员会关于公社的宣言。为了出新版本③，我将重新**看一遍**，并把总委员会关于普法战争的两个宣言——这两个宣言目前比任何时候都更有现实意义——增补进去，还要写一篇导言。（2）马克思的《雇佣劳动与资

---

① 卡·马克思《哥达纲领批判》。——编者注
② 《纽约人民报》。——编者注
③ 马克思《法兰西内战》一书德文第三版。——编者注

本》①，我要把它提高到《资本论》的水平，不然的话，会由于一些术语还不够完善而在工人中间引起混乱（例如，把出卖劳动**力**说成出卖劳动，等等），因此，也需要写一篇导言。（3）我的《社会主义的发展》②，只需要尽量把它弄得更通俗一些。

这几本小册子将由党出版，每本印行一万册。因此，在**这**方面，我可以稍微放心一些了。但我还是应当把这件事管起来，因为拉萨尔的那些胡言乱语在不停地翻印，必须用一些东西来加以抵制。幸好，拉萨尔全集的**新**版本将附有说明等等，这件事将由**伯恩施坦**去做（**请勿外传！**）。

为了不使我介绍的人③陷入困境，随信给你寄去十英镑的支票一张，你可酌情给他一定数量，或者作为他到美国某个较大的城市去——这样对他的未来或许最为有利——的路费，或者作为他在霍布根的生活费。

海德门又在猖狂地反对我；每隔半年，他总要发作一次，但即使他头朝下脚朝上地闹遍全伦敦，我也绝不会理睬他。他也再次起来攻击艾威林，又搬出了过去在美国的事。你是否认为，在罗森堡被抛弃之后，现在可以从那里的党得到满意的解释呢？我想知道的只是你的看法，我没有受托请你采取任何步骤。

法国人因为德国人和英国人将不在5月1日星期五，而在5月3日星期日庆祝五一节大为恼怒。但是，不这样做是不行的。去年汉堡庆祝五一节给党带来了罢工（或者更确切地说，带来了同盟歇业），汉堡人损失了十万马克。而现在，实业更不景气，资产阶级正极力寻找停工的借口。这里对码头工人步步进逼，他们甚至不敢说个不字，否则，他们的整个工联就要被摧毁——不过，这在某种程度上也是他们自做蠢事的结果。而煤气工人只有高度谨慎，才能避免也会使他们的工会遭到破坏的罢工。煤气工厂成为市营企业，首先使市侩们力图从这些企业榨取尽

---

① 1891年德文单行本。——编者注
② 《社会主义从空想到科学的发展》一书德文第四版。——编者注
③ 斯·帕德列夫斯基。——编者注

可能多一些的利润，从而降低市政税。那种认为煤气工人正**因为**是工人，市政局就应付给他们优厚工资的观点，还没有给自己打开一条道路。但如果煤气工人和码头工人遭到失败，在英国，近两年来成立的所有新工联都将被破坏。那时，战场上将只剩下一些**富足的**因而也是胆怯的旧的保守的工联。

法国人也还有点道理。在代表大会上，与会者都曾经十分热烈地赞成5月1日。但为什么往往说得多做得少的法国人，现在突然因为别人这次说了一些大话而气愤起来了呢？全部问题在于，法国的形势正是在现在，在可能派瓦解之后，对我们特别有利，再加上庆祝五一节在全世界同时都获得成功的话，那就会使可能派彻底垮台。不过，即使不是这样，他们也要彻底垮台的。

好了，下次再谈吧。衷心问候你的夫人①。愿她已完全恢复健康。

你的　弗·恩·

路易莎·考茨基向你们热情问好。

选自《马克思恩格斯全集》第38卷，北京：人民出版社1972年版，第42—44页。

---

① 卡塔琳娜·左尔格。——编者注

恩格斯

致奥古斯特·倍倍尔

柏 林

1891年5月1—2日于伦敦

亲爱的倍倍尔：

……我不得不再一次——但愿是最后一次——谈谈马克思的纲领批判①。"对发表纲领批判这件事本身，**谁也**不会反对"，这种说法，我不同意。李卜克内西**永远**也不会甘心情愿地同意发表，而且还要千方百计地加以阻挠。1875年以来，这个批判对他一直是如鲠在喉，只要一提到《纲领》，他就想起这个批判。他在哈雷的讲话通篇都是围绕着这个批判的。他在《前进报》上发表的那篇装腔作势的文章，只不过表明这个批判使他感到良心不安。的确，这个批判首先是针对他的。从这个合并纲领的**腐朽**方面来看，我们过去认为他是该纲领的炮制者，而且我至今还这样认为。正是这一点使我毅然采取单独行动。如果我能只同你一个人讨论一下这个文件，然后立即把它寄给卡·考茨基发表，我们两小时就能谈妥。但我认为，在这种情况下，从个人关系和党的关系来考虑，你还必须征求李卜克内西的意见。而这会引起什么后果，我是清楚的。或者是文件不能发表，或者，如果我坚持要发表的话，那就要发生公开争吵，至少是在一个时期内，而且和你也要争吵。我并没有说错，下述一点可以证明：你是［1875年］4月1日出狱的，而文件上所注的日期是5月5日，所以，如果没有其他的解释，那显然是**有意**向你

---

① 马克思《哥达纲领批判》，见《马克思恩格斯文集》第3卷。——编者注

隐瞒了这个文件，而这**只能是李卜克内西**干的。但是，你为了和睦相处竟容忍他到处撒谎，说你因为坐牢而没有看到这个文件。① 同样，为了避免在执行委员会发生争执，这个文件发表以前，看来你也得考虑李卜克内西的意见。我认为这也是可以理解的，但是，希望你也能理解，我得考虑到事情可能发生的变化。

我刚才又把这篇东西看了一遍。再删去一些可能也无碍大体。但可删的肯定**不多**。当时的情况怎样呢？草案一经你们的全权代表通过，**事情就已成定局**，对这一点，我们了解得并不比你们差，也不比例如我查到的1875年3月9日《法兰克福报》所了解的差。因此，马克思写这个批判只是为了使自己心安，丝毫不指望有什么效果，正如结尾的一句话所说的：我已经说了，我已经拯救了自己的灵魂。② 所以，李卜克内西大肆宣扬的"绝对不行"只不过是夸口而已，这一点他本人也很清楚。既然你们在推选你们的代表时犯了个大错误，继而为了不损害整个合并事业又不得不吞下这个纲领，那么你们确实也不能反对在**15年后**的今天把你们在最后决定以前得到的警告公布于众。这样做，既不会使你们成为**蠢**人，也不会使你们成为骗子，除非你们奢望你们的正式言行绝对不犯错误。

诚然，你没有看过这个警告。而且报刊也谈到过这一点，因此，比起看过这个警告而仍然同意接受该草案的那些人，你的处境就非常有利。

我认为附信十分重要，信中阐述了唯一正确的政策。在一定的试行期间采取共同行动，这是唯一能使你们避免拿原则做交易的办法。但是李卜克内西无论如何不想放弃促成合并的荣誉，令人诧异的只是，他那时候没有作出更大的让步。他早就从资产阶级民主派那里接受了地地道道的合并狂热，并且一直抱住不放。

拉萨尔派之所以靠拢我们，是因为他们**不得不**这样做，是因为

---

① 这种说法见1891年2月26日《前进报》第48号的一篇通讯。——编者注
② 参看《马克思恩格斯文集》第3卷第449页。——编者注

他们那一派已全部瓦解,是因为他们的首领都是些无赖或蠢驴,群众不愿意再跟他们走了,——所有这一切今天都可以用适当的缓和的形式讲出来。他们的"严密组织"已自然而然地彻底崩溃。因此,李卜克内西以拉萨尔派牺牲了他们的严密组织为理由——事实上他们已没有什么可牺牲的了——来替自己全盘接受拉萨尔信条进行辩解,这是很可笑的!

纲领中这些含糊和混乱的词句是从哪里来的,你感到奇怪。其实,所有这些词句正是李卜克内西的化身。为此,我们跟他已争论了多年,他却沉醉于这些词句中。他在理论问题上从来是含糊不清的,而我们的尖锐措辞直到今天还使他感到恐惧。可是,他作为人民党的前党员,至今仍然喜欢那些包罗万象而又空洞无物的响亮词句。过去,那些头脑不清楚的法国人、英国人和美国人,由于不善于更好地表达自己的思想,谈到"劳动的解放"而没有谈到工人**阶级**的解放,甚至国际的文件有些地方也不得不使用文件对象的语言,这就成了李卜克内西强使德国党沿用这种陈旧用语的充足根据。绝对不能说他这是"违背自己的见解",因为他确实也没有更多的见解,而且他现在是否就不处于这种状态,我也没有把握。总之,他至今还常常使用那些陈旧的含糊不清的术语,——自然,这种术语用来夸夸其谈倒是方便得多。由于他自以为十分通晓的基本民主要求对他而言至少像他不完全懂得的经济学原理同样重要,所以,他的确真诚地相信:他同意接受拉萨尔信条,以换取基本民主要求,是做了一桩好买卖。

至于对拉萨尔的攻击,我已经说过,对我来说这也是极为重要的。由于接受了拉萨尔经济学方面的全部基本用语和要求,爱森纳赫派**事实上已成了拉萨尔派**,至少从他们的纲领来看是如此。拉萨尔派所能够保留的东西一点也没有牺牲,的确一点也没有牺牲。为了使他们获得圆满的胜利,你们采用了奥多尔夫先生用来进行道德说教并赞扬拉萨尔的押韵词句①做你们的党歌。在反社会党人法实施的13年间,在党内反对对

---

① 雅·奥多尔夫《德国工人之歌》。——编者注

拉萨尔的崇拜当然没有任何可能。这种状况必须结束，而我已经开了头。我再也不容许**靠损害马克思**来维持和重新宣扬拉萨尔的虚假声誉。同拉萨尔有过个人交往并崇拜他的人已经寥寥无几，而所有其他的人对拉萨尔的崇拜**纯系人为的**，是由于我们违心地对此采取沉默和容忍的态度造成的，因此，这种崇拜甚至也不能以个人感情来解释。既然手稿是发表在《新时代》上，也就充分照顾了缺乏经验的和新的党员。但是，我决不能同意：在15年极其耐心的等待之后，为了照顾一时的需要和避免党内可能出现的不满而把关于这些问题的历史真相掩盖起来。这样做，每次总得要触犯一些善良的人，这是不可避免的，而他们对此要大发怨言，这也是不可避免的。在此以后，如果他们说什么马克思妒忌拉萨尔，而德国报刊，甚至（！！）芝加哥《先驱报》（该报是为在芝加哥的地道的拉萨尔派办的，他们的数目比整个德国的拉萨尔派还要多）也都随声附和，这对我来说也没有什么了不起，还抵不上跳蚤咬一口。他们公开指责我们的岂止这些，而我们还是该做什么就做什么。马克思严厉地谴责了神圣的费迪南德·拉萨尔，为我们提供了范例，这在目前已经足够了。

再者，你们曾企图强行阻止这篇文章发表，并向《新时代》提出警告：如再发生类似情况，可能就得把《新时代》移交给党来管理并对它进行检查。从那时起，由党掌握你们的全部刊物的做法，不由得使我感到离奇。既然你们在自己的队伍中实施反社会党人法，那你们和普特卡默有什么区别呢？其实这对我个人来说，倒是无关紧要的：如果我决定要讲话，任何国家的任何党都不能迫使我沉默。不过，我还是要你们想一想，不要那么器量狭小，在行动上少来点普鲁士作风，岂不更好？你们——党——**需要**社会主义科学，而这种科学没有发展的自由是不能存在的。因此，对种种不愉快的事应该采取容忍态度，而且最好泰然处之，不要急躁。在德国党和德国社会主义科学之间哪怕是有一点不协调，都是莫大的不幸和耻辱，更不用说二者之间出现裂痕了。执行委员会和你本人对《新时代》以及其他所有出版物保持着并且应该保持相当大的**道义上的**影响，这是不言而喻的。但是，你们也应该而且可以以此为满足。《前进报》总是夸耀不可侵犯的辩论自由，但是很少使人感觉到这一点。你们根本不知道，那种热衷于强制手段的做法，在国外这里给人造成何等奇怪的印象，在这里，在党内毫不客气地追究资格最老的党的领导人的责任（例如伦道夫·邱吉尔勋爵追究托利党政府的责任），已是司空见惯的事。同时，你们不要忘记：一个大党的纪律无论如何不可能像一个小宗派那样严厉，而且使拉萨尔派和爱森纳赫派合在一起（在李卜克内西看来，这却是他那个了不起的纲领促成的！）并使他们如此紧密地联合起来的反社会党人法，如今已不复存在了……

选自《马克思恩格斯文集》第10卷，北京：人民出版社2009年版，第608—613页。

德国社会民主工党纲领
（1869年在爱森纳赫通过）

I. 社会民主工党争取建立自由的人民国家。

II. 社会民主工党的每一成员必须竭力实现如下各项原则：

1. 现今的政治制度和社会制度是极不合理的，因而必须最坚决地反对。

2. 为劳动阶级的解放而斗争不是为阶级特权和优先权而斗争，而是为平等权利和平等义务，为消灭一切阶级统治而斗争。

3. 工人对资本家的经济依附性构成一切形式的奴役的基础，因此，社会民主工党在通过合作劳动消灭现今的生产方式（工资制度）的条件下，争取使每个工人获得充分的劳动收入。

4. 政治自由是劳动阶级经济解放的必不可少的前提。因此，社会问题同政治问题是不可分割的，前者的解决取决于后者，而且只有在民主国家中才有可能。

5. 鉴于工人阶级的政治解放和经济解放只有当工人阶级共同地和统一地进行斗争的时候才是可能的，社会民主工党承认自己是统一的组织，但是它也使每一单个的成员能够利用自己的影响来为整体的利益服务。

6. 鉴于工人的解放既不是一个地方的任务，也不是一个国家的任务，而是涉及一切具有现代社会的国家的社会任务，社会民主工党认为自己是——在《结社法》允许的限度内——国际工人协会的一个分支，并拥护它的一切努力。

III. 社会民主工党主张把下列各点作为鼓动工作中的最近要求：

1. 凡年满二十岁的男子在国会、各邦的议会、省和区的代表机构以及其他一切代表机关的选举中,都享有普遍的、平等的、直接的和秘密的选举权。当选的代表应给以足够维持生活的薪俸。

2. 实行人民的直接立法制度(即提出和否决议案的权利)。

3. 废除等级、财产、出身和信仰的一切特权。

4. 以人民军队代替常备军。

5. 教会同国家分离,学校同教会分离。

6. 实行国民小学的义务教育,以及一切公立教育机构的免费教育。

7. 保证法庭的独立性,建立陪审法庭和专业法庭,实行正式的和口头的诉讼手续,实行免费诉讼。

8. 废除一切出版、集会和结社的法律;实行正常劳动日制度;限制妇女劳动,禁止儿童劳动。

9. 取消一切间接税,实行单一的直接累进所得税和遗产税。

10. 要求对合作社事业提供国家支持,对在民主保障下的自由的生产合作社给以国家信贷。

选自《哥达纲领批判》,北京:人民出版社1997年第3版。

德国工人党纲领

（1875年3月7日发表在《人民国家报》上）

一、劳动是一切财富和一切文化的源泉，而因为有益的劳动只有在社会中和通过社会才是可能的，所以劳动所得应当不折不扣和按照平等的权利属于社会一切成员。

在现代社会，劳动资料为资本家阶级所垄断；由此造成的工人阶级的依附性是一切形式的贫困和奴役的原因。

劳动的解放要求把劳动资料提高为社会的公共财产，要求集体调节总劳动并公平分配劳动所得。

劳动的解放应当是工人阶级的事情，对它说来，其他一切阶级只是反动的一帮。

工人阶级为了本身的解放，首先是在现代民族国家的范围内进行活动，同时意识到，它的为一切文明国家的工人所共有的那种努力必然产生的结果，将是各民族的国际的兄弟联合。

二、德国工人党从这些原则出发，用一切合法手段去争取建立自由国家和社会主义社会：废除工资制度连同铁的工资规律和任何形式的剥削，消除一切社会的和政治的不平等。

三、为了替社会问题的解决开辟道路，德国工人党要求在劳动人民的民主监督下，依靠国家帮助建立生产合作社。在工业和农业中，生产合作社必须广泛建立，以致能从它们里面产生总劳动的社会主义的组织。

德国工人党提出下列要求作为国家的自由的基础：

1. 凡年满20岁的男子在国家和地方的一切选举中都享有普遍的、

平等的、直接的和秘密的选举权。

2. 实行直接的人民立法，人民有提出和否决议案的权利。

3. 实行普遍军事训练。以国民军代替常备军。由人民代表机关决定宣战和媾和。

4. 废除一切特别法，尤其是关于新闻出版、结社和集会的法律。

5. 实行人民裁判。实行免费诉讼。

德国工人党提出下列要求作为国家的精神的和道德的基础：

1. 由国家实行普遍的和平等的国民教育。实行普遍的义务教育。实行免费教育。

2. 科学自由。信仰自由。

德国工人党提出下列要求作为国家的经济的基础：

向国家地方交纳单一的累进所得税，取消一切现行税，特别是间接税。

德国工人党在现代社会内部提出下列保护工人阶级免遭资本势力之害的要求：

1. 结社自由。

2. 正常的工作日和禁止星期日劳动。

3. 限制妇女劳动和禁止儿童劳动。

4. 对工厂工业、作坊工业和家庭工业实行国家监督。

5. 调整监狱劳动。

6. 实行有效的责任法。

选自《哥达纲领批判》，北京：人民出版社 1997 年第 3 版。

德国社会主义工人党纲领

（1875年在哥达通过）

一、劳动是一切财富和一切文化的源泉，而因为普遍有益的劳动只有通过社会才是可能的，所以，全部劳动产品属于社会，即在普遍履行劳动义务的条件下，按照平等的权力属于社会的一切成员，按照每个人的合理需要属于每个人。

在现在社会中，劳动资料为资本家阶级所垄断；由此造成的工人阶级的依附性是一切形式的贫困和奴役的原因。

劳动的解放要求把劳动资料变为社会的公共财产，在用于公益目的的条件下对总劳动实行集体调节，公平分配劳动所得。

劳动的解放应当是工人阶级的事情，对它来说，其他一切阶级只是反动的一帮。

二、德国社会主义工人党从这些原则出发，力求用一切合法手段来争取自由国家和社会主义社会，通过消灭雇佣劳动制度来粉碎铁的工资规律，废除任何形式的剥削，消除一切社会的和政治的不平等。

德国社会主义工人党虽然首先是在民族范围内进行活动的，但是它意识到工人运动的国际性质并决心履行工人所承担的一切义务，以便使一切人的兄弟联合成为现实。

为了替社会问题的解决开辟道路，德国社会主义工人党要求在劳动人民的民主监督下，依靠国家帮助建立社会主义的生产合作社。无论在工业中，或是在农业中，生产合作社都必须普遍建立起来，以便从它们里面产生出调节总劳动的社会主义组织。

德国社会主义工人党要求把下列各项作为国家的基础：

1. 凡年满二十岁的国民在国家的和地方的一切选举和投票中都享有秘密投票和义务投票的普遍、平等、直接的选举权和投票权。选举日或投票日必须定在星期日或节日。

2. 实行人民的直接立法制度。由人民决定宣战与媾和的问题。

3. 实行普遍军事训练。以人民军队代替常备军。

4. 废除一切特别法律，尤其是关于出版、结社和集会的法律；废除限制自由发表意见、自由探讨和自由思想的一切法律。

5. 实行人民裁判。实行免费诉讼。

6. 通过国家实行普遍的和平等的国民教育。实施普遍的义务教育。在一切学校实施免费教育。宣布宗教为私人的事。

德国社会主义工人党在现代社会内部提出下列要求：

1. 本着上述要求的精神尽可能扩大政治上的权利和自由。

2. 向国家和地方缴纳单一的累进所得税，取消一切现行的、特别是加重人民负担的间接税。

3. 保证无限的集会结社的权利。

4. 实行同社会需要相适合的正常劳动日。禁止星期日劳动。

5. 禁止童工和一切有害于健康和道德的妇女劳动。

6. 实行保护工人生命和健康的法律。监督工人住宅的卫生状况。通过工人选出的人员对矿山、工厂工业、作坊工业和家庭工业实行监督。实施有效的雇主责任法。

7. 调整监狱劳动。

8. 工人的互助基金和救济基金完全由工人自己管理。

选自《哥达纲领批判》，北京：人民出版社1997年第3版。

第五部分 附 录

附录 I 《哥达纲领批判》编年史资料[①]

1863 年 3 月	拉萨尔发表《给筹备莱比锡全德工人代表大会的中央委员会的公开答复》，提出一整套机会主义的理论作为工人政纲的基础。
1863 年 5 月	全德工人联合会成立，拉萨尔当选为联合会主席。
1863 年初	马克思恩格斯同拉萨尔正式决裂。
1863 年 7 月	拉萨尔向俾斯麦表白并接受俾斯麦的津贴。
1864 年	"社会主义"和"共产主义"在马克思恩格斯的写作中一般而言是两个通用的词汇。两人早期选择使用"共产主义"这个概念来表述他们的理论和为之奋斗的理想社会。例如《共产党宣言》而不是写成《社会主义者宣言》，并且在其中用了很大的篇幅对于各种社会主义思想进行了批判。但是，自从 1864 年成立国际工人协会以后，"共产主义"这个

---

① 该内容由中央编译局冯文光先生提供，编者略有改动。

概念便更多地被"社会主义"一词所取代。恩格斯在 1894 年 2 月 13 日致卡尔·考茨基的信中说:"'共产主义'一词我认为当前不宜普遍使用,最好留到必须更确切地表达时才用它。即使到那时也需要加以注释,因为实际上它已经三十年不曾使用了。"从 1864 年到 1894 年,时间正好过了 30 年。虽然马克思的《哥达纲领批判》写于 1875 年,其中使用的是共产主义,而不是社会主义。但是这篇著作其间并没有发表。不会影响恩格斯说这个话的逻辑一致性。恩格斯 1880 年发表了《社会主义从空想到科学的发展》,这就更确立了他们用"社会主义"表述取代"共产主义"表述的用语习惯。

1864 年 8 月 31 日	斐迪南·拉萨尔卒于瑞士日内瓦。
1864 年 9 月	拉萨尔本来要在 1864 年 9 月底到汉堡去,在那里(同疯狂的施拉姆和普鲁士警探马尔一起)迫使俾斯麦兼并石勒苏益格—荷尔斯泰因,也就是以"工人"的名义来宣布兼并,等等,而俾斯麦为此则答应给予普选权和实行某些冒牌的社会主义措施。马克思、恩格斯认为拉萨尔的这个政治"遗嘱"是对无产阶级利益的背叛,表明拉萨尔已经完全站到俾斯麦的反动政府一边去了。

1865年1月30日	马克思致恩格斯的信,指出"我现在要毫不犹豫地在我那本书的序言中十分明确地指出,他不过是抄袭者和剽窃者"(指拉萨尔)。
1865年2月23日	马克思致路德维希·库格曼。马克思在信中谈到了他对拉萨尔的态度。"在他从事鼓动时期,我们的关系已经断绝了,这是:(1)由于他大肆自我吹嘘,甚至还把从我和其他人的著作里无耻地剽窃取得的东西也拿来吹嘘。"马克思在信中还说拉萨尔事实上背叛了党。
1865年3月30日	燕妮·马克思致弗里德里希·恩格斯。燕妮在信中提到:"拉萨尔——他抄袭我丈夫的一切东西,甚至把弄错的地方也抄上了,他做我丈夫的朋友和学生达十五年——这个人居然也怀着敬意谈到他。"
1867年	倍倍尔当选为德意志工人联合会主席后,按照第一国际的原则,对联合会进行了整顿。但这却引起了施韦泽等拉萨尔派的反对,最终造成了两派的分裂。
1869年6月	白拉克派退出全德工人联合会,同倍倍尔和李卜克内西领导的工人联合会紧密团结在一起。
1869年8月7日—8日	"德国社会民主党(后来通称爱森纳赫派)"在爱森纳赫宣布成立。

1869 年	巴黎公社起义失败，欧洲主要资本主义国家进入了相对稳定的和平发展时期。
1873 年	资本主义经济危机也席卷了德国。
1875 年 3 月 7 日	李卜克内西和哈赛尔曼起草的"德国工人党纲领"分别在两派的机关报上发表，准备提交在哥达召开的合并代表大会讨论。1875 年 3 月 18 日—28 日，恩格斯写信给出狱不久的爱森纳赫派领导人倍倍尔，告知他和马克思对"德国工人党纲领"草案的看法。他指出，这个纲领中的每一个字几乎都应该加以批判。恩格斯 1875 年 3 月 18 日—28 日给奥·倍倍尔的信，写于马克思的《哥达纲领批判》和给威·白拉克的信之前。这封信表明了马克思和恩格斯对德国的两个工人党（爱森纳赫派和拉萨尔派）原定于 1875 年初实行合并所持的共同意见。
1875 年 4 月 1 日	1891 年 5 月 1 日—2 日恩格斯致倍倍尔的信中说："你是 1875 年 4 月 1 日出狱的，而文件上所注的日期是 5 月 5 日。"
1875 年 5 月初	马克思抱病写成《对德国工人党纲领的几点意见》，即《哥达纲领批判》。
1875 年 5 月 5 日	马克思给社会民主工党领导人之一

	的威廉·白拉克写信附上了他所说的《哥达纲领草案》（批注）。
1875年5月	"德国社会主义工人党纲领"在哥达通过。
1875年3月18日—28日	恩格斯给奥·倍倍尔的信。
1875年10月11日	恩格斯致威廉·白拉克。
1875年10月12日	恩格斯致奥古斯特·倍倍尔。
1889年	成立第二国际。
1890年	宣布废除于1878年颁布的《反社会党人法》。
1890年10月	德国社会主义工人党在哈雷召开代表大会决定由李卜克内西起草新的纲领草案，供次年在爱尔福特召开的党代表大会通过。
1891年1月6日	恩格斯写作《卡·马克思〈哥达纲领批判〉序言》。
1891年1月6日	恩格斯从伦敦把《哥达纲领批判》手稿寄给在斯图加特的考茨基，第二天又给他写了信。
1891年1月7日	恩格斯致信给卡尔·考茨基。
1891年1月8日	考茨基收到手稿后立即回信："马克思关于纲领的文章今天已经收到。文章

写得好极了，而且来得正是时候。"

1891年1月15日	恩格斯致信给卡尔·考茨基。
1891年1月31日	在考茨基主编的《新时代》第18期上刊登了马克思的《哥达纲领批判》这部名著。之后不久，考茨基发表了编辑部文章《我们的纲领》，考茨基在文中认为马克思在经济学理论上战胜了拉萨尔。
1891年2月3日	恩格斯致信给卡尔·考茨基。
1891年2月5日—4月8日	由于德国社会民主党的某几个领导者和该党国会党团的大多数不赞成在《新时代》上发表《哥达纲领批判》，党内引起了争论，恩格斯就这一争论同《新时代》杂志的编辑考茨基、佐尔格、施留特尔、拉法格等社会主义活动家通信。
1891年2月11日	恩格斯致信给弗里德里希·阿道夫·佐尔格。
1891年2月11日	恩格斯致信给卡尔·考茨基。
1891年2月23日	恩格斯致信给卡尔·考茨基。
1891年3月4日	恩格斯致信给弗里德里希·阿道夫·佐尔格。
1891年5月1日—2日	恩格斯致信给奥古斯特·倍倍尔。恩格斯指出李卜克内西等人在发表《哥达纲领批判》这个问题上的错误，同时

	指出倍倍尔也不很了解发表这一著作的意义。恩格斯强调这一著作对提高党员的思想理论水平的意义，他建议更多地注意掌握革命理论。
1891年6月18和19日	恩格斯写作了《1891年社会民主党规律草案批判》。恩格斯开头第一句就说："现在这个草案（社会民主党规律草案）大大优于以前的纲领（指1875年在哥达合并代表大会上通过的德国社会民主党的纲领）。"

附录 II　研究《哥达纲领批判》相关文献选编

一　尼·布哈林、叶·普列奥布拉任斯基:《共产主义和无产阶级专政》①（节选）

第十九节　共产主义制的特征

我们看到，资本主义制度为什么必然要崩溃（而现在它正在我们面前崩溃）。它之所以要崩溃是因为它有两个基本矛盾：一方面是生产的无政府状态，它导致了竞争、危机和战争；另一方面是社会的阶级性，社会的一部分人同社会的另一部分人处于、而且也不能处于势不两立的敌对状态（阶级斗争）。资本主义社会是一部结构很糟的机器，其中的一部分经常紧扣着另一部分（参看第十三节《资本主义制度的根本矛盾》）。所以这部机器迟早不可避免地要毁掉。

显然，新社会应当是这样的一种社会，它的结构将比资本主义坚固得多，既然资本主义的基本矛盾会把资本主义炸得粉碎，那么在这个资本主义的废墟上必然出现没有旧社会所固有的那些矛盾的社会。就是说，共产主义生产方式的特点应当有以下几点：1. 它应当是有组织的社会，它不应当有生产的无政府状态、私人企业主的竞争、战争和危机；2. 它应当是无阶级的社会，他不应当是由互相永远敌对的两部分人组成，它不能是一个阶级剥削另一个阶级的社会。而这样的无产阶级

---

① 该文节选自尼·布哈林、叶·普列奥布拉任斯基著：《共产主义 ABC·第三章》，北京：生活·读书·新知三联书店 1982 年版。

和全部生产是有组织的社会，只可能是协作的、劳动的、共产主义的社会。

我们现在比较详细地研究一下这个社会。

共产主义社会的基础应当是生产资料和流通手段的公有制。这就是说，机器、装备、机车、轮船、厂房、仓库、大粮仓、矿山、电报、电话、土地和耕畜——这一切都归社会占有。不是个别资本家，不是个别财团占有这些资料，而是全社会占有。全社会是什么意思呢？这就是说，甚至不是一个阶级是占有者，而是组成社会的所有人都是占有者。在这种条件下，社会变为巨大的劳动协作组合。这里没有任何生产的分散和任何无政府状态。相反地，正是在这种制度下，全部生产都是有组织的生产，其中任何一个企业也不会同另一个企业进行斗争和竞争，因为一切工厂、矿山、和其他巨大的组织要有共同的生产计划。如果所有工厂和整个农业都成为一个巨大的劳动组合，自然在这里一切都应当计算好；不同工业部门之间的劳动力怎么分配，它们需要生产什么产品和生产多少，技术力量往哪里使用，等等——这一切都需要预先，哪怕是大体上计算好，并按照这种计算行动。正是在这一点上表现出共产主义生产的组织性。没有共同的计划和共同的领导，没有准确的统计和计算，就没有任何组织。在共产主义制度下，这样的计划是有的。

但是，只有组织性是不够的。这里问题的实质还在于这个组织是社会全体成员的协作组织。除了组织性以外，社会主义还有一个特点就是，她消灭阶级，它消灭社会的阶级划分。要知道，也可以设想生产是按照这样的方式组织的：少数资本家占有一切，然而是共同占有的；生产是有组织的，资本家同资本家不角逐、不竞争，而是共同地从变为半奴隶的工人身上榨取剩余劳动。这里有组织，但是也有一个阶级对另一个阶级的剥削。这里有生产资料的公有制，但这只是一个阶级，即剥削阶级的公有制。因此这绝不是共产主义，尽管这里也有生产组织。这种社会组织可能只消除了一个基本矛盾：生产的无政府状态。但是，它却加剧了资本主义的另一个基本矛盾：社会划分为两个斗争的部分；阶级斗争还更加尖锐化。这个社会只是在一个方面是有组织的；但是它在另一方面，即在阶级是彻底分裂的。共产主义不仅组织生产，而且要把人们从一些人压迫另一些人的状态下解放出来，它在自己的各个方面都是有组织的。

共产主义生产的协作性质还表现在对这种生产进行组织的一切细节上。例如，在共产主义制度下，不会有永久不变的工厂管理者或一辈子从事某一种劳动的人。要知道现在是这样的：如果一个人是皮鞋匠，那他一辈子缝制鞋子，除了鞋楦，他什么也看不到；如果这是一个烤大馅饼的人，那他就一辈子烤大馅饼；如果这个人是工厂厂长，那他就总是在进行管理和发号施令；如果他是一个普通的工人，他就一辈子执行别人的吩咐和安排。在共产主义社会中没有任何诸如此类的现象。在这里，所有的人都受过多方面的教育并熟悉各种生产：今天我做管理工作，计算下一个月需要生产多少毡靴或长圆形白面包；明天我在肥皂厂工作，过一星期，可能在公共温室工作，再过三天，可能在电站工作。当社会的一切成员都受到应有的教育的时候，这将是可能的。

第二十节 共产主义下的分配

共产主义的生产方式不是为市场生产，而是为自己的需要进行生产。不过这里为自己生产的不是单个业主，也不是单个的农民，而是整个这个巨大的劳动组合。就是说，这里没有商品，只有产品。这些生产的产品不是用来互相交换；不是用于买卖。它们只是存入公共的仓库，然后，谁需要，谁就去拿。因而，这里将不需要货币。有的人会问：那怎么行呢？要是这样做，有的人就会拿得太多，而别的人又会拿得太少。这样分配产品能有什么好处呢？这里必须就此说一句。在初期，大概在几十年时间，当然必须建立各种规章，例如，领取生产品只能凭劳动手册上的登记或出示劳动券。以后当共产主义社会完全巩固和发达起来，这些也就都不需要了。任何产品都将非常丰富，一切创伤都早已治愈，每个人都可以得到他所需要的东西。人们没有丝毫兴趣拿取比他所需要的更多的东西。例如，要知道，现在在电车上谁也不想要买三个座位的票，自己坐一个，而让其他两个空着，因为没有这种需要。将来对一切产品都是如此：一个人需要多少，他就从社会仓库里拿取多少，丝毫也不多拿。他也没有兴趣卖掉多余的产品，因为既然每个人都可以去拿，所以那时货币就没有价值了。这就是说，在共产主义社会开始时，产品大概要根据劳动来分配，而以后，那就要直接按公民同志的需要来分配了。

常常有人说，在未来的社会里，将实现每一个领取自己全部劳动产品的权利：生产什么，就领取什么。这是不对的。并且任何时候也不可能完全实现。为什么？因为如果大家都领取各自生产的产品，那生产就永远不可能前进、扩大和改进。生产出的东西总要有一部分用于生产的扩大和改进。假如我们把生产的一切全部用于吃和穿，那就不可能生产机器，因为机器既不能吃，也不能穿。任何人都知道，生活是随着着机器的增加和改进而得到改善的，机器将生产得越来越多。这就意味着包含在制造机器里的那一部分劳动是不能归还给劳动者本人。就是说任何时候都不可能使每一个人都能全部领取自己的劳动产品。而且这也是完全不必要的。在使用良好的机器的条件下，不这样做，生产也能满足全部需要。

这样，在初期，产品将是按劳分配（虽然不是按"劳动的全部产品"），而以后就可以充分地按需分配了。因为所有东西都极大地丰富了。

第二十一节 共产主义制度下的管理

在共产主义社会将不存在阶级了。既然在这个社会里没有阶级，那就意味着在这个社会里也将没有任何国家了。我们在前面已经说过，国家是阶级的统治组织；国家从来就是使一个阶级反对另一个阶级：如果国家是无产阶级的，那它就是旨在反对资产阶级。在共产主义制度下，地主、资本家、雇佣工人都不存在了，只存在普通人——同志。阶级没有了，阶级斗争也没有了，阶级组织也就不存在了。因而也不存在国家了：国家在这里已无必要，因为阶级斗争没有了，不需要对任何人进行约束，也没有任何人去干这种事。

然而有人会问我们，这样庞大的组织没有任何管理能行吗？谁来制定社会生产的计划？谁来分配劳动力？谁来统计社会收支？一句话，谁来维持整个秩序呢？

回答这个问题是不难的。主要的领导将是各种形式的计算所，或者统计（计算）局。那里每天都将对整个生产及其需要进行计算：将指示哪里需要增加劳动力，哪里需要减少劳动力，工作多少。由于大家都将从小就习惯于共同劳动，并懂得劳动的需要，也懂得当一切都顺利地按照既定的计划去进行时，生活就最容易，那么大家也就会按照这些统计局的指示去工作。在这里不需要专门的部长、警察、监狱、法律、法令——什么也不需要。在这里人们将看着计算表，并根据它进行工作，就像在乐队里大家都看着指挥进行演奏一样。

这就是说，这里任何形式的国家也没有。这里没有任何居于其他阶级之上的集团和阶级。况且，在这些计算局里工作的，今天是这一些人，而明天又会是另一些人。官僚制度，固定的官吏必将消失，国家必将消亡。

当然，这将是在发达的、巩固的共产主义制度下，在无产阶级完全的和彻底的胜利之后，而且不是在胜利之后很快就会这样。要知道，工人阶级必须长期地同自己的敌人进行斗争，然后同一切旧的残余即懒惰、松懈、犯罪行为和需要经过很长时间才能扫除干净的老爷习气进行斗争。这需要在完全新的条件下成长起来的两三代人的时间，一直到不再需要工人国家用法律、惩处和镇压的办法来消除资本主义时期的各种残余时为止。但是如果说在这方面工人国家是需要的，那么在发达的制度下，当资本主义残余消灭了的时候，无产阶级的国家政权也就消亡了。无产阶级自己将同其他阶层融合在一起，因为所有的人都将渐渐地开始被吸引到共同劳动的工作中来，而经过几十年之后就将会出现完全不同的土地、不同的人民和不同的风尚。

第二十二节　共产主义制度下的生产力的发展（共产主义的优越性）

当共产主义制度取得胜利并医治好所有的创伤的时候，它就会迅速地推动生产力的发展。生产力之所以能得到飞速发展,是由于下列原因。第一,人类用在阶级斗争上的巨大精力被解脱出来。可以想一想,如今在政治、罢工、起义、镇压起义、法院、警察、国家政权,以及在每天应付各个方面的事务上,不知耗费了多少精力和劳动!阶级斗争消耗了大量的人力和财力。所有这些力量都会被解放出来,因为,人们那时将不再互相斗争了。这些被解放出来的力量将用于生产劳动。第二,在竞争、危机和战争中会遭到破坏或耗费的力量和资金将保存下来。即使只计算用于各类战争的费用,那么这也将是一笔极其巨大的数额。而卖主之间、买主之间以及卖主与买主之间的斗争所用去的社会开支不知有多少!在危机中不知有多少财富被白白毁掉!生产的无组织和无秩序,不知要造成多少不必要的花费!所有这些被白白用掉的力量,在共产主义社会都会被保存下来。第三,组织性和适当的计划不但可以防止多余的开销(这里要说明一下,大生产总是很经济的),而且有利于改进各种技术方面的事宜:使生产在一些最大的工厂里进行,采用最好的技术方法。要知道,在资本主义制度下,甚至使用机器也是有一定限度的。只有在廉价劳动力不足的时候,资本家才使用机器。如果有廉价的劳动力,那么,资本家就用不着使用机器,因为没有机器,资本家也能赚大钱。只有在机器节省了价钱高的劳动力的时候,资本家才认为机器是需要的。而因为在资本主义制度的一般情况下,劳动力是低廉的,所以工人阶级这种糟糕的状况是阻碍技术改进的原因。这一点在农业上表现得特别清楚。农业劳动力总是低廉的,因此,机器劳动的发展非常缓慢。在共产主义社会关心的不是利润,而是劳动者本身。在那里,任何改进都将立即推广和实施。它不会受到资本主义的束缚。技术发明在共产主义制度下也将蓬勃发展。因为人们将受到良好的教育,那些在资本主义制度下穷困潦倒的人(如那些有才干的工人),也将有充分的机会发挥自己的才能。

在共产主义社会里,寄生生活,就是说现存的那些游手好闲、专靠别人生活的寄生虫也将消失。那些在资本主义社会里供资本家用于挥霍、大吃大喝的费用在共产主义社会将被用于生产需要;资本家及其侍从和奴仆、牧师、妓女等等也将消失,社会的一切成员都将从事生产劳动。

共产主义的生产方式将意味着生产力的巨大发展。这就是说,共产主义社会的每一个工作人员付出的劳动将比以前减少。工作日将越来越缩短,人们将更多地从自然界的束缚中解放出来。既然人们在谋取衣食方面花费的时间少了,那就意味着他们将有更多的时间用于精神上的发展。人类的文化将达到前所未有的高度,同时它将是真正的人类文化,而不是阶级文化。随着人压迫人现象的消失,自然界的压迫也将消失。人类在这里开始过着真正有理性的,而不是兽性的生活。

共产主义的反对者们总是把共产主义描绘成平均分配。他们说,共产党人想把一切都夺走,然后再平均分配,包括土地和其他生产资料,以及消费资料。没有什么比这种观点更荒谬的了。首先,这种普遍的重新分配是不可能的。因为可以平分土地、耕畜、货币,然而绝不能平分铁路、机器、轮船、复杂的设备。这是第一。第二,平分不但不会带来什么好处,反而会使人类倒退。这种平分意味着会形成大量的小私有者。而我们已经知道,从小私有制和小私有者的竞争中产了大私有制。就是说,如果实现了普遍的重新分配,那历史又要重演,人们又要重复那个说了又说的故事。

无产阶级的共产主义(或无产阶级的社会主义)是大型的、协作的、统一的经济。它是从资本主义社会的整个发展和无产阶级在这个社会中的地位里产生出来的。需要把它和下列几种情况区别开来:

(1) 流氓无产阶级的社会主义(无政府主义)。无政府主义者指责共产党人说,似乎共产主义在未来的社会里还保留国家政权。我们知道,这是不对的。真正的区别在于,无政府主义者更多注意的是分配,而不是生产组织;他们所想象的这种生产组织,不是巨大的协作经济,而是大量小型的"自由的"、自治的公社。显然,这种制度不能使人类从大自然的压迫下解放出来;它的生产力发展甚至都达不到资本主义制度下所能达到的那种限度。这是因为无政府主义不是使生产合并扩大,而是使生产分散化小。所以无政府主义者在实践上常常倾向于瓜分消费品,并反对组织大生产,这是毫不奇怪的,而是所谓流氓无产阶级的即无赖无产阶级时。这个阶级在资本主义制度下生活很苦,但是却不能做任何独立的创造性工作。

(2)小市民的(城市小资产阶级的)社会主义。它依靠的不是无产阶级,而是破产的手工业者、小市民,部分地依靠知识分子。它反对大资本,但为的是小企业活动的"自由"。它多半主张资产阶级民主,反对社会主义革命,希望通过"和平途径"来达到自己的理想,如通过发展合作社、劳动组合、联合手工业者等等办法。我国很大一部分城市社会革命党的合作社就属于这种类型。在资本主义制度下,这些合作社企业逐渐退化成为一般的资本主义组织,而这些合作社的举办人本身同纯粹的资产者几乎没有什么区别。

(3)农业—农民社会主义。这种社会主义具有各种各样的形式,有时近似农村无政府主义。它的最大的特点是,它从来就是把社会主义想象为大经济,非常近似于主张瓜分和均分的思想;他们与无政府主义的区别主要在于要求有牢固的政权,以保卫自己反对地主,同时也反对无产阶级;社会革命党的"土地社会主义化"就是这样的"社会主义",这种"土地社会主义化"想永远巩固小生产,害怕无产阶级,害怕整个国民经济变为大型的协作统一体。此外,在某些农民阶层中还有一些其他形式的社会主义,它们更多地接近于无政府主义,不承认国家政权,但是却带有和平的性质(如教派共产主义,反正教仪式的教徒,等等)。农业—农民的情绪只有在多年以后,当农民群众懂得了大经济的一切优越性(关于这一点,我们下面还要多次提到)的时候,才能够铲除。

(4)奴隶主和大资本家的所谓社会主义。实际上,这里连社会主义的影子也谈不上。如果说上述三派的"社会主义"里还有那么一点迹象,如果说它们还是反对压迫的,那么,在这里,有的只是空话,是以欺骗手段来混淆视听。资产阶级学者曾使这种观点风行一时,而妥协派的社会主义者们也和他们唱一个调子(其中包括考茨基之流在内)。例如,古希腊哲学家柏拉图的"共产主义"就是这样。其含义就是,奴隶主的组织"合伙地"和"共同地"剥削无权利的奴隶大众。在奴隶主之间是完全的平等和普遍的一律。奴隶们则一无所有：他们变成了牲畜。十分明白，这里没有一点社会主义的气味。现在有一些资产阶级教授也在"国家社会主义"的招牌下鼓吹这类"社会主义"，其唯一的区别就是变为奴隶的是现代无产阶级，而代替奴隶主的是高高在上的大资本家。事实上，这里一点社会主义的影子也没有，有的只是国家的、苦役式的资本主义（关于这一点，下面还要谈）。

小市民的、农民的和流氓无产阶级的社会主义有一个共同的特点：所有这些非无产阶级的社会主义形式，都不考虑发展的实际进程。发展的进程是在引向生产的扩大。而他们的一切却是以小生产为基础的。所以，这种社会主义无非是一种根本不可能实现的"乌托邦"空想。

第二十三节　无产阶级专政

为了实现共产主义制度，无产阶级必须掌握全部政权和全部武力。如果它不掌握这种力量，如果它在一段时间不成为统治阶级，那它就不可能推翻旧世界。不言而喻，不经过战斗，资产阶级是不会交出自己的阵地的。要知道，对资产阶级来说，共产主义意味着丧失从前的强权地位，丧失榨取工人血汗的"自由"，丧失获得利润、利息、地租等等的权利。因此，无产阶级的共产主义革命，社会的共产主义改造会遇到剥削者的疯狂斗争和反抗。由于这种反抗必然会是很大的，所以工人的，即无产阶级的政权应当是工人专政。"专政"意味着特别严厉的管理方式和对敌人的坚决镇压。在这种情况下根本谈不上一切人的"自由"，这是完全可以理解的。无产阶级专政同资产阶级的自由是势不两立的。这种专政之所以需要，是为了剥夺资产阶级的自由，捆住它的手脚，使它不能进行反对革命无产阶级的斗争。资产阶级的反抗越激烈，它越疯狂地施展自己的力量，它越危险，那么，无产阶级专政就应当越严厉和越无情，甚至必要时对采取恐怖手段也在所不辞。只有彻底镇压了剥削者，只有当他们不再反抗的时候，只有当他们不存在对工人阶级捣乱的任何可能性的时候，无产阶级专政才会日益缓和；同时从前的资产阶级将渐渐地同无产阶级打成一片，工人国家将逐渐消亡；而整个社会将变为没有任何阶级的共产主义社会。

在无产阶级专政这个暂时的机构下,生产资料实质上不是无一例外地属于整个社会,而是只属于无产阶级,属于它的国家组织所有。在这里,工人阶级即人口的大多数暂时垄断全部生产资料。因此,在这里,还不完全是共产主义的生产关系。这里还有社会划分为阶级的现象;这里还有统治阶级(无产阶级);这里有这个新阶级对全部生产资料的垄断;这里有镇压敌人的国家政权(无产阶级政权)。但是,随着过去的资本家、地主、银行家、将军和主教的反抗遭到镇压,无产阶级专政的制度将不经过任何革命而转入共产主义。

无产阶级专政不仅仅是镇压敌人的工具,而且是经济变革的杠杆。要知道,这种变革必须以生产资料公有制来代替私有制;它必须没收("剥夺")资产阶级的生产资料和流通手段。谁将干这件事情而且应该干这件事情呢?很清楚,不是个别人,哪怕他是无产阶级出身的人。如果是个别人或者即使是个别集团来干这件事情,那么,在最好的情况下也只会是瓜分,而在坏的情况下简直就会变成掠夺。因此,很显然,必须由有组织的无产阶级力量来剥夺资产阶级。而这种有组织的力量就是专政的工人国家。

对无产阶级专政的非难来自各个方面。首先是无政府主义者。他们说他们反对任何政权和任何国家,然而布尔什维克共产党人却维护苏维埃政权。任何政权都是暴力和对自由压制。所以应当推翻布尔什维克和苏维埃政权即无产阶级专政。任何专政都是不需要的,任何国家也是不需要的。这就是无政府主义者的论断。他们的反对意见只是从表面看来很革命。实际上,无政府主义者不是比我们布尔什维克更左,而是更右实际上我们为什么需要专政呢?是为了有组织地彻底打垮资产阶级的统治,是为了用暴力对付无产阶级的敌人(我们公开地说出这一点)。无产阶级专政就是无产阶级手中的一把斧子。谁反对它,谁就是害怕坚决的行动,谁就是害怕得罪资产阶级,谁就不是革命者。当我们完全战胜资产阶级的时候,我们就将不再需要任何无产阶级专政。但是,当存在你死我活的斗争时,工人阶级的神圣职责就在于坚决镇压自己的敌人。

在共产主义和资本主义之间必定有一个无产阶级专政的时代。其次，反对专政的还有社会民主党人，其中包括孟什维克。这些先生完全忘记了他们自己曾经写过的东西。在我们同孟什维克一起制定的旧纲领中曾直截了当地指出："社会革命的必要条件就是无产阶级专政，即由无产阶级夺取政权来镇压剥削者的一切反抗。"孟什维克也认可了（在口头上）这一点，可是，当见诸行动的时候，他们就开始为资产阶级的自由遭到破坏，为资产阶级的报纸被查封，为"布尔什维克的恐怖"等等而大喊大叫。其实当时连普列汉诺夫也极其赞同对资产阶级采取的无情的措施，说我们可以剥夺资产阶级的选举权，等等。现在这一切都被转入资产阶级阵营的孟什维克置于脑后。

最后，有许多人从道德方责难我们。他们说，我们的论断像野蛮的霍屯督人一样。霍屯督人说："我偷邻居的妻子是好事；他偷我的妻子是坏事。"他们说，布尔什维克同野蛮人毫无区别，因为布尔什维克说："资产阶级对无产阶级施行暴力是坏事；无产阶级对资产阶级施行暴力是好事。"

提出责难的人一点也不了解所谈论的问题。他们谈到霍屯督人，其实那是两个同样的人，他们根据同一理由互偷对方的妻子。然而，无产阶级和资产阶级不是两个同样的阶级。无产阶级是人数众多的阶级，资产阶级是一小撮人。无产阶级为争取全人类的解放而斗争，资产阶级为保护压迫、战争和剥削而斗争；无产阶级为共产主义而斗争，资产阶级为保存资本主义而斗争。如果资本主义和共产主义是同一制度，那么，资产阶级和无产阶级就像两个霍屯督人。而现在只有无产阶级为建立新制度而斗争；凡是帮助它进行这场斗争的事都是有益的；凡是有碍这一斗争的都是有害的。

第二十四节 夺取政权

无产阶级以夺取国家政权的办法来实现自己的专政。然而什么是夺取政权呢？很多人认为，为夺取资产阶级的政权就像把皮球从一个口袋拿出来放进另一个口袋里一样。原先这个政权在资产阶级手里，后来无产阶级赶走了这个资产阶级，并把它手里的政权拿来归为已有。不是建立新政权，而是把旧政权抓在自己手里。

这种观点完全不对，只要仔细地想一想，就能看出它错在哪里。

国家政权是一种组织。资产阶级的国家政权是资产阶级的组织，在这个组织里，所有的人都是按一定的方式挑选出来的：在军队里，将军是从上层的富人中挑选，在行政机关等部门里，部长是从富人中挑选的。无产阶级在为政权斗争的时候是反对谁呢？首先就是反对这个资产阶级组织。既然无产阶级反对这个组织，那就是说，其任务就是要打击这个组织，摧毁这个组织。而既然国家的主要力量在于军队，所以要战胜资产阶级首先就必须瓦解和摧毁资产阶级的军队。德国共产党人没有能够推翻谢德曼和诺斯克的政府，就是因为没有摧毁它的白卫军。如果敌人的军队完好无损，革命就不可能胜利；革命的胜利，也就是资产阶级军队的瓦解和崩溃。因此可以说，对沙皇专制的胜利，就意味着沙皇国家和军队的局部摧毁和瓦解；而十月革命的胜利，则意味着临时政府的国家组织和克伦斯基的军队的彻底摧毁和瓦解。

革命就是这样摧毁旧的政权和建立新的、不同于过去那样的政权。当然，也有一些旧政权的组成部分进入这个新政权，但是，它们是按照另一种方式来安排的。

就是说，夺取国家政权不是夺取原有的那个组织，而是建立另外的组织，即在斗争中获得胜利的阶级的组织。

这个问题具有巨大的实际意义。例如，有人指责德国的布尔什维克（就像曾经指责俄国的布尔什维克一样），说他们瓦解军队，促使纪律松弛、不服从官长，等等。很多人至今还觉得这种指责很可怕。其实这并没有什么可怕。就是应当瓦解那些遵照军官和资产者的命令来反对工人的军队，哪怕他们是自己的同乡。否则就会葬送革命。就是说，瓦解资产阶级军队并没有什么可怕的，革命者应当把摧毁资产阶级的国家机构看做是自己的功绩。在资产阶级的纪律没有受到破坏的地方，资产阶级是不可能战胜的。绝不能又想打倒它，同时又怕刺伤它。

第二十五节　资本主义社会的共产党和阶级

无产阶级要想在一个国家获得胜利，它就需要团结起来和组织起来，需要拥有自己的共产党，这个党要能够清楚地看到资本主义的发展趋向，要能懂得工人阶级的真实状况和真正利益，要能解释这种状况并能参加战斗和领导战斗。任何一个政党在任何时候和在任何地方都不能使本阶级的所有成员一个不漏地都加入到自己的行列中来，因为任何一个阶级从来也没有达到这样的觉悟程度。通常加入党的都是阶级中最"先进的"分子，这些人最能正确认识本阶级的利益，在斗争中最勇敢、最坚毅和最顽强。因此，党在自己的人员数量上，总是大大少于它所捍卫其利益的那个阶级的人数。但是由于党捍卫的正是这些已被正确认识了的利益，所以党通常起着领导作用。它们率领着整个阶级，而争取政权的阶级斗争也就表现为政党争取政权的斗争。为了搞清政党的性质，需要分析资本主义社会各个不同阶级的状况。从这个状况中产生出一定的阶级利益，而对这些利益的捍卫，正如我们所看到的，就决定了政党的实质。

地主——土地占有者。在资本主义发展的初期，他们的经济是以农民的半奴隶制劳动为基础的。他们把土地出租给农民，以此收取实物（例如，对分制劳动，在地主的庄园里劳动，等等）或金钱。这种地主阶级关心的是不要让农民到城里去，它反对任何新事物，希望继续在农村保持落后的半奴隶制关系，所以它反对发展工业。这种地主拥有世袭的贵族庄园，他们本人多半不经营自己的农庄，而是骑在农民背上过着寄生生活。与这种状况相适应，地主的政党过去和现在始终是最黑暗的反动势力的支柱。这些政党希望在各地恢复旧秩序，维护地主的统治，地主的沙皇（君主），巩固"达官贵人"的优势，使农民和工人处于完全的奴隶地位。这就是人们所说的保守政党，或者更精确地说是反动政党。由于从来军人都出身于贵族地主，所以毫不奇怪，地主的政党和陆海军将军是最有交情的。世界各国都有这种情形。

普鲁士"容克阶级"（在德国把大地主称为容克）可以作为这种范

例,军官团都来自容克阶级,而我们俄国的贵族,即所谓的野蛮地主或杜马代表——马尔柯夫第二、克鲁平斯基之类的"死硬派"也在此列。如果以沙皇的国务会议为例,那么可以看出,它的绝大部分成员恰恰是由这个地主阶级的代表组成。古老世袭的大地主一般都拥有各种不同的爵位,例如公爵、伯爵,等等;他们都是曾拥有几千名农奴的祖先的继承者。俄国的地主政党有:俄罗斯人民同盟、"民族主义派"(以克鲁平斯基为首)、右派十月党人,等等。

资本主义的资产阶级,它所关心的是要从正在发展的"本国工业"中获取更高的利润,也就是从工人阶级身上榨取更多的剩余价值。显然,它的利益和地主的利益并不完全一致。一旦资本侵入到农村,它就会破坏那里的旧关系;它会把农民从农村拉到城市里去,形成了城市里的庞大的无产阶级,并引起了农村新的需求;狂暴的"工匠"纷纷出现,从前温顺的农民开始"不安分"了。因此,所有这一切新事物都不合地主死硬派的心意。相反,资本主义的资产阶级却从中看到了自己的亨通的迹象。从农村吸引到城市里的工人越多,为资本家服务的雇佣劳动力就越多,劳动力的价钱也就越便宜;农村破产得越厉害,越是有更多的小业主停止生产自己需要的各种产品,他们就越是需要从大工厂主那里购买这一切;就是说,农村为自己的需要而生产一切的旧关系消失得越快,工厂商品的销售市场就越大,资本家阶级的利润就越高。

所以资本家阶级对老的地主提出抱怨(还有地主兼资本家,他们自己依靠雇佣劳动和机器经营自己的农庄;他们在自身的利益上更接近于资产阶级,并且一般都加入大资产阶级的政党),但是,当然资产阶级的主要斗争是反对工人阶级。当工人阶级的斗争只是反对地主和很少反对资产阶级的时候,资产阶级是以非常赞许的眼光看待工人斗争的(例如,1904—1905年10月以前)。而当工人阶级实现自己的共产主义利益,并起来反对资产阶级的时候,资产阶级就联合起地主反对工人了。现在,全世界资本主义资产阶级政党(所谓的自由党)都在向革命的无产阶级进行疯狂的斗争,并正在组织一个总的反革命的政治参谋部。

在俄国,人民自由党或所谓的"立宪民主党",还有几乎消失了的

"十月党",就是这样的政党,工业资产阶级、资本主义地主、银行家,以及他们的卫士——大知识分子(教授、待遇优厚的律师和作家、工厂厂长)——组成了这个党的核心。1905年,这个党曾抱怨专制制度,但已经有些害怕工农了;二月革命以后,它就站到了所有反对工人阶级政党(布尔什维克共产党)的党派的最前列。1918年和1919年,立宪民主党领导了所有反对苏维埃政权的阴谋活动,参加了邓尼金和高尔察克将军的政府。总之,它成了黑暗反动势力的首领,并彻底和地主政党同流合污了。之所以发生这种情况,是因为在工人阶级的压力下,大私有者们的所有派别集团都联合成一个黑暗的营垒,而为首的就是其中那个能量最大的党。

城市小资产阶级和小知识分子。这里包括手工业者、小店主、小公务员和小官吏。实质上这不是一个阶级,而是相当混杂的一部分人。所有这些人多少都受到资本家的剥削,他们的工作常常超出了他们力所能及的程度。其中很多人在资本主义发展的过程中被毁灭了。然而,他们的劳动条件使他们大部分人都意识不到在资本主义制度下自己的状况是毫无希望的。以手工业者为例,他们像牛一样勤劳。资本家运用种种方式剥削他们,高利贷者剥削他们;再者譬如,他们为之工作的商店也剥削他们,等等。但是手工业者却仍然觉得自己是"业主",他们使用自己的工具劳动,他们表面上是"独立的"(虽然实际上他们周身被缠在资本主义的蜘蛛网上);他们还希望自己"出人头地"。他们常常想:"一旦事业好转,我就可以为自己买这个买那个";他们竭力不与工人接近,他们效仿的榜样不是工人,而是大业主,因为他们一心想成为这样的业主。所以说,尽管他穷得像教堂里的老鼠,但他们对待自己的剥削者却往往要比对待工人阶级还要亲。小资产阶级政党常常打着"激进党"、"共和党"的旗号,有时也打着"社会党"的旗号(参看第二十二节)。要改变小业主的错误的立场是很难的,这不是他们的"罪过",而是他们的不幸。

在俄国,小资产阶级政党比任何地方的小资产阶级政党都更善于给自己戴上社会主义的假面具。"人民社会党"、"社会民主党"、部分孟什维克就是这样。不过,需要指出的是,社会革命党主要是力图依靠农村中的中农和富农分子。

农民,农村中农民所处的地位与城市里的小资产阶级很相似。他们实质上也不是一个阶级,因为他们在资本主义制度下,总是不断地分化到各个阶级中去。在任何一个村落里,经常有一些农民外出谋生,随后完全变成为无产者。另有一些人则爬上了富农的地位。农民中的中等分子,即所谓的中农,情况也很不稳定:一部分中农破产了,成为无马的农民,以后又成为雇农,成为作坊、工厂的工人;另一部分人时来运转,"成了事",变为富人,成为"善于经营的农夫",自己雇用工人,购置机器,一句话,成为企业主——资本家。所以可以说农民不是一个阶级。在农民中至少应当区分出三部分人:富农或剥削雇佣劳动的农业资产阶级;自己进行劳动,但不剥削雇佣劳动的中农;最后,半无产者和无产者。

不难理解,所有这些人由于他们的地位不同,所以对无产阶级和资产阶级之间的阶级斗争的看法也不同。富农一般是和资产阶级结盟,甚至常常和地主结盟(例如,在德国,所谓的"大农"和牧师及地主共同加入同一个组织;在瑞士、奥地利以及法国部分地区也是这种情况;在俄国,富农在1918年就已经开始支持所有的反革命阴谋)。半无产者和无产者阶层在他们同资产阶级和富农的斗争中自然支持工人。至于中农,这里情况要复杂得多。

假如中农能够很快明白,在资本主义制度下他们大多数人是没有出路的,只有少数人能挤进富农的行列,而其余的人则注定要过着半乞丐式的生活,那么他们就会坚决彻底支持工人。然而他们的不幸正在于他们同手工业者和一般城市小资产阶级的情况一样。每一个中农内心里都想出人头地、想发财致富。但另一方面,资本家、高利贷者、地主、富农又压迫他们。所以中农大多数在无产阶级和资产阶级之间摇来摆去。他们无论如何也不能完全站到工人的立场上来,但同时他们怕地主比怕火还厉害。

在我们俄国可以特别清楚地看到这种情况:中农支持工人反对地主富农;但事后又常常担心,要是实行"共产",是否更坏,于是又去反对工人;富农对他们的引诱常常得逞;而当重新出现了地主(邓尼金、高尔察克）的危险时，他们又开始去支持工人。

这种情况也影响到政党的斗争。中农有时拥护工人政党（布尔什维克共产党），有时拥护富农和大农的政党——社会革命党。

工人阶级（无产阶级）是"除了他们的锁链以外而一无所失"的阶级。它不但受资本家的剥削，而且正如我们已经看到的那样，资本主义发展的过程使工人阶级团结起来，成为一股团结一致的，习惯于共同劳动和共同斗争的重要力量。所以工人阶级是资本主义社会中最先进的阶级。所以，只要有可能存在，工人阶级的政党就是最先进的、最革命的政党。

这个党的目标自然是共产主义革命。为了这个目标，无产阶级政党应该是毫不妥协的。它的任务不是和资产阶级讨价还价，而是推翻资产阶级，镇压资产阶级的反抗。它——这个政党——应该揭露剥削者的利益和被剥削者的利益之间的不可调和的对立性（我们旧的纲领就是这样说的，孟什维克也是签了字的；可惜，他们完全忘记了这一点，而和资产阶级接吻去了）。

然而我们党对小资产阶级、城市非无产阶级的贫农和中农应该采取什么样的态度呢？

根据以上所说，我们的态度是很清楚的。我们应该千方百计地证明和解释，在资本主义制度下希望过上美好的生活——这是欺人之谈或是自我欺骗。我们应该耐心地和经常地向中农解释，他们应该坚决地投入到无产阶级的营垒中来，不怕任何困难，和无产阶级一起奋斗；我们必须指出，如果资产阶级胜利了，只有富农会得到好处，他们会变成新的地主。总而言之，我们应该号召所有的劳动人民同无产阶级团结一致，使所有的劳动人民转到工人阶级的观点上来。小资产阶级和中农充满着偏见，这些偏见是由他们的生活条件所造成的。我们的责任就是要揭露事物的真实状况：手工业者和劳动农民的状况在资本主义制度下，地主——老的（来自贵族）或者新的（来自富农）总是骑在他们的脖子上；只有在无产阶级胜利和巩固的条件下才能以新的方式改造生活。然而，无产阶级要想取得胜利，那就必须要有自己的组织、要有一个强有力的、团结的和坚决的党，所以我们应该号召所有那些向往这种新生活并学会按无产阶级方式思考和斗争的劳动人民加入我们的队伍。

从德国和俄国的例子可以看出，一个团结和战斗的共产党具有什么样的意义。德国无产阶级是很发达的。但是在战前却没有一个像俄国布尔什维克共产党这样的工人阶级的战斗政党。只是在战争期间卡尔·李卜克内西、罗莎·卢森堡同志等才开始组建单独的共产党。所以在1918年和1919年期间，尽管多次起义，德国工人却未能战胜资产阶级。在俄国就有一个这样不妥协的政党，这就是我们的政党。出于这样，俄国无产阶级就有了好的领导。正因为如此，尽管有各种各样的困难，俄国无产阶级却成了能够如此团结一致和如此迅速地取得胜利的第一个无产阶级。我们的党在这方面可以成为而且已经成为其他共产党的榜样。它的团结性和纪律性是遐迩皆知的。它确实是无产阶级革命的最有战斗性的、领导性的党。

第三章书目：马克思和恩格斯《共产党宣言》。弗·伊林（列宁）《国家与革命》。格·普列汉诺夫《法国大革命一百周年》。亚·波格丹诺夫《经济学简明教程》。奥·倍倍尔《妇女和社会主义》（《未来国家》一章）。亚·波格丹诺夫《红星》（乌托邦）。科尔萨克《法律的社会和劳动的社会》（收在《现实主义世界概论》文集）。关于无政府主义，参看：斯·沃尔斯基《无政府主义的理论与实践》。叶·普列奥布拉任斯基《无政府主义和共产主义》。弗·巴扎罗夫《无政府主义的共产主义和马克思主义》。关于资本主义社会中的阶级，参看：卡·考茨基《阶级利益》。关于小资产阶级政党的特点，参看：马克思《路易·波拿巴的雾月十八日》。卡·马克思《德国的革命和反革命》，以及《法兰西内战》。

二 米托·哈季·瓦西里耶夫：《社会主义的按劳分配》[①]（节选）

自从马克思以来，对于资本主义的理论早就提出了这样一个论点，

[①] 该文节选自［南］米托·哈季·瓦西里耶夫：《社会主义的按劳分配》（概论），林南庆、星朗、金顺福、吴世康译，北京：生活·读书·新知三联书店1963年第1版。

即社会消灭了人对人的剥削以后,将在社会产品按劳分配的基础上发展生产关系。这一个论点是以下列的科学认识为根据的:私人占有庞大的生产力将在历史上被消灭,因为它使生产过程大大社会化,但却不能按需分配。

当年轻的社会主义社会根据马克思的这一个基本论点,刚刚在实践中开始行动(即剥夺资产阶级所有制)的时候,它的革命热情就多少和自然地带有急躁、天真的色彩,同时在分配的问题上,把推翻资产阶级政权和剥夺资产阶级同实现社会主义实质的本身相提并论。如果社会主义的实践没有充分展开,那么这在客观上就意味着社会主义发展的特殊规律尚未表现出来。而且,如果社会主义理论对这些规律性认识不够,那么,现实的这一个"缺陷"的结果就会使年轻社会的领导力量把自己的意识和政治活动了解为唯一的发展规律。这是一种天真的、因而也是最自然的反常现象,它是由于相信客观规律在社会主义的条件下唯有通过自觉的力量所制定的政策才能起作用而造成的。这种想法"使得"社会主义理论在说明社会主义尚未定型的东西时,犯了一系列的理论错误。于是,社会主义作为一种直接的社会实践的全部历史,在它的初期的各个阶段中,就出现了一种几乎把理论和主观领导力量绝对化的坚强信念,以为革命业已通过剥夺资产阶级保证了社会主义所有制的各个部门在按劳分配的基础上,在基本实现了这种分配的全部实质的基础上,发展起一种新的社会关系。因此,分配的问题就变成单纯是扩大社会主义所有制以及随着社会物质财富的增长而有计划地改善报酬的问题。有一种理论,认为社会的历史完全是根据意识而制造出来的,并且把这种认识强加给社会,从而由于这种幼稚的错误,以致把社会主义的实质即自觉的社会这一个一般的原理曲解为社会主义社会的关系的性质是由社会主义的政权、国家与其政策的性质来决定的,也就是说是由社会主义的自觉的因素与其所起的重要作用来决定的,这样一来,马克思主义关于基础和上层建筑的这两个基本的概念就被本末倒置了。

当物质发展和社会经济的稳定还没有达到一定的程度以前——当缺少只有经过实践才能得到的经验的时候,革命往往就会陷于幻想,以为它不仅能够消灭资本主义的剥削，而且与此同时也能够在社会主义部门中完全消除雇佣生产者的关系。助长这种幻想的无疑还有下列的情况，即社会主义思想决不会用任何一种关于新的生产和分配关系的发展的先验的公式套在实践的头上。同时使这种幻想直接地发展成为理论和实践方面错觉的根源的事实是：革命只不过是刚刚揭开了整个社会主义经济建设的过程，而且它——在现有的国际历史条件下和国内落后的社会结构下——必须使整个的分配问题服从于这个纲领，即不惜牺牲劳动人民的物质利益，以及不惜对经济和社会的发展进行严格的行政集中制的领导来建立社会主义本身的物质基础。

有一种错觉以为，按劳分配基本上是随着国家社会主义所有制本身的建立而自动地实现的。这种错觉虽然是一种超越社会运动的错误意识，但却起着影响极大的社会因素的作用，因为它使整个的社会产生这样的一种思想，即以为分配是最简单的并且是社会主义业已解决了的问题。这种看不见前途的想法，就削弱了工人阶级和社会对于那种想使社会主义发展所达到的水平维持原状的倾向的反抗。下列事实越来越明显地说明了这种荒唐想法的背景：社会主义社会占统治地位的意识看不到国家行政管理阶段，即社会主义发展的最初阶段的历史局限性，因为这种意识一开始就忽视了这个事实：这个阶段延续很长时期的原因，不是来源于社会主义实质的本身，而是来源于社会主义的发展是以非常落后的社会经济结构为起点的，或者说是来源于年轻的社会主义社会还没有足够的力量通过本身的发展，并根据自己的社会实质来解决它在这一个历史过渡阶段的各种尖锐的矛盾。

因此，也就使人容易看出后来有人故意提出来的这样一种教条主义论点的马脚，即认为生产资料的社会主义国家所有制是社会主义社会关系的体现（即按劳分配原则的"充分"实现）。那种认为社会随着剥夺资产阶级的行动而"进入"社会主义关系的思想观点，是符合社会主义实践的官僚主义变形的。今天，这种理论已经开始为那种想维持国家所有制现状的实践辩护，并且坚持这个论点：社会主义关系不是通过建设的过程而深入地向着更发达的关系以及日益彻底地实现社会主义按劳分配方面发展的；而仅仅是广泛地通过全面的国家工业化和农村集体化向着改变经济结构方面发展的。

但是，对年轻社会的错觉和教条主义关于"已经解决了"社会主义分配问题的观点的这种"紧密结合"，很快地（在自身的实践中）遇到了重重的困难、种种的矛盾以及物质和社会发展的一些尚未解决的问题。而这些困难、矛盾和问题又总是一再地引起有关必须"改进"分配制度的争论。另一方面，南斯拉夫的实践严重地打击了这些错觉和观点，他在抛弃自己的幻想的同时，自觉地和坚决地着手进一步发展社会主义的社会关系。今天（如果我们把南斯拉夫除外），整个国际社会主义建设的战线已经充满着这两者之间的矛盾，即各种社会意识本身在不同程度上怀着这样一种幻想，以为分配方面的主要科学理论问题业已解决了，而在实践中却不可避免地和经常地又把分配问题当做尚未解决的"谜"而提出来。事实上，恰恰是这种情况说明了，迄今建设社会主义的历史，归根到底——不管不可避免的理论错误以及教条主义和官僚主义实践的反抗——总是把年轻社会主义社会的全部发展归结为尽可能彻底地实现社会主义按劳分配的问题。尽管在某些国家中，社会主义领导力量的实践和理论，仍然极力把分配这个"谜"只是当做改进计划技术和经济发展的比例或加强对生产者的物质刺激的问题，但这种实践和理论已经和分配本身的实质方面发生冲突。这就是发展社会主义所有制和生产者联合体，国家管理与生产者自治和社会自治之间的关系，计划与自发，社会主义的经济性质和商品（与其在整个社会主义发展中的地位和作用）之间的关系，个人与集体的关系，地方共同体和整个共同体的关系，社会主义社会总产品的分配和在同一分配制度内部刺激个人和劳动集体的奖励机构之间的关系等等问题。

今天已经很明显，只有南斯拉夫的实践才第一次着手解决社会主义进一步发展的各种基本问题。这些问题的迫切性，对所有社会主义国家来说，再不能忽视了，更不用说，不能为了反对南斯拉夫的"异端"和"修正主义"的"坚决斗争"中任何一种需要而（通过某种宣传的运动）把它神秘化。斯大林主义—教条主义和官僚主义保守的倾向对社会主义内部进一步发展社会主义社会关系的愿望的一切反抗,终归是要失败的。群众对社会主义民众方面所施加的压力只不过是尚未解决的有关劳动生产率发展问题的另一个方面,而在生产中物质经济因素又会对更彻底的社会主义分配方面施加压力。

毫无疑问,社会主义建设的物质基础越是强大,就必然要更充分地实现这种分配。实践朝着这个方面运动的必然性,在客观上取决于生产资料社会化本身。资本主义私有制的消灭推动并加强了经济因素和社会力量这样一种不可遏制的倾向,即建立起那种将能够最确切地反映(以及大大地促进)生产社会化的过程,同时实现劳动从根本上摆脱一切形式的剥削并充分发挥人这个自由社会的主体的积极性的社会经济关系。因此,社会主义的物质基础愈强大,生产力和劳动群众对这种关系所施加的压力也就愈大。这种情况日益有力地表现出大多数社会主义国家目前建设阶段的特点。

鉴于这个过程明确地存在着,因此,任何人不顾实践中种种的困难,而抽象地来讨论社会主义的关系(即南斯拉夫的现实或其他社会主义国家的现实)应当是怎样的呢?那就是无的放矢。

从社会主义历史的发展观点来看,分配的问题无疑是一个有决定性的、非常重要的问题。正是因为如此——在一种(不管碰到多大的阻碍)经常向着更发达社会主义关系运动的必然性面前——一切想在否定这种发展的基础上,而且以巩固那种被实践和劳动人民所要克服的关系为名来开展任何一种反对南斯拉夫实践的原则理论的论战和意识形态的斗争的企图,始终是要失败的。因而所谓南斯拉夫"修正主义"批评者全部努力的弱点在于:他们组织了这场战斗,而同时既不肯放弃马克思主义关于社会主义理论的基本实质,又不愿自己陷于下列这种可笑的境地:用一定的实际措施,即那些在客观上其发展路线是同南斯拉夫的实践过去和现在所走的发展路线相同的措施来驳倒了自己的观点。因此,问题远不是要在(今天实践中所见到的)两种特定的社会主义的现实之间选择一种"典型",而是在于掌握新的社会关系的本质与其发展的基本方向和阶段。

在整个社会主义进一步的发展中,分配方面迫切的、尖锐的、其意义正在与日俱增的问题,可以归结为如下几点结论:

第一,必须抛弃这样一种(十分天真的或者实用主义的)观点:以为社会主义革命是通过所谓剥夺而实现了按劳分配的基本实质,这就是说随即建立了各种发达的社会主义的关系。这种观点的思想是把这些关系和国家所有制混为一谈,而且由此否认社会主义内部的发展并把社会主义曲解成为一种在历史上静止的形态。

第二,整个的分配问题作为社会主义发展的基本问题并不是偶然发生的,它是随着反对各种敌对的阶级力量而在建设中取得物质成就和整个制度的稳定,才成为社会主义内部发展的基本问题,因为这是一个自然的发展道路。

第三,社会主义思想(在马克思业已确定的社会主义生产关系的社会经济基础的一般前提下)对分配进行理论研究方面的落后,是受到社会主义实践尚未充分开展,即受到下列这个事实所制约的:任何一种比较具体的理论解决办法都不可能先于新的社会现实本身,因为社会主义的特殊的规律性,首先必须通过现实来表现,然后它们才能整个地被揭示出来。

马克思主义在现代政治经济学基础上所提出的有关分配问题的明确认识,就是客观地、科学地考察和研究社会主义分配这一实践,以及得出一些将进一步推动这种实践的结论的一般理论和方法论的原理。

马克思是从一般历史的角度和具体历史角度来研究社会分配问题的。他把人类的历史看做是一个整体,看做是人在自然界中的生活及其发展。由此他确定了人类在生产过程中所有的基本领域(即生产和分配,交换和消费)的主要的实质、地位、作用及其相互影响,并把所有这些领域看做是表现物种本质的、非常重要的族类特性即人和自己之外的自然界发生关系的方式、人在自然界中的生活方式的一个自然机体的内在职能。人只有在同自然界发生关系的界限内才能发生相互的关系。人在控制自己之外的自然界的同时,也确立和发展了自己的人性。所以,人的基本族类的特性(劳动、思维、生活在共同体之中)的发展程度也不过是他和自然界发生关系的程度的表现，控制自然界的程度的表现。既然这种程度是通过劳动的发展来反映的，所以人类生产力的发展就成为衡量人对于自然界独立和自由的一种尺度，成为人在共同体的各种物质的，社会政治的，思想的关系中的自由的基础。分配、交换和消费发展的程度、社会形态及其上层建筑的发展都是和生产发展的程度相适应的。因此，马克思在把社会看做是一种自然的现象时，首先确立了人类生产过程本身（即这个过程的一切领域）的自然实质。而这种自然的实质既然不会随着历史的发展而消逝，也就不会随着历史的发展而变得陈旧，恰恰相反，而是越来越充分地得到了发展。但是马克思在分析这一切的同时，在另一方面又分析了各种特定的社会历史的生产方式及其分配、交换和消费的形态，并且说明人类生产过程中的一切环节如何反映了各种特定的历史社会关系，如何服从于本身的基本实质这些关系发展的需要。因为，生产力的水平始终决定着一定的生产关系的形成，而同时这种生产关系又形成为历史分配的各种特定的形态，从而既在交换方面，也在消费方面打上了自己的烙印。

请看一下马克思是怎样给人类生活的各个基本生产领域的实质与其相互关系下定义的：

"……在生产中，社会成员占有（开发，改造）自然产品供人类需要，分配决定个人分取这些产品的比例；交换给个人带来他想用分配给他的一份去换取的那些特殊产品，最后，在消费中，产品变成享受的对象，个人占有的对象。

……分配被规定为从社会出发的要素，交换被规定为从个人出发的要素。在生产中，人客体化，在人中，物主体化；在分配中，社会以一般的、居于支配地位的规定的形式，担任生产和消费之间的媒介；在交换中，生产和消费由偶然的个人的规定性来媒介。"①

最后，马克思从三重意义上论证了人类生产过程的最初行为和最后

---

① 马克思：《〈政治经济学批判〉导言》，《马克思恩格斯全集》第12卷，北京：人民出版社1962年版，第9页。

行为（生产和消费）的同一性：生产直接是（既是主观的，又是客观的）消费，消费直接也是生产。它们之中，每一方表现为对方的手段，以对方为媒介，相互依存，一方都为对方提供对象；两者的每一方当自己实现时也就创造对方。在生产中，个人消耗他的能力（这同时也是通过劳动发展他的能力的过程）磨损生产资料和消灭掉原始形态的原料。消费就是生产的目的。它结束了生产的行为。"消费完成生产行为，只是在消费使产品最后完成其为产品的时候，在消费把它消灭，把它的独立的物体形式毁掉的时候；在消费使得在最初生产行为中发展起来的素质通过反复的需要达到完美的程度的时候；所以，消费不仅是使产品成为产品的最后行为。另一方面，生产生产出消费，是在生产创造出消费的一定方式的时候，然后是在生产把消费的动力、消费能力本身当做需要创造出来的时候。"①

可见，马克思考察它们的关系时，是舍弃了它们在其中实现和确定着社会生活过程任何一个领域的实质和自然目的的具体历史社会条件，并且是不管这一实质在其中作为一个历史过程而形成和发展的。就这一点来说，它们都是社会机体的自然职能。社会归根到底总是生产着，以便通过消费满足需要来解决本身存在的问题。在这两极之间，分配和交换是实现生产过程这两个基本行为的工具。从社会（在物质和自然界的变换中）生活的观点来看，分配之所以一般地被确立为个人参与生产物分配的比例，就是因为他实质的存在，始终脱离了这个比例的具体历史规定性及其借以实现的一定形态和机构。同时，分配的结构也被理解为在客观上受社会经济力量所决定的水平上（简单和扩大）的再生产和满足其他一般社会需要的必然性，因为所有这一切归根到底是把人在自然的整体中的历史生活的本身看做是自己的目的和解决。交换始终是分配和消费的媒介。

然而，人类生活的这种实质及其历史的统一，只有把整个人类的历

---

① 马克思：《〈政治经济学批判〉导言》，《马克思恩格斯全集》第12卷，北京：人民出版社1962年版，第743—744页。

史当做这样一种纯粹的事实来看时，那才是明显的：即人类社会是作为自然界的一部分而保持下来并得到发展的，而且社会之所以能够做到这一点，归根到底是因为它总是把自己的生产物分出一部分用于劳动本身的发展，一部分用于解决整个社会的需要，并把这种需要看做是维持和发展人类共同体的前提，及其一部分用来满足各个人的需要。虽然如此，但人类迄今全部现实的（阶级的）历史——无论就历史上已经出现的各个阶级的目的来看，或者就他们互相间的关系来看——无非是整个人类共同体为了在自然界中解决人的问题而有意识地，有组织地所做的努力。

马克思在分析资本主义社会时说明了，人类生产过程中一切领域的实质及其相互关系如何在具体历史条件下得到实现，他如何与一定社会关系有机地相互渗透，以及这些领域的每一方的自然目的如何受到特定的资本主义关系的制约而引起必然的变形。

生产基本上是人和自然之间的物质变换，即满足人类生活的需要。但是，摆在资本主义生产面前的只有这样一个直接的目的：利润。这个目的是由资本主义的生产关系和分配关系提出来的。在资本主义社会中，分配并不是以实现个人在社会产品中所占份额这一原则为基础的，它的基础本身就是生产过程的自然目的。不仅如此，资本主义的关系——为了本身发展——制造出所谓劳动后备军，而他们即使投到这种关系中去也被剥夺了参与产品分配的可能性。分配的基础就是资本的增殖。这里分配所起的作用，是和人类生产的实质本身即人在自然界生活的基础对立的。这种分配通过本身的各种形式及其对于社会产品分配的各种比例，既使交换也使消费改变它们的基本特性（或使这些特性得不到较充分的表现），同时使它们——当然，不是同资本主义的生产形态相对立，因为这种改变就是由这种生产形态造成的，而是——同社会生产过程即人在自然界中的生活方式相对立。资本主义的交换是以雇用的剥削关系为基础的，并且反映这种关系是从取决于劳动力的价值（工资）的购买基金的水平出发的，因此广大的社会成员就陷于这样一种境地：它们总是以最低的生活方式来解决自己的人类需要，而与此相反，社会财富却在不断地增长。所以，社会大部分劳动在这种财富的内部、在交换时不是表现为欣赏的和需要的财富，而是表现为劳动力价值界限的实体，换言之，这就是说，消费是和实际的社会财富不能相适应的。它是和这种财富相矛盾的，大量产品超过有限消费能力是由资本主义制度内部产生出来的严重混乱现象的表现。当出现了生产过剩的总危机时，照例是消费首先受到严重的打击，然后生产也受到这种打击。

可见，从具体的历史生产方式中所产生出来的各种社会关系，总是要使社会产品的生产及其运动的一切领域从属于自己，同时向它们提出自己特殊的目的——即使他们表现和进一步发展这些关系的实质与其势力。

因此，社会产品在迄今所有的阶级社会历史中，从来都不是直接地通过分配被分为用于发展生产力的部分、用于社会需要和个人需要的部分。恰恰相反，例如，它和资本主义关系相适应地被分为利润、工资和地租三个部分作为分配的形式，因为这是资本主义存在的条件，然后又从资本收入的形式中才进一步被分为生产性的消费、资产阶级个人的消费部分等等。但是，在产品最后被结束的消费中，产品的分配（尽管有一定量比例）总是要被简化为这样一种结构，即归根到底是满足人类生活本身的各种基本需要，因为这是人在自然界中赖以维持的一个条件。

由此可以得出结论，当我们研究社会主义的社会产品的生产和分配问题时，既要从一般历史的角度，又要从具体的历史关系的角度来考察一般的分配问题。社会从阶级的和剥削的关系到剥削、社会及其他压迫以及一般阶级差别被消灭的人与人之间的关系的过渡，因为劳动本身就是通过这种关系而成为直接的社会劳动的。

换言之：分配——作为个人参与产品分配的比例——第一次在历史上把劳动作为自己的标准与基础，但这只不过是社会主义的人与人之间非剥削的社会关系的另一种表现。因此，分配——作为劳动成果的分配，在职能上也就最直接地同生产过程，即创造者它所支配的对象的过程联结在一起，并且——相应地——（在它还没有超越出自身作为经济范畴的界限时）最深刻地和最全面地表现出自己的实质。在上述的意义中，马克思所明确说明了的交换和消费的实质也直接地和较全面地得到表现。事实上，社会从人类生活由于各种阶级关系而神秘化起到直接地表现这种生活的一切实质和前提的这个质的飞跃为止，就是人类从史前史到由于消灭了私有制而出现的真正人类历史的这种过渡的组成部分。

在社会主义社会里，生产和分配的关系就是直接地确认人类生产过程一切领域的基本目的，因为，它通过消灭私人占有形式而使社会产品的占有形式本身当做它的分配形式同作为生产和分配的目的的社会消费的一般结构在本质上相一致。①

但是，社会主义是把这个矛盾当做社会实质，当做新的社会关系的问题及其发展运动（这个发展运动取决于物质生产力的不断发展）的问题来解决的。所以，这里所指的不是某种从形式上使社会主义的分配机构和形式同消费结构本身相一致的问题。正因为如此，社会主义制度，就其本身的意义来说，由于它实现了生产和消费之间的直接统一、生产关系（相应的占有形式）和消费结构的统一，所以是一个质的飞跃——但是，它是辩证地来解决这个矛盾的，并且把解决这个矛盾看做是通过这种统一来逐渐消除人类劳动生产力本身所具有的一系列界限的一个过程。这个客观上不可避免的实际界限在实现上述的飞跃中，就表现为在分配方面必须尊重一定量的比例，而这种比例既制约着那些使分配背离各种基本消费结构的形式，也制约着分配机构的各种工具的活动。因为，在社会主义社会，人们是直接为了满足自己个人的需要和社会的需要而生产的，但是他们是在一定的社会劳动生产力和存在着社会分工矛盾的界限中，并且在社会主义按劳分配的基础上来实现这种生产和满足这种需要的。

---

① 在资本主义社会，分配形态是和产品的消费对立的，因为资本主义生产的目的是和作为一般生产的目的消费对立的。因为资产阶级终究不能全面地决定着自己的社会生活，所以，消费结构和产品的最终分配归根到底势必要通过资产阶级制度来表现一致，尽管这两者是以迂回的方式，并且以符合于资本主义社会关系，资本主义生产形式，发展需要的量的比例来表现一致。可是，就事物的本质来看，任何一种的社会产品只有在上述已经提到的各个消费方面才能最终被消费掉。

在共产主义社会中，按劳分配就意味着充分地实现了生产过程一切领域之间的统一，充分地并且基本上把社会产品，既生产物用于消费。同时，分配在这里唯一地只能表现为社会直接消费的结构，交换也是如此，它作为一个过程是辩证地"消灭了"，因为这个过程同样明确地只是作为消费结构的起点。分配和交换虽然不会从社会生产过程中消失不见，但它们的表现形态不再是作为经济范畴来发挥作用，因为一旦消费摆脱了历史上任何的一定量的比例时，生产本身就不再具有劳动的性质和交换形态就同消费的种类完全趋于一致，更确切地说，合而为一了。

但是，在社会主义社会中，分配的各种形态却充满着这样一种矛盾：一方面，它们本身趋向于直接把社会产品划分为各种基本的消费，另一方面，又趋向于在（物质的比例）客观制约着和计划自觉制约着的这些消费种类之间一定量的比例的界限中来调节上述的划分，而共同体进一步的顺利发展和一般地把劳动用来作为分配和社会关系发展的基本标准是以这种划分为转移的。其中，独立的社会基金的形成（就其客观的取得及其使用的方面来说），就是把社会产品划分为各种消费种类的形态，而那些在产品的这种划分中决定着各种基金的比例及其形成方式的分配工具和形态，则反映了消费结构中的物质的比例和由它决定的量的比例。一旦社会在物质方面能够按个人的需要实行无限制的分配的时候，只有在这时候，生产才会通过社会关系全面地表现出本身满足人的需要的这个目的，就是说，只有在这个时候，社会的分配才会摆脱那种同分配形态完全直接变成为各种消费种类发生局部对立的分配机构。①

因此，否认生产是满足人类需要的目的，否认分配是这种生产目的

---

① 社会直接占有生产消费资料和个人直接占有消费资料（这两种占有生产者是通过自治来实现的，同时在企业、公社内部也自由地建立了自己用于整个共同体的基本资金），就是通过社会关系的体系把社会产品划分为社会消费结构的本身。在这里，占有的各种形式就变成为消费的结构，更确切地说，社会分配的本质把直接消费强调为生产的目的。但是，这些分配形态和工具：利息、周转税、地租、共同体和公社地上缴都是这种占有的界限机构，而这个界限机构在社会主义按劳分配的界限内，只是在围绕社会必要劳动计算个人劳动并且保证计划（符合于物质比例的发展）通过本身的基本比例而确定量的比例下把产品提供消费。

借以实现的产品的分配,否认交换是受个人的偶然规定性所制约的因素——或者否认消费是结束产品和造出("各种产品")生产者的行为这一切必然是和社会主义背道而驰的。但是,如果企图抽象地来考察生产过程所有这些领域目的和他们的相互关系的实现,并且脱离开它们当时由社会主义的生产关系和物质生产的发展程度所构成的社会经济基础来加以研究,那么也是和社会主义及其实在的社会关系背道而驰的。因为人类生产过程的这个目的唯有通过社会主义的社会关系才能得到实现,尽管这些关系也局部地限制着它的充分表现,尽管这些关系反映着一定的社会劳动生产力,反映着这样的一种物质比例:它不仅要求社会主义按劳分配,而且要求按劳分配要适应社会产品消费中客观必然的量的比例。

但是,在迄今世界性的社会主义建设的实践中确实存在着不少上述那些怪想法。且让我们谈一下这样一种常见的企图,即想提高生产、提高劳动生产率、加强对生产者的刺激、改进交换和消费,但同时却把社会关系的体系和分配制度看做是某种已经不再有任何发展的尽善尽美的东西。或者相反,把商品生产体系中某些范畴和分配的形态仅仅看做是束缚社会主义经济实质表现的一种必然要继承下来的形式,而不是把它们看成恰恰是社会主义的这个实质借以实现的形式,尽管这个实质的发展有这些限制,即受按劳分配本身以及它在运动的物质比例所制约。

就连在我国(当谈到分配制度进一步发展的问题时)也可以见到这样一种观点,即认为我们必须使分配发展和完善到这种地步:尽可能地使它同通过生产者自治而建立起来的社会主义社会关系协调一致。就其精神来说,这同样也是和上述那种现象是相类似的,即抽象地、孤立地、而不是把生产过程的领域(全部的或者其中各种领域)作为生产关系和分配关系的发展来加以考察和"研究"。这种观点,诚然没有脱离同生产关系的联系来考察分配问题,但它是从分配关系是在生产关系发展之后才发展起来的这个站不住脚的假设出发的。结果得出结论:一般说来,似乎社会主义关系才能确立和发展,而同时分配制度则是落后的。事实上,社会主义产品按劳分配每发展一步,就是社会主义生产关系发展的一步。①

由分配的这些基本方面可以得出怎么样的结论呢？首先：各种具体历史的社会形态是否有能力使本身的运动，使自己关系的发展（这是人类历史，即人的历史发展唯一真实的进程）完全无目的地通过这些关系实现生产即人在自然界中生活和再生产的这一自然目的本身及其社会生产过程其他领域同一目的呢？但是，如果各种社会历史形态只不过是一系列相继发生的对生产过程本质的"扬弃"，那么是否可以一般地说这个实质是历史上某种实际的东西？或者说——如果我们就像对待这个实质的不断"扬弃"和变形那样，把它作为实际的东西来看待，那么，难道我们不会因此而陷入以下的境地吗？即难道不会使作为自然生物的人脱离开他作为社会生物的本质吗？同时难道不会忽略作为自然的人只有历史地发展起它的基本族类的各种特性和本质才能形成和开始为人的这一个众所周知的事实吗？

很显然，这个问题是不能用任何一种生硬的片面的公式来"解答"

---

① 马克思一再说明：分配关系是与生产关系"在本质上相一致的"（马克思：《资本论》第3卷，人民出版社1956年版，第1156页），"各种确定的分配形态，把生产条件一定的社会性质和生产代理人间一定的社会关系当做前提。所以，一定的分配关系，只是历史规定的生产关系的表现"（同上书，第1156页）。以前，他在《政治经济学批判》一书中也以同样的方式提出了这个问题："……分配关系和分配方式只是表现为生产要素的背面。个人以雇佣劳动的形式参与生产，就以工资形式参与产品、生产成果的分配。分配的结构完全决定于生产的结构，分配本身就是生产的产物，不仅就对象说是如此，而且就形式说也是如此。就对象说，能分配的只是生产的成果，就形式说，参与生产的一定形式决定分配的特定形式，决定参与分配的形式。把土地放在生产上来谈，把地租放在分配上来谈，等等，简直是幻觉"（马克思：《〈政治经济学批判〉导言》，《马克思恩格斯全集》第12卷，人民出版社1962年版，第745—746页）。但是，不仅分配领域和生产关系有机地联系在一起，而且交换的情况也是如此。马克思说："商品交换是这样一个过程，在这个过程中，社会的物质变换即私人特殊物品的交换，同时也就是个人在物质变幻中所发生的一定社会生产关系的产生。"（马克思：《政治经济学批判》，《马克思恩格斯全集》第13卷，人民出版社1962年版，第41页。）此外我们还要以资本主义的交换为例来说明这个原理。资本主义的交换表现为商品的交换，但这是在资本主义生产关系范围内的商品交换。事实是：工人是被剥削的；他在交换中只是出售自己的劳动力，从而使资本家有可能在偿付它的这种劳动力的价值后进行剩余价值的剥削，同时由此也使资本主义的生产关系有可能不断地再生产。形成并发展着这种关系的整个交换过程就是建立在这个基础之上，并使等价物的交换从属于各个商品的价格同商品的实际价值相背离。这种背离就向资本家提供了平均利润（它是剩余价值由一个部门转移到另一部门的形式），同时保证落后部门生产的自发发展以及既扩大又加强资本主义社会关系本身。

和说明的。人不知在它的历史的那个阶段，甚至在一个非常长的过程中就已经逐渐地"开展"劳动，从而他就在自然界的这种活动中有机地得到了发展。他从动物到人的飞跃就在这里。因此他的人的本质就形成了，但正是这样的一种本质是他的历史的进一步发展过程的开端。因此，这种本质既是内在的又是继续形成的，正因为如此，马克思同任何一种生物学上的反历史主义不同的地方就在于：他把人类的历史看做是一系列相继发生的，表现为迄今已知的各种社会形态对于生产过程各个基本领域的目的本身的"扬弃"。他并没有把这种本质理解为历史所由开始的业已现成的前提。尽管依然存在着如下的事实：人类作为一种自然现象，从他们的历史的一开始，就首先为了维持物种在自然界的生活而生产着。但在马克思看来，恰恰相反，这个本质是由劳动产生的本身所赋予的，而其所以如此，就是因为劳动使人在这种本质中发展起来，并且也如人本身只有在历史过程中才发展成为人的一样，它只有通过具体的历史形态才能形成其历史的线索。从这样的历史观出发，马克思强调指出：随着真正人类的生产的出现，人的发展道路至少会如此明确地表明，可以说社会本身结束了历史开始前的事业，但另一方面，又只有共产主义才意味着真正人类历史的开始和开端。

由于人类在自然界中发展的这种两重性，历史既是人的一般人类的发展，即人基于一般的前提在自然界中的生活；又是具体历史的人的发展，即特定的社会历史形态的生活。这种相互渗透就排除了人类生活中生产的基本实质，即整个地从属于某一历史社会关系的需要的状态，因为这种状况意味着实际上取消了一般的人类历史在各种社会形态产生的过程中的统一性和连贯性，或者说继续使整个社会的生活从属于某些特定阶级的生活。我们已经强调过的事实就说明了这一点：产品的各种具体历史占有形式仅仅承担着各种新创造的年价值的分配，但它们本身终究还要通过那种和社会生活的各种基本前提相适应的消费来划分产品的分配。因此，任何生产和分配的一定方式都给交换和消费打下烙印，但同时又在其中树立起一般人类生产和分配的目的由于它们本身的各种关系而引起的变形的屏障和界限。

因此，如果我们想从必然的、科学可以看到的历史前景出发来研究社会主义发展的问题与其过程，那么，就应当了解这个过程的复杂性。所由那些从复杂的社会分工的发生和发展中，并且在私有制基础上发展起来的社会历史形态（奴隶制、封建主义、资本主义），所实现的都是本身特殊的生产目的，因为统治阶级作为生产的主要代理人除了关心他们的财富、特权的扩大和增加以外，决不会去关心什么其他的东西。（在奴隶制和封建主义社会中，低下的社会劳动生产率是靠发动掠夺别的国家、别人的劳动力、别人的劳动产品的战争来弥补的。后来，在资本主义社会中，由于资本形态的新的生产力的增长而发生的战争，则是为了争夺市场，榨取原料和廉价的劳动力。）和这些社会历史形态的各种关系同时发生、发展起来的商品生产形态，唯有在资本主义时代，才在整个社会生产中完全占了上风。在历史上，商品生产发展的过程恰好是和一切生产资料私有制的形态的崩溃和衰亡交织在一起。而生产资料随着集中和积聚（他们的顶点即是资本主义垄断和国家资本主义）的过程越来越大，就以社会的规模转化为掌握在资产阶级手中的资本。

但是，在上述全部的发展中，不要忽视一点：由于生产力的发展而成为占统治地位的各种特定的所有制和社会关系的形式，都给生产打上它的目的和烙印，但同时也意味着使整个社会从属于这个关系和所有制形式内部物质生产力的发展。社会生产作为整个人类共同体的生活是通过本身的基本目的——现在这些特定的历史关系内部——盲目地起作用的，同时它恰恰是作为物质财富不断增加即劳动和生产不断发展的自发规律而使人类从属于本身的发展。就事物的本身来说，这点首先必然要同统治阶级和所有那些以这种或那种形式拥有生产资料的人的利益联系在一起。但是，由于生产力的发展，物质对象和财富支配着人的因素就日益强烈地得到表现，并且在它的发展中日益摆脱统治阶级的监督，这种情况在资本主义社会中表现的最为突出。在这里是为利润而生产的。但是，不仅仅活劳动由于这个目的要服从死劳动的支配，而且资本存在本身作为一种社会关系也是合乎规律地服从于生产力的盲目的运动。因此，资本除非在商品交换的界限中承认生产的社会性，否则便不能实现本身的目的——价值增殖。资本就是从这一切中实行着私人的积累,但社会生产却容许资产阶级享有奢侈的特权,其所以如此,只是因为社会生产已经使资产阶级本身成为自己自发发展的工具,同时它由于社会创造性的一切力量服从于那种在这样的社会关系中必然要成为自我目的的物质财富的发展,而把自己的一般人类的目的强加在资产阶级的身上。这就是社会劳动(即人类生活唯一的基础)不断发展的规律的表现的变形的反映。因此,在这些就其形式来说是私有制的,就其发展来说是无政府状态的,就其基本目的来说是蜕化的社会生产条件下,物质的发展支配着人类的发展就是一般社会意义的生产盲目存在的形态。这种形态无疑是和人类社会本身的本性背道而驰的,但它只不过是劳动和生产的基本目的非人道化不可避免的表现,也就是人本身在劳动中通过迄今历史上各种形态的社会关系异化的表现。

这种认识对于社会主义发展的实际意义恰恰在于:社会主义决不能把自己的各种社会关系(亦即自己在消费结构方面分配的各种量的比例)同生产的基本目的(即为了满足人的需求而生产)的直接表现混为一谈,因为所有这些生产关系和分配关系的发展必然要表现为使劳动者服从于自己本身的物质关系和社会财富的发展。这种情况基本上仍然是使活劳动服从于作为自我目的的死劳动的积累,这就是说,在这个基本的问题上,仍然停留在以往的基础上。不言而喻,这些关系不能说,就是劳动即社会主义的实质得到解放。这些关系没有能够使社会摆脱盲目自发势力的压力,因为自发势力的实质不是存在于客观必然性本身的存在及其不可避免的作用中,而是当物质的力量往往或者主要地(不是人"一般所能控制地"而是)以统治着人的面目运动时,存在于这种必然性的作用中。社会主义不能抱有任何不符合于一定的人类关系的现实实质的幻想。在这个意义来说必须认清,全面的计划在社会主义的行政管理阶段中只是极为相对地、局部地反映出人们常常称之为社会主义总的实质的东西,即是说,生产通过全面计划而确使自己直接转向满足人的需要;全面计划反映出克服自发势力,因为它"做到了"把一切纳入计划自觉的范围内等等。如果把整个的计划作为一个历史的阶段和作为一种社会关系来看（正如迄今整个社会主义发展所表明的那样），那么，它恰恰是使人的劳动服从于生产力发展的一种特殊的速度，因而它仍然是一种束缚生产直接表现本身目的的工具，就是说，它实际上仍然是处在生产的实质以变形的形态盲目自发地表现的范围内。因为这种计划不仅仅是在各种基本比例方面把增长速度保持在劳动力本身借以再生产的水平上（以便进行工业化所必需的积累），而且是一种盈利的方法——从而在满足日常需要方面只承认那种为其负责人认为是必需的和对国家有利的生产——于是，就反映出：生产者在各种生产关系中既是被束缚的，也是不自由的，以及那种根据整个社会所创造出来的需要来发展生产是被束缚的。所有这一切，就其社会整个性质来说，就是国家所有制对于生产者的统治，同时从经济方面来说，尽管有计划的任务，但还是没有克服物质关系运动的自发势力。这种自发势力表现在：加重比例失调，突破计划的预见，浪费劳动力、原料和生产资料，生产的不十分稳定和劳动生产率增长缓慢，某些产品的缺乏和其他的产品在仓库的过量囤积，大量的废品等等。

因此，在国家所有制的制度中，社会本身即共同体——作为生产者所服从的物质财富和物质生产条件的代表者——也就变成为某种抽象的东西与生产者相对立。而生产者之所以不能充分地消耗他们的劳动成果，就是由于他们为了所谓的"共同目的"常常要放弃满足自己的需要。于是在生产关系和分配关系产生出来的这种使生产的基本目的提出的任务蜕化的形态中（因为物质生产条件对生产者的统治往往就是生产者在分散为个人的生产关系中同社会生产的关系破坏的表现）就出现了把社会主义计划本身的性质歪曲的现象。从形式方面来看——这是一种调节生产的计划，它努力满足人的需要，恰恰是因为一切掌握在它的手里；从实质方面来看——由于这种计划这样的包罗一切，从而就使社会没有可能自由地创造、丰富、扩大和满足本身需要，即直接地成为通过社会劳动而又在其中自由地运动、同时又以整个经济和社会发展的总方向为界限的社会。计划本身不能把社会生产变为满足人的需要的生产。它没有创造出社会关系，它只不过是社会关系的表现，而且它能够推动的只是本身依此出发的基础。生产现象在"社会—自然"的关系中向来就是社会性的生产,但它已经不是想在以往的社会生产关系中那个样子了,而社会主义也正是由于顺利地解决了这个问题而消灭了这样一些蜕化的关系。因此也就不能满足于提出新社会的计划经济的原理,并把它作为领导的原则,而是要把计划经济建筑在这样一种社会关系的基础上,即在这种社会关系中,整个社会——通过自己的自由活动——实现和发展着生产本身,这种生产无论就其目的来说,或者就其组织来说,或者就生产者对于本身的劳动和产品来说都是直接的,即它仅仅是推动和满足整个社会所形成的需要的工具。因此,实现这种生产是和行政管理的全面的计划是有着深刻的矛盾的,因为这种实现本身就意味着消灭了异化和物质生产条件对生产者的独立性,即消灭了物质生产条件的活动成为一种统治人的盲目的自发势力。

由此可见,直接实现一般人类的生产目的对于社会主义社会本性的发展有着重大的理论意义和实践意义,因为这种本性的实质恰恰在于生产者直接支配着生产和社会生活的物质前提。

但是,另一方面,这种生产的实现在社会主义社会并不是绝对的,因为生产没有直接地和无限制地分为满足社会成员的一切需要,因为社会主义没有达到按需分配。因此,社会主义——随着把生产的自然目的的直接表现当成本身社会关系发展的基础——也就必须使这个过程和按劳分配的各种关系相适应,同时不要把各种社会原则曲解为抽象的人道。在社会主义社会,不能把物质关系的状况、在生产者支配下的社会劳动力和劳动的各种前提同充分满足需要混为一谈,或者同不仅各个人的需要而且社会不同集团生产者的需要平等地得到满足混为一谈。在这个意义上,社会主义显然不能以某些抽象的原则把发展教育事业、社会保险、就业、健康等问题当做一切区域平均发展的问题来加以解决,同时立即全面地实现公民在卫生保健、教育、文化娱乐、体育运动方面一律平等。这些都是当众公布了的社会主义民主的组成原则,但是,人们只有在各自较小的范围内才能真正平等地,即根据自己较小的共同体的物质可能性来实现它们,就是说,不管自己在社会劳动中的贡献和自己在这个基础上的主动性来实现它们（例如，除共同体的各种基本的义务外，实现八年义务制教育）。显然，在这个方面，差别是存在的，尤其是当整个共同体处在低于一般发展的水平时更为突出。

当然，在这种情况下，一切从抽象地看待一般的原则出发，而不是从社会在其中运动的现有的量的比例出发来解决这种和那种问题的倾向就会——在分配和生产者联合的社会主义关系的体系方面——陷于自相矛盾，即陷于从被忽视了的劳动人民在社会劳动中不同的贡献来看他们这种或那种不平等的形式中去，亦即陷于一种像对待共同体那样对待私人劳动的普遍寄生性的关系中去，因为通过这种社会产品的普遍分配而形成的消费水平妨害了生产力的发展。而生产力则是满足社会一切需要的任何进一步增长的唯一的基础。

恰恰因为在社会主义的实践中也产生了这类缺点，所以这些缺点甚至无根据地和抽象地被辩解成"每个真正的"社会主义共同体的标志，虽然在社会服务、保健事业、教育、就业等方面存在着不同的解决办法：或者使还不够强大的社会主义经济负担过重，或者同按劳分配本身相抵触（在我国，如解决托儿补助费问题，为保险者支付医药的全部费用，生产能力负担过多的劳动力，过分豪华地建筑各种不同的社会标准的工程等等）。就连生产组织辞退过多的劳动力也被抽象地归结为是不是关心工人阶级基本利益的问题，而且把（由于经济无法全部吸收从农村大量涌来的人所造成的）失业现象理解为不实现公民享有的劳动权和共同体为每一个人提供必要的生活条件的责任。

我们上面已谈到的分配的这两个基本方面的意义，正如我们所见到的，也就是社会主义政策以建设新社会本质的过程为实际方针的问题。

最后，分配问题还有一个基本的方面。说明如下：各种特殊的社会历史关系之所以服从于各自的生产、分配、交换和消费的种种需要，只是因为它们都服务于生产力的发展和人类社会的共同进步，因为它们在本身所创造和发展的那些力量没有超过自己以前，唯有在这个基础上才能得到发展。因此，各种确定的社会分配形态，同时也就是一定的社会范畴、它的狭隘的历史意义的社会存在的形态，但也是生产和生产力本身，即社会生产过程一切领域的基本实质的各种承担者的运动的形态。

马克思曾经说明，资本主义的分配制度如何根据生产代理人的布置而纳入生产的结构，但是他马上又论断说，这些分配形态同时也是生产本身运动的形态。例如我们拿利润来说：

"……剩余价值这个确定的形态，是生产资料新的形成在资本主义生产形态上进行这一件事的前提；所以是一个支配着生产的关系，虽然在个别资本家看来，好像他就是真正把全部利润当做所得消费掉，也是可以的。但他会在这里遇到限制。这种限制，他已经在保险基金和准备基金的形态上，在竞争法则以及其他等等形态上遇到，并在实际上对他证明，利润不单纯是供人消费的生产物的分配范畴"。①

其次，由于"全部资本主义生产过程，是由生产物价格来调节"，但"起调节作用的生产价格，又是由利润率的均衡，及与此适应的资本在不同社会生产部门间的分配来调节"，所以，利润"不是表现为生产物的分配的主要因素，而是表现为它们的生产的主要因素，当做资本和劳动自身在不同生产部门间的分配部分。"②

换言之，利润，作为分配和收入的形态，不单纯只是剩余价值的表现形态，这个范畴的意义不在于它掩盖了剩余价值的实质并使整个资本主义对雇佣劳动的剥削制度神秘化，尽管它就是这样的。对于资本的存在来说，重要的不是个人的剩余价值率，而是实现利润率（即剩余价值量对全部预付资本的比例）。这样，资本的存在不仅仅单纯地和剥削劳动力的自动作用联系在一起，而且也和社会劳动生产率的发展联系在一起。这就是说，资本不单纯靠剥削工人阶级卫生，而且唯有在不断提高劳动生产率，从而标准保证社会生产力自发发展的条件下，才能普遍地剥削活劳动。

就分配这个机构来说，如果我们抽去它直接的、具体历史的资本主义的目的（这个目的常常和资产阶级的社会特权混在一起），那么，可

---

① 马克思：《资本论》第 3 卷，北京：人民出版社 1956 年版，第 1156 页。引文与原文有出入。

② 同上书，第 1156 页。

以说：分配形态是生产运动的形态，它必然内在地包括着对劳动生产率发展的刺激，必然是生产代理人同生产力及其发展相联系的表现和基础。正是因为这种运动是通过社会分工来进行的，所以，分配（占有）的各种形态就表现为劳动和生产资料在不同的生产部门间分配的因素。在这个基础上，分配的形态就不是一般的工具，而是一种客观经济规律性和生产代理人的直接物质利益的表现。摆脱竞争的威胁和谋取大量的利润，这两者就是资本占有者投资于新的生产资料的物质利益。但是，这种投资的能力是来自实现了的利润，即是说，就其前提来说，最低限度总是和该私人资本现有生产中的社会必要劳动的实现联系在一起的，而就其目的和方针来说，始终是指向那些落后的生产部门，即是说，是在较新发展的能力基础上同通过缩减社会必要劳动时间实现较高利润的可能性联系在一起的。同时，分配的各种形态是作为劳动和生产资料分配的因素，即社会分工和生产力发展的因素而起作用的，而且实现生产代理人的物质利益，但是这是朝着实际缩减社会必要劳动，即提高劳动生产率方面来实现的。

社会主义改变了各种分配的关系和形态，改变了它的整个机构的具体历史的目的，因为它消灭了私有制的生产形态和雇佣剥削。但是，它当然没有能够消灭分配机构的一般社会的实质及其形态，而分配作为劳动分配的因素和生产运动的形态则反映了生产者的各种物质利益，同时使它们同生产力和社会劳动生产率的发展联系在一起。所以，社会主义不仅仅应当把分配及其形态的问题作为满足需要的问题（这时，计划——即使在这种种关系中——仍然是按生产进一步发展的唯一表面的工具）来解决，而且应当把这个问题作为使生产者同各种生产力的发展直接联系的问题来解决。生产力是从人类活动的客观必然性中产生出来的形态，人则是在一定的生产关系的范围中推动生产并使生产向前发展的唯一的因素。

这些就是整个分配问题的各个基本的方面。任何人在指导实际倾向时必须由此出发来分析社会主义的社会产品的分配，以便在研究马克思的认识和方法论的基础上得出有关发展社会主义社会实践和社会主义政治经济学问题的科学结论。应当弄清楚：剥夺了资产阶级以后在生产资料的社会主义所有制的基础上发展起来的各种生产关系是怎样的；在生产行为中形成的人究竟是怎样的，就是说，由此产生的分配的结构是怎样的；社会的基本物质运动的一切环节的这些社会关系所处状况和相互关系是怎样的，生产关系的发展和劳动生产率以及社会生产力之间基本的客观联系怎样通过整个的这种复杂的结构形成的。

三　R. 德鲁贝克：《〈哥达纲领批判〉对发展共产主义社会理论的意义》①

在科学共产主义发展史上，《哥达纲领批判》是《共产党宣言》和《资本论》之后最重要的里程碑。马克思和恩格斯通过预言共产主义社会形态的形成、本质和两个发展阶段，丰富了马克思主义。对于理解社会主义和共产主义的辩证法来说，《哥达纲领批判》是科学共产主义创始人最重要的著作。借助于历史唯物主义的一般社会理论和方法，尤其是关于社会经济形态的学说，马克思和恩格斯在科学共产主义形成时期就已经指出，从工人阶级的阶级斗争和解放过程中将产生出这样一个社会，这个社会由于实行生产资料社会化和具有高度的生产水平，将不再有剥削和压迫、阶级对立和阶级差别、危机和战争，这个社会保证满足人们的物质需要和精神需要，并保证人们有充分的社会平等和个性的全面发展。

马克思和恩格斯在勾画出共产主义形态最一般的基本特征之后，规定新社会形成的大的必要阶段就成为十分重要的事情了。《哥达纲领批判》首先就是为了解决这个任务而写的。马克思第一次在这部著作里详尽地指出，对社会的共产主义改造将经历一些大的阶段。列宁把这些阶段加以条理化："1.'长久的阵痛'2.'共产主义社会第一阶段'

---

① 该文选自 R. 德鲁贝克：《世界哲学》，燕宏远摘译 1983 年第 1 期。原载《马克思恩格斯年鉴》1978 年第一辑。

3. '共产主义社会高级阶段'"。

马克思在《哥达纲领批判》中第一次直接把共产主义形态区分为两个大的发展阶段，尤其详尽地论述了第一阶段（社会主义）的重要特征，并证明第一阶段是通向共产主义的必要阶段。

当马克思1875年在《哥达纲领批判》中剖析空想的、小资产阶级社会主义的要求——为了每个工人的"不折不扣的劳动所得"——时，他认为有必要详尽地论证未来社会的分配原则及其必然的发展。他首先全面地指出，两个相继连续的分配原则是同未来共产主义社会形态两个大的经济发展阶段相适应的。当然，在工人阶级取得政权和开始社会主义和共产主义建设之前，对共产主义社会两个发展阶段特征的说明还不可能完整。但是马克思在《哥达纲领批判》中却为认识共产主义第一阶段（社会主义）的历史地位和基本特征奠定了重要基础。

值得注意的首先是，按照马克思的看法，社会主义是"在经过长久的阵痛之后"产生的，因此不能认为它同过渡时期是一回事。当然，马克思在《哥达纲领批判》中没有更为详细地研究过渡时期和共产主义第一段的关系。但是，如果我们看一看《资本论》第一卷中作为《哥达纲领批判》基础的那些叙述，我们就会知道马克思的观点是清楚的。马克思在《资本论》第一卷中把按劳分配说成是"自由人联合体"里的分配原则①。这里指的是一个已经没有剥削和压迫的自由社会，这个社会是在过渡时期以后发展起来的。

我们还应该强调指出，马克思是把社会主义说成是共产主义社会形态的第一阶段，即这种社会形态发展中的一个阶段，而不是把它说成是一个独立的社会形态。马克思在1875年的《哥达纲领批判》中已经认识到，社会主义具有和共产主义高级阶段相同的基本特征，如生产资料的社会化，剥削的消灭，生产和整个社会发展的计划性以及有益于人的一切社会关系的建立。社会主义由于具有比较低的发展水平而不同于共产主义的高级阶段。

---

① 《马克思恩格斯全集》第23卷，北京：人民出版社1972年版，第95—96页。

马克思首先把社会主义描述为这样一种新社会,"它不是在它自身基础上已经发展了的,恰好相反,是刚刚从资本主义社会中产生出来的,因此它在各方面,在经济、道德和精神方面都还带着它脱胎出来的那个旧社会的痕迹。"① 马克思认为,共产主义社会第一阶段的历史任务恰恰在于克服资本主义的痕迹和创造过渡到共产主义形态高级阶段的前提。列宁根据马克思的《哥达纲领批判》,一再地强调指出,"共产主义……只有在社会主义完全巩固的时候才能发展起来"。② 随着发达社会主义社会的建设,而且只有通过这种建设,才能为逐步过渡到共产主义创造基本前提。这种认识是发达社会主义社会战略思想的要点。

在《哥达纲领批判》中,马克思阐述社会主义(共产主义的第一阶段)的相对独立性,是根据平等的实际程度——它是从生产力的发展水平必然产生出来的,并表现在按劳分配原则上。同拉萨尔和其他小资产阶级社会主义者的空想要求——为每个工人要求不折不扣的劳动所得——相反,马克思"对社会主义社会必须怎样管理的问题作了冷静的考察"③。同消费依赖于生产这一点相适应,他在分析个人消费资料的分配之前,分析了社会的总产品在未来社会里必须怎样分配。马克思用关于社会基金的著名论述,为规划新社会的社会再生产过程奠定了重要基础。

在接着研究个人消费时,马克思第一次比较详尽地说明了多劳多得原则对实现社会平等所起的作用。他首先明确指出,共产主义第一阶段里的按劳分配是以消灭资本主义私有制和资本主义剥削为基础的。因此,这种分配原则是工人阶级最伟大的成就之一。在社会主义社会里,生产者不受剩余价值生产规律的支配。马克思写道:"他以一种形式给予社会的劳动量,又以另一种形式全部领回来。"④ 同时他还指出,多劳多得原则还保证不了完全的平等,因为它用同一的尺度去计量,但是

---

① 《马克思恩格斯选集》第3卷,北京:人民出版社1972年版,第10页。
② 《列宁选集》第4卷,北京:人民出版社1976年版,第149页。
③ 《列宁选集》第3卷,北京:人民出版社1976年版,第243页。
④ 同上书,第11页。

不同的人不可能有相同的个人天赋、工作能力等等。他指明，这种分配方面的实际不平等只有通过生产力的高度发展才能加以克服。只有在共产主义的高级阶段，才能完全超出也在多劳多得原则里还包含的"资产阶级法权的狭隘眼界"①。

由于马克思对社会主义基本经济规律和社会政治规律作出天才预见，《哥达纲领批判》就成了列宁关于社会主义建设学说的直接出发点。同样重要的是，列宁通过总结实践经验，进一步发展了在马克思《哥达纲领批判》中所包含的对社会主义改造的认识。例如他证明在社会主义社会里还始终存在着不同的所有制形式和阶级，并证明商品—货币关系还是必需的。他论证了经济刺激和精神鼓励在社会主义建设中的作用和相互关系。左倾修正主义和托洛茨基主义的思想家援引《哥达纲领批判》，把社会主义社会中的商品—货币关系说成是资本主义的痕迹，并认为这种痕迹必须尽可能快地加以消灭，因为它是许多异化现象的根源。他们这样做，就是在否定列宁对马克思的思想作了合乎逻辑的发展，而且也是极片面地解释马克思的思想。右倾修正主义思想家和资产阶级经济学家的看法也没有什么不同，按照他们的看法，在社会主义社会里存在着商品—货币关系这一点就证明马列主义关于社会主义的思想是错误的，从而需要彻底放弃中央的、国家的计划和领导。上述看法主要是看不到社会主义社会里的商品—货币关系在性质上完全不同于资本主义社会里的商品—货币关系。在社会主义社会里，由于工人阶级的政治统治和生产资料的社会所有制，市场是服从计划的。因为在社会主义社会里，生产者本身是生产资料的所有者，所以劳动就不会成为商品，货币就不会成为资本，商品生产也不会成为资本主义的生产。由于消灭了资本主义及其生产的无政府状态，也就永远消除了危机、通货膨胀、哄抬物价、失业和生活不安定。所以，社会主义社会里的商品关系也就不必然是异化的根源，倒不如说，正确地、有计划地利用这种商品关系有助于充分发挥社会主义的优越性，从而也有助于为逐步过渡到共产主

---

① 《马克思恩格斯选集》第3卷，北京：人民出版社1972年版，第12页。

义创造前提。

这正表现在多劳多得原则的作用上。在《哥达纲领批判》里，论证多劳多得分配原则是马克思关于共产主义第一阶段的论述的中心之点。列宁对这一原则又作了进一步的发展。按劳分配原则对实现社会主义生产的目的——满足劳动人民日益增长的物质需要和文化需要——具有决定性的促进作用。同时，多劳多得原则也是达到社会主义生产目的的一个重要前提；因为这一原则在提高生产方面促进劳动者个人的物质兴趣。

由于同社会主义经济基本规律密切联系着，全面贯彻多劳多得原则就随着社会主义建设的发展具有了越来越大的意义。德国统一社会党正全面实行这样一种原则：凡对社会有益的事情，也一定对集体和个人有利。新党纲写道："多劳多得原则是社会主义社会里分配的基本原则，这个原则正在彻底地实行着。"在实现五年计划崇高目标过程中取得的重大成就，即竞赛运动和革新运动在质和量上的提高证实：谁感到干好工作是值得的，谁就会全力以赴。

随着发达社会主义社会的形成和完善，我们正在实现马克思在《哥达纲领批判》中揭示的另一条规律。在研究未来社会的社会总产品的结构时，马克思在这一著作中第一次提出社会的消费基金，即"用来满足共同需要……如学校、保健设施等"① 项的资金。马克思在《哥达纲领批判》中揭示了一条把社会主义和共产主义联系起来的重要规律。他预见到："和现代社会比起来，这部分将会立即显著增加，并将随着新社会的发展而日益增加。"②

马列主义政党考虑到，社会基金能够根据社会主义社会的人道主义基本要求来解决社会问题。这些资金大大有助于保障劳动人民的社会安定，并从根本上促进教育和文化活动、个性的全面发展和社会主义生活方式。

---

① 《马克思恩格斯选集》第 3 卷，北京：人民出版社 1972 年版，第 10 页。
② 同上书，第 10 页。

马列主义政党制定的路线正越来越清楚地显露出社会主义的意义，即一切所作所为都是为了人民的幸福，为了越来越好地满足工人阶级和所有劳动者的物质需要和文化需要。

当年轻的苏维埃政权还处在初期建设工作的艰难岁月里，列宁就写道：只有社会主义才可能"根据科学的见解来广泛推行和真正支配产品的社会生产和分配，也就是如何使全体劳动者过最美好、最幸福的生活。只有社会主义才能实现这一点。我们知道社会主义应该实现这一点，而马克思主义的全部困难和全部力量，也就在于了解这个真理"①。

由于马克思在《哥达纲领批判》里提出共产主义两个阶段的区分，第一次就产生了这样一些问题：社会主义在什么条件下将过渡到共产主义？哪些规律只在第一阶段里起作用？哪些规律只在高级阶段里起作用？哪些规律又是共产主义整个形态所持有的？在19世纪，社会实践当然直接提不出这样一些问题，从实践经验里也不可能对这些问题作出回答。但是，马克思在《哥达纲领批判》里已经深入探讨了共产主义第一阶段过渡到高级阶段的一些条件，这些条件尤其根据对生产力发展的预测是可以预见的。在社会主义基础建立以后的现时代，社会主义社会的进一步发展愈是更多地同向共产主义过渡的远景联系起来，马克思1875年有关这一点的论述就愈具有更大的现实意义，这种论述也愈加由于总结实践经验而得到充实。

由于马克思把社会主义和共产主义称之为同一社会经济形态的发展阶段，所以他就可以看到，在社会主义和共产主义的发展过程中，有一种社会经济形态的普遍规律在起作用。这尤其是指作为一种制度、一种有机整体的社会形态的性质，这种社会形态是越来越形成一定质的社会关系的总体，如马克思在《大纲》中用经典形式所强调的那样。如果说马克思在《资本论》中研究了资产阶级社会成为这样一种总体的发展，那么也可以说，他在《哥达纲领批判》中预见性地概述了共产主义社会形态的发展。这一点可以从下述论断里清楚地看出来，即共产主

---

① 《列宁全集》第27卷，北京：人民出版社1958年版，第385页。

义形态开始时将不是建立在它自身基础上的，而且还将带有资本主义的痕迹。按照马克思的学说，成熟社会主义的建成和逐步向共产主义过渡应被理解为一个过程，这个过程使新的社会形态在自身基础上变成一个总体。在《哥达纲领批判》中，马克思特别强调在一定程度上构成发展主流的那些过程。他把下列各点称做在第一阶段（社会主义）里必须创造出来的、进入共产主义高级阶段的条件："1. 迫使人们奴隶般地服从分工的情形已经消失，从而脑力劳动和体力劳动的对立也随之消失；2. 劳动已经不仅仅是谋生的手段，而且本身成了生活的第一需要；3. 随着个人的全面发展生产力也增长起来，而集体财富的一切源泉都充分涌流；4. 因此，社会才能在自己的旗帜上写上：各尽所能，按需分配！"①

不过，马克思并没有更详尽地规定在这里标明的各个过程的顺序（例如，脑力劳动和体力劳动的对立在过渡时期就已经消失了，而它们之间的本质差别还要一直保留到共产主义），更没有深入探讨从共产主义第一阶段向高级阶段过渡的一系列其他条件，例如社会所有制的统一形式和居民的社会同一性的形成。但是，1875年的《哥达纲领批判》对社会主义—共产主义建设所作的颇有远见的预言，具有非常宝贵的价值。马克思的预言表明，社会主义的全面发展及其向共产主义过渡虽然必须在工人阶级政党领导下自觉地加以实现，但它决不依赖于单纯的意志，而依赖于一定的、客观的条件的创造。这些条件具有综合的性质，不可能通过任何"大跃进"来达到，而只有在一个长期的发展过程中才能创造出来。在这方面，通过利用社会主义社会的一切优越性来使生产力有一个质的高度发展，毕竟起决定性的作用。

马克思在《哥达纲领批判》中强调指出，在发展共产主义生产方式时，在发展生产力、满足需要、使劳动具有新的性质和全面培养个性之间存在着密切的相互作用。马克思不仅强调向按需分配过渡要以生产力的高度发展为前提，他同时还强调指出，越来越充分地满足不断增长

---

① 《马克思恩格斯选集》第3卷，北京：人民出版社1972年，第12页。

的需要，又作为重要因素反作用于劳动生产率的提高。所以，在建设发达社会主义社会和逐步向共产主义过渡时，明确认识和有目的地掌握这种辩证法越来越具有重要意义。

马克思的预见尤其清楚地表明，为了向共产主义过渡，劳动的性质必须发生深刻的变化。所以马克思在《哥达纲领批判》中必然首先把消灭人们奴隶般地服从分工、消灭体力劳动和脑力劳动之间、农业劳动和工业劳动之间的对立和本质差别、使劳动由单纯的谋生手段变为生活的第一需要以及全面发展个性，称为新社会形态高度发展的要素。马克思和恩格斯始终都把解决这些相互密切联系着的任务看做共产主义社会的历史任务。马克思在《哥达纲领批判》中从根本上把已经在《共产党宣言》中规定的共产主义最崇高的人道主义目标加以具体化，他在《资本论》中又把这一目标描述成这样一种社会，在这个社会里，"每个人的全面而自由的发展是基本原则"①。作为个人全面发展的一个决定性的条件，消灭旧式分工是一个长期而复杂的历史过程。这一过程已经在过渡时期从消灭生产资料私有制和消灭剥削开始了。此外，还需要生产力和劳动社会化的高度发展，以便能够逐步减少并最终消灭体力劳动和脑力劳动之间、农业劳动和工业劳动之间的本质差别。

随着科技进步的加速，工人阶级的水平正在提高。熟练工人和受过专业和高等教育的工人的数量正在增加。要求从事繁重体力劳动的工作还有许多，这些工作正在有计划地实行机械化和自动化。这样一来，体力劳动和脑力劳动之间的差别就缩小了。同时，为了消灭工业劳动和农业劳动之间、城乡之间还存在着的本质差别，通过提高技能水平来提高劳动生产率是一个决定性的出发点。只有用这种方法，才能得到必需的巨额投资，而为了对植物生产和动物生产实行工业改造，就需要这样一种投资。这种投资可以为这样一些变化创造出物质基础，即农业劳动越来越具有工业生产的性质，因此合作社农民阶级在社会经济上也越来越和工人阶级相似。在这个长期过程中，社会主

---

① 《马克思恩格斯全集》第23卷，北京：人民出版社1972年版，第649页。

义生产关系也得到完善。集体所有制渐渐接近全社会所有制，它负有的义务也随之增加。同时，人们也越来越形成新的劳动态度。所有社会主义国家的经验证明，只有充分发挥社会主义的一切优越性，才能创造出逐步向共产主义过渡的前提。在向共产主义过渡时，创造物质—技术基础是具有决定意义的任务，也是共产主义生产关系和共产主义劳动性质形成的基础。分析所有内因和外因，使得兄弟党得出结论：随着过渡时期的结束，社会主义不是直接进入共产主义，而是必须首先巩固和全面发展社会主义。我们必须充分发挥和利用社会主义社会所固有的能力。可靠的经验非常清楚地证明，马克思在《哥达纲领批判》中提出了天才的预见，即对社会实行共产主义改造要经历各个大的阶段，列宁把这些阶段区分为过渡时期、社会主义和共产主义，从而使之条理化。

从60年代以来，人们就在讨论发达社会主义社会的本质和历史任务。在这一讨论中，克服了在国际工人运动中长期流行的一种观点，即马克思主义把社会主义看做是一个比较短的过渡时期。这种观点在《哥达纲领批判》中找不到任何依据。列宁在总结苏联初期社会主义建设的经验时就已经强调指出，社会主义是一个长期的阶段，在这个阶段中，必须解决一系列复杂的历史任务。在东德，有人暂时还根据只在当前才可以完全看到的社会主义发展的长期性和复杂性，就断言社会主义是一个相对独立的社会形态，这种假科学的论点也是站不住脚的。相反，实践证实了《哥达纲领批判》中包含的、由列宁继续发展了的理论，即科学共产主义对社会主义国家执政党的理论和实践提出的最重要的要求之一是，既不能把社会主义和共产主义视为同一，也不能把它们相互割裂开。

由于社会主义和共产主义是统一的共产主义社会形态的两个发展阶段，所以准备从低级阶段向高级阶段过渡只能通过充分发展社会主义。随着社会主义的进一步完善，发达社会主义就逐渐过渡到共产主义。这一点促使苏联和其他兄弟党的理论工作得出结论，在过渡时期以后，在共产主义社会形态发展的社会主义阶段里有两个大的阶段：发达社会主义社会建设阶段（由于有这个阶段，就为逐步过渡到共产主义创造出基本前提）和发达社会主义社会进一步完善及其逐步过渡到共产主义的阶段。提出这两个阶段，并没有改变马克思在《哥达纲领批判》里第一次勾画出来的整个发展图景——从过渡时期到社会主义，然后再到共产主义，而是使这种图景更加具体化和精确化。所以，发达社会主义社会这一概念的制定，被看做是对马列主义宝库的一个重大的、创造性的贡献。当列宁谈到苏维埃国家的未来时，他曾经多次使用发达的社会主义、发展的社会主义、完整的社会主义、完全巩固的社会主义或完成的社会主义这些概念。他的伟大贡献之一就是把发达社会主义社会的概念作为预见提了出来。但是，只有在社会主义建设的进展提供了必要的经验基础以后，才能全面地制定这一概念。

在理论和方法方面，《哥达纲领批判》为进一步制定发达社会主义的特征提供了两点重要的认识：第一点，作为《哥达纲领批判》根据的关于社会经济形态的理论表明，社会主义成熟程度的标准不是从资本主义工业达到的指标中推导出来的，相反，社会主义及其社会经济本质所固有的标准必须根据社会主义的需要表述出来。第二点，《哥达纲领批判》教导说，不能仅仅根据一个标准或纯粹机械的标准总和来规定社会主义的成熟程度。更确切地说，采取全面看待问题的态度，即考虑到所有基本因素是必要的，因为所有基本因素的总体决定着社会主义的成熟程度。发达社会主义的首要标志是在社会生活各个领域里对客观规律的利用和对社会主义特有的优越性的利用有一个高的水平，从而有可能实现社会主义的社会经济目标。

社会发展新阶段的伟大任务也向社会科学家的工作提出了更高的要求。我们党的任务是从理论上弄清进一步建设发达社会主义社会的过程。我们应该全面地研究从民主德国整个社会发展中产生出来的多方面的复杂问题。同时，社会科学家也应该对青年和所有劳动者的共产主义教育作出贡献，因为他们能够描述关于社会主义和共产主义、关于新制度及其生活方式优越性的科学图景。为了所有这一切，阐明已经由马克思和恩格斯奠定的并在《哥达纲领批判》中用经典形式总结出来的社会主义和共产主义科学的基础,是马克思恩格斯研究的首要义务。

四 凯·尼尔森:《马克思、恩格斯和列宁的正义观》①

一

《哥达纲领批判》是一篇论争性著作,是马克思对其在德国社会民主运动中的对手的批判。马克思对费迪南德·拉萨尔的德国追随者——爱森纳赫派成员进行了辛辣讽刺。

然而,马克思在这篇文章中确实论述了正义、平等和很难理解与联想的未来共产主义社会的问题。笔者将紧密联系文本,深刻理解它们的内涵(笔者会以自己的特色对其进行阐发,并有意识地撇开近期不时出现的对马克思正义观的虚幻诠释)。②

在《哥达纲领批判》一开始,马克思就作出了明显是其整个社会理论组成部分并符合其革命战略的评论,但这一评论显然是一种经验陈述,也具有一种道德力量。针对拉萨尔派成员,马克思指出"劳动**不是一切财富的源泉**"因为"**自然界**同劳动一样也是使用价值的源泉"。③确实,人类的劳动能力本身是一种自然力。物质财富是由使用价值的积聚构成的,源自于自然界与劳动。

然后,马克思明确而彻底地提出了一种与其劳动价值论相一致的观点,即:如果一个人唯一拥有的只是他自己的劳动力,那么在所有社会和文化环境中,他都不得不被那些拥有劳动物质资料的人奴役。在使用

---

① 该文选自[加]凯·尼尔森:《马克思、恩格斯和列宁的正义观》,傅强、李文雯译,载《国际学术交流》2008年第4、5期。

② 塔克·伍德(Tucker-Wood)的论文在如下文章中得到表述、发展和评价。参见罗伯特·塔克:《马克思的革命思想》第二章、《哲学和卡尔·马克思的神话》第11—27页。艾伦·W. 伍德:《马克思对正义的批判》,《哲学与公共事务》1972年第1期,《哲学与公共事务》1978年第8期。

③ 《马克思恩格斯全集》第25卷,北京:人民出版社2001年版,第8页。

"奴役"这个词时,马克思已经明确表现出他正在进行一种道德判断。确实,无论他自己认为这些判断是否重要,就"奴役"这个词来讲,它被使用在这样一个语言环境中,就已明确显示出马克思正在进行道德判断。但是,在提出这种观点的同时,马克思也作出了一种实事的经验陈述,尽管这些用词是被理论渗透的(theory-laden)①。而且除非他的社会科学的中心观点被认为是大体正确的,否则这种陈述不会被认为正确。但是,如果他的经验性的社会分析是正确的,那么"奴役"这个词的使用就不会使马克思的论述呈现主观性、情绪性甚或是偏见性。如果"欺骗性"这个字眼所宣称的属实,那么这个字眼的使用就不再使得下面这种经验陈述仅仅成为情绪性、主观性或有偏见的论述:"他欺骗了她。票只有两美元,当她给他一张二十美元的钞票时,他只找给她十六美元。"有时候,带有某些感情力量的词汇或规范化的词汇用于对一个正确和真实的实事进行经验陈述是完全恰当的。② 作为真正的实事陈述,它不需要带有很多规范性的中性色彩。

后面几页马克思进行了另一番既是经验主义的又带有通常意义的道德力量的论述。然而,它们并不是粗陋的经验论述,而是非常依附于理论(theory-dependent)的论述,并且使用了构成马克思的全部社会理论所必需的概念化词汇和形式。但是,我们也不应忘记,这是一套至少以经验理论为起点的社会理论。

二

在对《哥达纲领》第一部分第三个观点进行评论时,马克思首次论及正义。爱森纳赫派主张"公平分配劳动所得"。马克思问道:"什么是'公平的'分配呢?"运用历史唯物主义方法,凭借社会科学家对

---

① 20世纪初期的实证主义把经验观察和纯事实作为检验理论的标准。但实证主义之后的科学哲学家普遍认为,没有"纯客观"的事实,只有"理论依赖"或称"被理论渗透"(theory-laden)过的经验材料;就是说,对这些经验材料的观察、整理、分类和概括不可避免地受一定理论的影响或"污染"。——译者注

② 对这一观点的详细说明和捍卫可参见安德鲁·科利尔(Andrew Collier)的《科学社会主义和社会主义价值问题》,收于《马克思和道德》一书。

各种道德信仰的敏锐洞察,马克思论说,"难道资产者不是断言今天的分配是'公平的'吗?难道它事实上不是在现今的生产方式基础上唯一'公平的'分配吗?难道经济关系是由法的概念来调节,而不是相反,从经济关系中产生出法的关系吗?难道各种社会主义宗派分子关于'公平的'分配不是也有各种极不相同的观念吗?"①

马克思知道,处于社会主义运动中的人,包括那些革命斗士,在什么是正义和非正义方面都有各种不同的道德观和道德信仰。而且,他们对于一些哲学家对上述问题的合乎逻辑的看法有不同意见,对于哲学家的这些看法怎样能够得到证实,也有非常不同的看法。运用自己的唯物主义方法,在《资本论》中他也宣称:在一个既定的时间我们对公正还是不公正所做出的正确判断,是由那时的经济关系的发展水平决定的。如果在时间 T 我们判断 A 是正义的或公平的,如果我们所说的一切都是明智的,那么我们必须使事物与时代背景相关,即:相对于生产关系 Z 而言,A 是正义或非正义的。在古老的最低限度生活条件下,人们进行原始打猎和采集——比方说人类学上的礼物:塔斯马尼亚岛上的土著居民,对这种社会生活中的食物分配的正义性进行判定,与对当代瑞士的分配正义性的判定是不同的。我们不能对两种社会进行同样的评价。这绝不是一种相对主义形式,而是一种历史背景主义(contextual - ism),它与坚持道德客观性的信念是完全一致的。② 它诉诸一种对物质条件和经济组织在社会生活中的强势地位的认可。因此,我们能够根据一种特定的环境,或是立足于一个特定社会的特定时期,来正确评价正义与否。

马克思认为拉萨尔派成员仍然以过多的资本主义方式看待他们想要达成的社会主义目标。在未来的共产主义社会中,我们将不再谈论或考虑个人对其劳动产品的占有。"在一个集体的、以生产资料公有制为基

---

① 《马克思恩格斯全集》第 25 卷,北京:人民出版社 2001 年版,第 16 页。
② 参见威廉·肖:《马克思和道德》中的《马克思主义与道德客观性》;凯·尼尔森:《如果历史唯物主义是正确的,那么道德则摇摇欲坠》;凯·尼尔森:《历史唯物主义,意识形态和伦理》,1984 年《苏联思想研究》。

础的社会中,生产者不交换自己的产品;用在产品上的劳动,在这里也不表现为这些产品的**价值**,不表现为这些产品所具有的某种物的属性,因为这时,同资本主义社会相反,个人的劳动不再经过迂回曲折的道路,而是直接作为总劳动的组成部分存在着。"①

实质上,马克思在这里确实是在畅谈一些对未来共产主义社会在其不同阶段的表象的分析。他不是在描述共产主义社会的具体情景,而是在谈论一般的条件,即:如果我们拥有一个共产主义社会,那么这个社会应当是什么样子。这一描述部分是明确的,也有部分是经验的,类似于生物学家描绘他所预期的某一既定物种在未来可能发生的突变。生物学家告诉我们,如果那个物种的现存环境以某种真实的方式发生变化,那么这个物种很可能迟早会出现某些它现在没有的特征。马克思认为社会也是类似的,他认为某些社会将以某种方式变化。如果与他的预期相反,这些社会没有以那种方式经历改变,那么它们就不可能成为共产主义社会。

三

然而,作为社会现实主义者,马克思至少在他的成熟著作中告诉了我们什么是过渡问题。② 什么才算正义或公平地对待人?对这一问题的回答在共产主义早期阶段和共产主义成熟阶段是不同的(阐述由社会主义到共产主义的不同术语有时也存在这种区别)。

马克思告诉我们,我们应当认识到的是,我们必须立足现实,从一个脱胎于资本主义社会并带有其所有问题和局限性的社会出发。

"我们这里所说的是这样的共产主义社会,它不是在它自身基础**已经发展了的**,恰好相反,是刚刚从资本主义社会中**产生出来的**,因此它在各方面,在经济、道德和精神方面都还带着它脱胎出来的那个旧社会的痕迹。所以,每一个生产者,在作了各项扣除以后,从社会

---

① 《马克思恩格斯全集》第 25 卷,北京:人民出版社 2001 年版,第 18 页。
② 笔者判定这是在面对一些他的诽谤者时所提出的乌托邦理想。

领回的,正好是他给予社会的。他给予社会的,就是他个人的劳动量。"①

马克思的理智评析在笔者看来并不是价值无涉的社会科学。他看到了道德和社会的关系,他以既定方式把它描绘为如实事般不可避免的关系,是共产主义早期阶段必然从资本主义社会中浮现出来的。尽管不可避免,但他认为,这种关系仍有缺陷。共产主义早期阶段的劳动者的"平等的权利总还是被限制在一个资产阶级的框框里"。他认为"生产者的权利是同他们提供的劳动成比例的;平等就在于以同一尺度劳动来计量。"那么,按照马克思的说法,这样的社会关系为什么存在缺陷呢?到那时,在直接和客观意义上,我们确实将会生活在一个无阶级的社会里,其中每一个健全的成年人都是一个劳动者,但是,根据劳动分工,作为个人(也就是我们每个人)仍然只被当做劳动者,成为经济范畴的化身。在分配他们所享有的那份社会总产品时,他们的不同需要被忽视。② 从这个场合考虑,我们撇开了一些东西,例如一个人已婚而另一个没有,一个人比另一个有更多的子女,一个人有疾病而另一个人健康。不是根据需要而完全是根据劳动长度和强度来计量的劳动贡献来权衡分配。③ "因此,在提供的劳动相同、从而由社会消费基金中分得的份额相同的条件下,某一个人事实上所得到的比另一个人多些,也就比另一个人富些。"④ 在共产主义早期阶段,正义或者分配的基本原则就是"各进贡献,各取所得。"(这里的问题就在于如何衡量贡献。)⑤

马克思的下面这段论述对我们来说既有特色又耳熟能详:

"但是这些弊病,在经过长久阵痛刚刚从资本主义社会产生出来的

---

① 《马克思恩格斯全集》第 25 卷,北京:人民出版社 2001 年版,第 18 页。
② 斯坦利·摩尔适当地提出了疑问,社会主义社会是否需要如此?参见斯坦利·摩尔:《马克思在社会主义和共产主义之间的选择》,哈佛大学出版社 1980 年版。
③ 为什么在共产主义早期阶段(后来被称为社会主义阶段),在存在疾病、众多孩子等情况下,需要完全根据劳动贡献分配呢?为什么不能做出类似于我们在富裕的资本主义社会所做出的"修正"呢?这可能或者完全应该归结为共产主义精神。
④ 《马克思恩格斯全集》第 25 卷,北京:人民出版社 2001 年版,第 19 页。
⑤ 参见乔恩·埃尔斯特:《剥削,自由和正义》,《马克思主义》,纽约大学出版社 1983 年版,第 277—364 页。

共产主义社会第一阶段,是不可避免的。权利决不能超出社会的经济结构以及由经济结构制约的社会的文化发展。"①

而且,这里明显存在对劳动的价值判断意味。但这是马克思以他的历史社会分析(historical - social analysis)和关于上层建筑的基础的经验理论为基点进行的价值判断。

四

马克思接下来转而探讨在"共产主义社会高级阶段"②,什么才算做是正义地分配和公平地对待。这里有一段话非常著名,至关重要,因此笔者全文摘录:

"在共产主义社会高级阶段,在迫使个人奴隶般地服从分工的情形已经消失,从而脑力劳动和体力劳动的对立也随之消失之后;在劳动已经不仅仅是谋生的手段,而且本身成了生活的第一需要之后;在随着个人的全面发展,他们的生产力也增长起来,而集体财富的一切源泉都充分涌流之后,——只有在那个时候,才能完全超出资产阶级权利的狭隘眼界,社会才能在自己的旗帜上写上:各尽所能,按需分配!"③

通过上述这段话,马克思告诉我们,在共产主义早期阶段存在一个"各尽所能,按劳分配"的基本正义原则,在成熟时期则会存在一个非常不同的"各尽所能,按需分配"的基本正义原则,这些不同的正义原则来自于并支撑不同的物质条件和不同的经济组织,并转而依次被不同的物质条件和不同的经济组织形式所支撑。在一定生产力发展并带来相应生产关系发展的情况下,产生一种正义原则;在另一特定生产力发展并带来相应生产关系发展的情况下,则产生另一种正义原则。

伴随对变化的分配形式和权利观念的强调(虽然它们的变化是伴随生产方式的变化),笔者认为,这种推论至少看上去是有道理的:马克思认为(尽管事实上他没有这样说),随着社会财富的巨大增加,随着

---

① 《马克思恩格斯全集》第25卷,北京:人民出版社2001年版,第19页。
② 列宁与之不同,他不谈及共产主义社会的高级阶段。
③ 《马克思恩格斯全集》第25卷,北京:人民出版社2001年版,第20页。

生产力的发展，随着一种经济关系转变为另一种经济关系（这种转变是与生产力的发展相适应的），正义将会在世界上逐步生长，尽管正义不总是直线生长，也会遇到暂时的挫折。

在上面引用的著名段落之后，马克思继续强调，"在所谓**分配**问题上大做文章并把重点放在它上面，那也是根本错误的。"① 这几乎是他的劳动价值论和历史唯物主义的中心论点的推论。认为分配问题似乎独立于生产问题，并把社会主义视为主要是一种分配社会产品的选择性系统，这是错误的——实际上这是在为资产阶级意识形态寻求方便。② 关键问题是由工业产生的民主问题：即谁拥有和支配生产资料的问题。③ 只有拥有这种支配权，劳动者才能获得自治并赢得民主斗争。在这里，我们拥有一种具有道德力量的主张，同时这一主张仍然是一种具有经验性真实条件（truth-conditions）的主张，而且是经验社会科学的一部分。

五

当马克思把自己关于平等的立场跟拉萨尔派的成员进行比较时，他也作出了一个很有特色的评论。④ 拉萨尔派成员（和爱森纳赫派成员）宣称通过建立一个"自由国家"的合法方式"消除一切社会的和政治的不平等"。⑤ 马克思认为这种不确定的和模糊的论述应当从工人党的纲领宣言中去掉，代而强调阶级斗争和通过这样的斗争达到无阶级的状态。工人党纲领应该对工人讲清楚，他们的鼓动和斗争应当是为了解放阶级社会，"随着阶级差别的消灭，一切由这些差别产生的社会的和政

---

① 《马克思恩格斯全集》第25卷，北京：人民出版社2001年版，第20页。
② 参见乔恩·埃尔斯特：《剥削，自由和正义》，《马克思主义》，纽约大学出版社1983年版。
③ 参见约书亚·柯亨和约尔·罗杰斯：《民主论》，1983年；塞缪尔·布莱斯等：《超越废地》，1984年。
④ 在这一部分笔者的论述将立足于艾伦·伍德与恩格斯在对马克思的评论方面的明显差异对比。特别参见伍德：《马克思与平等》。
⑤ 《马克思恩格斯全集》第25卷，北京：人民出版社2001年版，第24页。

治的不平等也自行消失"①，而不是讨论什么"消除一切社会的和政治的不平等"。

上面这句话在各个方面都是含糊的，但是笔者猜想马克思是通过它说明，真正的问题和道德上令人反感的不平等产生的原因在于社会分化为阶级，只有当阶级社会被完全克服的时候，这些不平等才会消失。

恩格斯在他的《反杜林论》中对此进行了更为详细的论述。（我们看到恩格斯关于道德的论述较马克思来说更为广泛和系统。《哥达纲领批判》写于1875年，而《反杜林论》写于1878年。因此它们属于同一时期的著作。）恩格斯认为在不同的地点和时间，对平等的需要包含着不同的内容②。在现代社会，随着资产阶级体制的提升，人类男人和女人应当有"国家和社会中的平等权利"③。虽然这种平等是重要的，但它仍然是一种有限的和不充分的平等。为证明这点，恩格斯继而指出，当资产阶级在现代社会发展为一个阶级时，他们便把另一个阶级带到了现实中，那就是无产阶级。两个阶级都要求平等，但他们的要求是不同的。资产阶级要求消灭阶级特权，而无产阶级则要求"消灭阶级本身"④。无产阶级抓住了资产阶级的话柄"平等应当不仅是表面的，不仅在国家的领域中实行，它还应当是实际的，还应当在社会的、经济的领域中实行"⑤。因此，作为战斗呼声，无产阶级不仅要求政治和法律的平等，也要求社会和经济的平等。

在一段著名的论述中，恩格斯阐明了马克思主义对待平等的立场，

---

① 并不是所有当代的马克思主义者都同意马克思和恩格斯在这里的提法。参见《当代的马克思》第七章；凯·尼尔森：《平等与自由》，Rowman and Allanheld Press，1985年，第57—60页。

② 关于恩格斯的思想，参见凯·尼尔森：《恩格斯的道德观和道德理论》，载《苏联思想研究杂志》1983年第26期；乔治·G. 布伦克特：《马克思、恩格斯和道德相对论》，载《苏联思想研究杂志》1977年第17期，第201—224页。参见特雷尔·卡弗：《马克思、恩格斯和辩证法》，载《政治学研究》第353—363页，也可参见他的《恩格斯》。

③ 《马克思恩格斯选集》第3卷，北京：人民出版社1995年版，第444页。

④ 同上书，第447页。

⑤ 同上书，第448页。

这一论述比马克思的论述更充分,同时也与上面所引用的马克思的论述一致。

因此,无产阶级所提出的平等要求有双重意义。或者它是对明显的社会不平等,对富人和穷人之间、主人和奴隶之间、骄奢淫逸者和饥饿者之间的对立的自发反应——特别是在初期,例如,在农民战争中,情况就是这样;它作为这种自发反映,只是革命本能的表现,它在这里,而且仅仅在这里找到自己被提出的理由。或者它是从对资产阶级平等要求的反应中产生的,它从这种平等要求中吸取了或多或少正当的、可以进一步发展的要求,成了用资本家本身的主张发动工人起来反对资本家的鼓动手段;在这种情况下,它是和资产阶级平等本身共存亡的。在上述两种情况下,无产阶级平等要求的实际内容都是消灭阶级的要求。任何超出这个范围的平等要求,都必然要流于荒谬。①

在这里,至关重要的一点在于,恩格斯消灭阶级社会的要求是共产主义者平等要求的关键内核。有意义的、道德上能够获得支撑的平等要求,不是为了消除人类的所有差别而进行的要求,而是为了消灭阶级差别所提出的平等要求。不管能不能做到,从道德角度讲消除人类的所有差别都是一件非常恐怖的事情。② 我们能够感知的是,面对一个被分割为阶级的社会,一个具有巨大权力和控制人们生活的不平等的社会。要求消灭这样一个社会,就是对平等的要求。在现代,为了平等而进行的斗争和为了社会主义而进行的斗争是一回事。笔者认为这是恩格斯这一段论述中最重要的含义。如果恩格斯的主张被适时地提出,那么就应该能够避免很多关于平等主义的脆弱评论的提出。

然而,在某些环境中,恩格斯呼吁把平等作为阶级斗争的有效鼓动武器,认识到这一点也是有价值的。这有助于了解如何诉诸平等的这种功能。罗纳德·德沃金认为,与其说是设计一个非常精细和表达清楚的

---

① 《马克思恩格斯选集》第3卷,北京:人民出版社1995年版,第448页。
② 参见凯·尼尔森:《论平等主义,柏林的非难》,载《哲学》1983年10月第13期,第299—315页。

平等原则，不如说是恰当揭露了资产阶级平等概念的含义。① 从工人的立场看，就是通过揭示现实中资本家不能实现自己对平等的公然承诺来使资本家认错。② 但是这不能得到实现，因为在阶级社会中如果不可避免地存在经济的不平等，那么政治和社会的不平等就必然存在。与其我们去发掘对人类平等的更为深刻的内涵，不如让最好的资产阶级思想家来说清楚，更准确地告诉我们，我们所需要的主要是对可能实现平等的条件作出更为现实的理解，尽管我们确实必须知道经济平等才是最关键的。

六

当代诸如约翰·罗尔斯和罗伯特·诺齐克等思想家对自由和社会中的国家角色的探讨总是与对正义的讨论密切联系。马克思没有直接把他对自由和国家的探讨与对正义的探讨相联系，但是，至少似乎是一种暗示，马克思确实在《哥达纲领批判》第三和第四部分进行了探讨，也就是在他谈论平等和正义之后的两部分。这种论证思路具有持续性。马克思嘲笑拉萨尔派成员幼稚地讨论"国家的自由"和他们对国家行为的信任。马克思认为，忽视阶级斗争是错误的。我们必须认识到阶级斗争的重要性，进一步认识到阶级斗争必须被引导到社会革命变革的方向上来，从而代替拉萨尔派成员的愚蠢想法。具有阶级意识的劳动者将不会被如此蒙蔽，而会为了彻底变革现存的生产条件而工作，而且"这同靠国家帮助建立合作社毫无共同之处"③。

这也指明了马克思定义自由的方式，即"把国家由一个高踞社会之上的机关变成完全服从这个社会的机关……"④。在资本主义社会中，国家是少数人统治大多数人的工具。这部分少数人构成了资产阶级的权

---

① 罗纳德·德沃金在他的如下两篇文章中进行了详细论述：《什么是平等》，载《哲学与公共事务》1981 年夏期；《对平等的辩护》，载《哲学与公共事务》1983 年秋期。
② 笔者尝试在自己的著作《平等与自由：对激进平等主义的辩护》中这样论述。
③ 《马克思恩格斯全集》第 25 卷，北京：人民出版社 2001 年版，第 27 页。
④ 同上。

力顶点。正是他们以诡秘的或直接的方式控制着大多数人。只有当打破这种控制的时候,只有当国家完全服从于作为一个整体的社会时,也就是说,服从于以民主方式共同行动的人群时,人们才能获得自由。

最初的部分自由思想是通过共同的意识形态观念,把国家视为"一种具有自己的'**精神的、道德的、自由的基础**'的独立存在物"①。此外,我们必须认识到,在资本主义和共产主义社会之间的革命转变期间,当无产阶级已经控制了国家机器时,经济制度却仍然处于转变期,"这个时期的国家只能是**无产阶级的革命专政**"②。

这是马克思最容易被误解的一个观点,因此,我们必须慎重考虑如何进行论证,因为即使是现代意义上的"专政",也是一个很容易使人产生惊惶的观点。③ 马克思认为,通过"无产阶级专政",实现为了"最大多数人的"(例如工人)利益而进行的"最大多数人的统治"(例如工人)。他在这里指的是人民和大众民主。"无产阶级专政"意味着在转变时期对这个庞大的阶级进行着统治,而它仍然要与来自资产阶级的威胁进行斗争。但是这个无产阶级的统治将会伴随消灭整个阶级社会的终极目标的实现而自行瓦解。当资产阶级反抗的最后残余和明显的资产阶级思想都消失的时候,当我们拥有这样一个社会,在其中所有人都是劳动者,所有人都把自己视为劳动者的时候,对阶级统治的需要也将消失,随之无产阶级专政就像国家消失一样,也都将消失。这并不是如无政府主义者所担心的那样,"对无产阶级的专政"为的就是马克思所说的必须由无产阶级自己控制的专政。④

笔者认为,在马克思的《哥达纲领批判》中我们所看到的不是一

---

① 《马克思恩格斯全集》第 25 卷,北京:人民出版社 2001 年版,第 27 页。
② 同上书,第 28 页。
③ C. B. 麦克弗森认为,如果我们对这句话的意思有一个正确的历史性的理解,那么就不会为此感到惊惶,也不会认为马克思是在捍卫或默认我们现在所说的极权主义甚或是一个独裁国家。参见他的《民主的真实世界》,牛津大学出版社 1966 年版。
④ 参见米克海尔·巴枯宁:《巴枯宁论无政府主义》中的《国家主义与无政府主义》和《上帝与国家》。关于无政府主义与马克思主义的关系的权威论述参见保罗·托马斯:《卡尔·马克思和无政府主义者》,Routledge and Kegan Paul Press,1980 年版。

种正义理论的发展，甚至不是一种道德社会学的理论阐述，而是根据某些经验与理论相结合的（empirical-cum-theoretical）社会信仰（如果你愿意，可称之为一种政治社会学论述），通过对某些资产阶级的正义、平等和自由概念的批判并代之以更适当的概念的形式，对整个资产阶级意识形态进行批判，消除资产阶级意识形态的束缚，依靠一种对世界更为恰当的、经验与理论相结合的理解，使大多数人满意。但是，正如我们已经看到的，韦伯那价值无涉的社会科学标准并不能使全部人都满意。

没有理由认为马克思在这里把道德理解为意识形态或者把他自己的道德判断视为一种意识形态。① 马克思不把道德理解为意识形态学说，从《哥达纲领批判》最后部分关于调整监狱劳工的自觉道德评述中，对此可见一斑。他指出："无论如何应当明确说出，工人们不愿意由于担心竞争而让一般犯人受到牲畜一样的待遇，特别是不愿意使他们失掉改过自新的唯一手段即生产劳动。这是应当期望于社会主义者的最低限度的东西。"② 这些论述没有任何能够被理解为丝毫意识形态性问题的暗示——例如，一些歪曲我们对社会现实理解的事情，一些带有阶级偏见或主观性的认识。

七

有人认为马克思捍卫了一些特殊正义观（一些独具特色的，能够为我们提供阿基米德点的正义原则，我们可以通过这种阿基米德点评价社会制度），或者恰好研发出一种道德理论的内核。而情况确实如此，马

---

① 笔者一直认为马克思和马克思主义者并没有完全表明过他们的道德言论的真正含义，或者是因为一些道德认识论必定是意识形态的。尽管这些道德言论在阶级社会中确实有广泛的意识形态功能，但却没有必要的逻辑形态或语义结构。但并不意味着这是它们能够具有的唯一功能，更不是说所有道德评判，包括马克思和恩格斯自己的评判，都必然是意识形态的。比较凯·尼尔森在《哲学理论热点评论》中的文章：《马克思和道德意识形态》、《历史唯物主义和道德》，以及在《哲学调查》（*Philosophical Inquiry*）杂志 1984 年第 5 期上的文章《马克思主义和道德相对论》。

② 《马克思恩格斯全集》第 25 卷，北京：人民出版社 2001 年版，第 33 页。

克思提出了一种与其历史唯物主义和意识形态学说相一致的道德社会学。① 这里笔者想要考察恩格斯和列宁是如何受马克思在《哥达纲领批判》中所描述的正义观的影响。他们把马克思的正面价值评述视为正义的固定原则，为处于过渡期的社会主义社会（建设社会主义早期阶段中的劳动者国家），也为社会财富充分涌流的共产主义高级阶段提供正义原则。

让我们通过探讨恩格斯的观点开始。在一系列信中（有一些是写于1875年，另一些写于1891年），恩格斯非常坦率和严肃地进行了道德评述，甚至没有运用丝毫的讽刺方式。他论述了他有责任去做什么，人民的权利是什么，应当去做的正确的事情是什么，共产国际以及团结在它周围的人们的职责是什么。他直率地谈到什么应该做以及什么不应该做，他也谈到当"改信拉萨尔的信条"时"我们党在道义上的一次巨大的失败"②。

毫无疑问，恩格斯把这样的道德言论视为意识形态的空话，但是如果他仅仅根据道德论述的内容来把所有道德言论或所有道德讨论都视为意识形态的空话的话，那么他将会很难做出如他上面自然作出直接且通俗的道德评述，同时在其理论与实践之间没有明显的矛盾和反复无常。矛盾是如此明显以至于不存在解释性的宽容原则允许我们如此理解恩格斯，如果我们能够发现他的思想（还有马克思的思想），那么这些思想也将不会把自己托付给理论和实际矛盾之中。事实上，存在一种合理的理解，即：在表述和研究道德社会学并把道德视为意识形态的过程中，他们非常频繁地提出经验主张，而且确实，几乎所有道德都是意识形态的，并有充分的理由。但是，不存在使它必然成为意识形态，以至于任何作出道德评价的人，无论多么有学识，无论对他的角色和生命中的意识形态程度有多么敏感，都必须进行一种意识形态评述，因为这是道德的本质所在。马克思和恩格斯的道德社会学不需要这样的后道德背景

---

① 参见艾伦·吉尔伯特：《马克思和恩格斯正义与平等观的模糊之处》，载《美国政治科学评论》1982年第76期。
② 《马克思恩格斯全集》第34卷，北京：人民出版社1972年版，第150页。

(meta-ethical backdrop),并且没有独立的证据证明他们曾经做过这样一种假设。他们反复而自然地做出道德判断,而且没有理由不这样理解:要知道道德判断或是在理性的情况下做出的,或是在不那么理性的情况下做出的。①

接下来笔者将探讨列宁关于马克思对共产主义第一阶段和高级阶段,以及马克思主要在《哥达纲领批判》中所展示的关于正义和平等的论述的评论。同马克思一样,列宁也对道德教化和道德言论作出了一些非常直爽的评论。在列宁的笔记中有对马克思主义和国家的简要或详细的评论,有很多篇幅比马克思的评论还要多,例如《国家与革命》的第五章。在这里,笔者被列宁对马克思思想的忠诚信念所打动,并感动于他如何敏感地提炼出马克思的隐含之意,感动于他严格地运用历史唯物主义方法来探讨马克思所探讨的问题。②

尽管列宁论述了共产主义社会第一阶段和高级阶段如何分配,以及平等的合道德与合人性的适当形式,但他与马克思一样都没有做道德方面的批判分析。③ 这种讨论被完全交织于对生产力发展的状况、历史的可能性等问题的讨论之中。同马克思和恩格斯一样,列宁对各种社会安排的适当性的道德判断和评价,总是由头脑中的这种稳固的思想来支配的。④

首先具有普遍意义的原则是:列宁接受"各尽所能,按需分配"并作为一条原则来接受,这一点我们能从他的笔记《马克思主义论国家》(Marxism on the State)中看到。他将其作为共产主义社会高级阶段的基本统治性原则⑤。就这一点来说,笔者认为马克思、恩格斯和列宁

---

① 大量的详述和对此的捍卫可参见凯·尼尔森在《哲学理论热点评论》中的文章:《马克思和道德意识形态》、《历史唯物主义和道德》,以及在《哲学调查》(Philosophical Inquiry)杂志1984年第5期上的文章《马克思主义和道德相对论》。
② 一个对比性观点参见前面引用的斯坦利·摩尔(Stanley Moore)的书。
③ 正如我们所看到的,马克思谈论的是共产主义的一个"高级阶段",而列宁谈论的是"共产主义的高级阶段"。
④ 参见前面引用的安德鲁·科利尔的文章。
⑤ 在这里,埃尔斯特的修改意见是一个非常重要的限定。参见前面所引埃尔斯特的书,第298页。

的立场是完全相同的。列宁在其笔记和《国家与革命》中一再强调，共产主义的低级阶段（一般称为社会主义）仍然是处于一种强制状态。圣经中的"不劳动者不得食"将是根植于那个阶段的公平观念中的正义原则①。确实，列宁追随马克思，也主张在这样一个社会，消费品将会按照"每个人贡献给社会的劳动量"来进行分配。列宁认为，在这样的条件下，分配的不平等仍然是可以大量存在的。在这个传统的劳工社会和国家中，我们能够有效地超越资产阶级社会的地平线，并且只有当如下情况实现后，我们即能进入共产主义的高级阶段："脑力劳动和体力劳动的对立已经消失"；从事劳动已经成为一种习惯并被视为有意义的、令人愉悦的和非强制的，是"生活的第一需要"生产力充分发展以至于我们都生活在一个富足的社会。

列宁在《国家与革命》中对这些观点进行了细节深化。在论述社会主义或者说是共产主义第一阶段时，马克思和列宁声称："对社会主义社会必须怎样管理的问题作了冷静的估计"②。列宁进而对照了拉萨尔主义者含糊不清的笼统的说教。在保持精神沉思的同时，马克思将其唯物主义的方法应用于特殊的历史形势，并且"**具体地**分析了这种没有资本主义存在的社会的生活条件"。③ 我们正在讨论的是一个"刚刚从资本主义脱胎出来的在各方面还带着旧社会痕迹的共产主义社会……"。④ 尽管如此，它已经是一个发生了社会主义革命的社会。在这样一个社会中，国家是在工人的掌握中；武装力量与警察机关是由武装工人和民兵组成的，而且"生产资料已经不是个人的私有财产"而是"归全社会所有"。⑤ 分配是由下面的方式贯彻的：

"社会的每个成员完成一定份额的社会必要劳动，就从社会领得一张凭证，证明他完成了多少劳动量。他根据这张凭证从消费品的社会储

---

① 如果严肃地讲，这个论述必然会被认为是夸大的说法。毕竟我们不能让婴儿、孩子、残疾人和老人饿死。因此仍需采取一种注重表面正确的阅读法，使这一道德座右铭保持完整。
② 《列宁选集》第3卷，北京：人民出版社1995年版，第193页。
③ 同上书，第193页。
④ 同上书，第194页。
⑤ 同上书，第194页。

存中领取相应数量的产品。这样,扣除了用作社会基金的那部分劳动量,每个劳动者从社会领回的正好是他给予社会的。"①

按照列宁的理解,马克思认为这是那个历史环境中最为正义和平等(公正)的社会安排,但是他不认为这是共产主义社会应该指向的平等目标。仍然存在的很多不平等对那种环境来说是必要的,因为这些不平等是一个国家企望社会财富伴随生产力的发展得到充分涌流而从事的事务。在社会财富充分涌流之前,这样一个中度匮乏的社会中,每一个健康的成年人都是劳动者,而且在作了马克思所讨论过的各项扣除后,每一个人都"付出与别人同等份额的社会劳动,就能领取同等份额的社会产品"。然而不应该忽视这样一个实事,那就是这仍然会导致一种不平等,因为人是多种多样的:他们的需要不完全相同,他们的倾向和能力不同,他们处于不同的地位。所以当我们依据是否做出了同样的劳动贡献而收到同样的凭证去领取社会消费品时,这个平等的措施仍旧具有优于其他方式的效果。在现实中,依照"按劳分配"的运转方式也产生了一定的不平等现象,尽管它们不像在资本主义社会中那么的严重和不平等。

在这里,列宁的论述是重要的,也体现了他能够自觉进行道德判断,在他分析的过程中并不把这些判断作为一些畸形的意识形态:

"可见,在共产主义第一阶段还不能做到公平和平等,因为富裕的程度还会不同,而不同就是不公平。但是人**剥削**人已经不可能了,因为已经不能把工厂、机器、土地等**生产资料攫**为私有了。马克思通过驳斥拉萨尔泛谈**一般**'平等'和'公平'的含糊不清的小资产阶级言论,指出了共产主义社会的**发展进程**,说明这个社会最初**只能**消灭私人占有生产资料这一'不公平'现象,却**不能**立即消灭另一不公平现象:'按**劳动**'(而不是按需要)分配消费品。"②

随着私有制以及与私有制相伴的剥削的废除,不公正与不平等仍然

---

① 《列宁选集》第3卷,北京:人民出版社1995年版,第194页。
② 同上书,第195页。

是存在的。也就是说，只要产品仍然按照贡献劳动的数量来分配，那么不平等就会存在。但是在中度匮乏的共产主义早期（社会主义）中——共产主义第一阶段，这是不可避免且十分必要的。我们需要这样的激励计划，需要对实现生产力发展所必须积累之物进行管理，以便使物质财富足够丰富从而允许我们实现按需分配。在某些方面，早期共产主义面临与资本主义同样的问题，并在相似的强制压力下运转。问题和压力之一就是必须加速生产力的发展。在早期共产主义，我们的正义箴言几乎都是非常严格的，例如"不劳动者不得食"和"对等量劳动给予等量产品"，当然，这样也不是没有根据的。我们仍然不会或不能按需分配；正如列宁所言，我们仍然不能按照共产主义高级阶段的程序规则"对不同等的人的不等量（事实上是不等量的）劳动给予等量产品"。①

然而，当生产力发展和生产关系相应改变时，社会财富大增，那么，进入共产主义的高级阶段后，我们的正义原则也将相应改变。随着共产主义高级阶段的出现，经济也将发生剧烈转变。这时，劳动者将被培养为一个全面发展的人，脑力劳动和体力劳动之间的对立已经瓦解；社会将会拥有充分的社会财富，艺术和科学繁荣；社会中的最大多数人（每一个劳动者），都具备高度发展的社会主义意识，怀着协作、团结、快乐的动机进行有意义的工作，带有共产主义的意识为了大众利益而工作。②但是，在一个欠发达的社会，这种意识必须建立在如下这些物质基础之上：对资本主义所有制的剥夺，对生产资料资本主义私有制的控制，以及转而代之以合作劳动者对生产资料的控制。曾经促进生产力发展的资本主义此时却阻碍了生产力的发展。列宁认为"剥夺资本家一定会使人类社会的生产力蓬勃发展"③。但是他立即补充了一个告诫性语句，他的这一批判往往被人忽略："生产力将以什么样的速度向前发展，将以什么样的速度发展到打破分工、消灭脑力劳动和体力劳动的对立、

---

① 《列宁选集》第 3 卷，北京：人民出版社 1995 年版，第 196 页。
② 同上书，第 197—200 页。
③ 同上书，第 197 页。

把劳动变为'生活的第一需要',这都是我们所不知道而且也**不可能**知道的。"①

当社会向着无阶级方向运动时,国家日渐消失。当然,我们将拥有一个共产主义社会(一个公社)国家通过组织适应共产主义的社会生活方式来使其管理功能得以延续。但是,正如马克思主义者所认为的那样,国家是统治阶级为了本阶级利益而控制其他阶级的工具或媒介,国家仍会逐渐走向消亡。当国家消亡,社会最终进入充分富裕阶段时,共产主义高级阶段的"正义箴言"将会得以应用。在历史上,我们第一次能够而且应该按照"各尽所能,按需分配"的箴言来生活。

列宁是在描述一种社会,恰如他表达的那样:"人们已经十分习惯于遵守公共生活的基本规则,他们的劳动生产率已经极大地提高,以致他们能够自愿地**尽其所能**来劳动"②。人们不会去担心一个人是否比其他人工作的时间长一些或是否比其他人获得的更多,每一个人都将获得充分的关怀。如果我们进入这种社会的话,在这样一个环境中,"无需社会规定每人应当领取的产品数量;每人将'按需'自由地取用"。③(这超越了正义的存在环境了吗?即便答案是肯定的,难道不应当将其作为组织社会生活的指导原则吗?)

确实,可以预见这会引发一系列异口同声的批评,例如"纯粹的乌托邦"、"道德圣人"、"不符合人类的天性"、"美丽的肥皂泡"、"天空中的馅饼"等等,甚至还有更为糟糕的评论。

列宁是这样回应这些批评的:

"从资产阶级的观点看来,很容易把这样的社会制度说成是"纯粹的乌托邦",并冷嘲热讽地说社会主义者许诺每个人都有权利向社会领取任何数量的巧克力糖、汽车、钢琴等等,而对每个公民的劳动不加任何监督。就是今天,大多数资产阶级'学者'也还在用这样的嘲讽来搪塞,

---

① 《列宁选集》第3卷,北京:人民出版社1995年版,第198页。
② 同上书,第198页。
③ 同上书,第198页。

他们这样做只是暴露他们愚昧无知和替资本主义进行自私的辩护。"①

列宁的反应是可以理解的，但如果对其进行评测的话，列宁的反应看上去似乎不能排除个人喜好的因素。然而让我们来看一下，在说资产阶级的回应体现了他们的无知时，列宁提出了一个重要观点。社会主义者不会许诺或保证"共产主义高级发展阶段的到来"②。他们预见这个阶段的到来，因为他们预见到劳动生产率前所未有的巨大提升，并且认识到，假设人类的天性具有可塑性，那么与现在相比迥然不同的人将会从已经改变的物质环境中浮现出来。随后，马克思主义者以一种甚至有些软弱的方式提出了核心观点。③ 需要认识到，这样的发展是一种连贯的经验上的可能性，他们清楚地知道希望所在，他们认为值得为了社会的未来发展而奋斗，值得为之去理解一个人的计划。任何向其迈出的合理步伐都必然要优越于我们现在的情况。

马克思认为，随着历史发展，生产力日渐发展，伴随这种发展而实现了生产关系的发展，并转而导致了非经济的社会形式的解放性发展。④ 列宁认为世事会发展到马克思、恩格斯和列宁所预见的那样，以至于共产主义高级阶段确实成为一个广泛平等的社会现实（如前面伍德所述）。在其中，每个人的各种需求都会被充分满足⑤，然而现实并不是像列宁所认为的那样明显。但是，即使这种对世事的论述不能实现或不能非常接近（当然我们并不知道其能否实现或接近于实现）它仍然能够对指导我们进行社会斗争和设计良好社会的理念起到启发作用。

而且，无论是不是一种"空想主义"，其与政治现实主义是相协调的，因为当"各尽所能，按需分配"指引我们的理想抱负的时候，我

---

① 《列宁选集》第 3 卷，北京：人民出版社 1995 年版，第 198 页。
② 同上书，第 198 页。
③ 参见伯泰尔·奥尔曼（Bertell Ollman）的文章《马克思的共产主义景象：一种重构》(*Marx's Vision of Communism: A Recon-struction*)，收录于《未来的激进景象》一书，1977 年版。
④ 后面的理论可参见 G. A. 柯亨的《卡尔·马克思的历史理论：一种辩护》，1978 年；威廉·H. 肖的《马克思的历史理论》，1976 年。
⑤ 参见查尔斯·泰勒在 1978 年《新大学季刊》中发表的《稳定国家的政策》一文中提出的一些相关问题。

们就能够实现之。列宁也说过不存在任何冲突或矛盾,下述的"现实政治"(Realpoli-tik)就是与共产主义的理想完全一致:"在共产主义的'高级'阶段到来之前,社会主义者要求社会和**国家**对劳动量和消费量实行**极严格**的监督,不过这种监督应当从剥夺资本家和由工人监督资本家**开始**,并且不是由官吏的国家而是由**武装工人**的国家来实行"①。只有资产阶级理论家才会一再为了遥远的未来担忧。社会主义者在这里拥有启发式的指导,但他们更关注于"目前政治上的本质和迫切的问题"。首先需要做的是倾倒资本主义,然后开始社会主义的构建。

在建设社会主义,包括可能实现共产主义高级阶段的长远目标的过程中,认识到这一点至关重要:在初级阶段,旧的传统的残余将会在每一步对抗我们。根据发展进程,我们也必须看清事物。为资产阶级民主而奋斗就是为了平等的民权、平等的政治和法律权利而奋斗。在资本主义阶段,这些目标的实现相比较封建时代和前资本主义时代来说是一个巨大的进步,因为在那些时代,上述权利根本就不被认可。虽然这些平等权利是有价值的,但这仍旧只是一种形式平等(a formal equality),而不会带来经济领域内的平等,而经济领域才是控制我们生活的最为重要的领域,也是我们能够实现和维系我们作为人类的自主权的最为重要的领域。

列宁秉承恩格斯和马克思的思想,主张无产阶级对平等的要求应比资产阶级的要求更为广泛:除了这样的形式平等以外,其实质和关键性的平等要求就是消灭阶级。只要我们生活在一个阶级社会中,不论我们的公民自由如何广泛如何可靠,我们都不能实现平等。即便是生产资料的共同所有权(我们将会在社会主义第一阶段实现这种所有权),仍旧只能给予我们以形式平等;只有当我们进入共产主义高级阶段时我们才会获得真正的平等。正如列宁所述:"一旦社会全体成员在占有生产资料**方面**的平等即劳动平等、工资平等实现以后,在人类面前不可避免地立即就会产生一个问题:要更进一步从形式上的平等进到事实上的平

---

① 《列宁选集》第3卷,北京:人民出版社1995年版,第198—199页。

等，即实现'各尽所能，按需分配'的原则。"①

五 李惠斌：《走出苏联模式之后的中国道路——"中国模式"的文本学建构》②

中国模式问题正在成为一个世界性的热门话题。每一个人都在谈论他（她）个人所理解和所向往的中国模式，包括那些说中国模式"不好说"、"不急于说"或者说中国模式"已经终结"的人，也都是按照自己对这个概念的理解去说事。但是，像许多作者一样，不同于人们有关"华盛顿共识"与"北京共识"的政治学语境，笔者在思考中国模式这个问题时，首先想到的是苏联模式。我们的问题是，中国目前的发展道路离开苏联模式到底有多远？从马克思主义文本学的角度来看，这条路正在通向何方？或者说，它能够通向何方？

一 在国家问题上的政治学纠结

我们在这里首先碰到的是国家问题。当列宁考虑他们所从事的无产阶级革命的目标时，他首先想到的是研究国家问题。但是，面对这个问题，他在马克思和恩格斯那里却遇到了难题。因为马克思和恩格斯并不主张有什么无产阶级国家。在马克思和恩格斯那里，现代国家属于资产阶级的范畴。《法兰西内战》时期的马克思和恩格斯认为"国家无非是一个阶级镇压另一个阶级的机器"，国家是"一个废物"，"一个祸害"，"一个要由社会供养的寄生赘瘤"，"一个凌驾于社会之上的寄生赘瘤"③，等等。因此，恩格斯写道："国家再好也不过是在争取统治的斗争中获胜的无产阶级所继承下来的一个祸害；胜利了的无产阶级也将同

---

① 《列宁选集》第3卷，北京：人民出版社1995年版，第201页。
② 该文选自李惠斌：《走出苏联模式之后的中国道路——"中国模式"的文本学建构》，载《北京行政学院学报》2011年第3期。
③ 《马克思恩格斯文集》第3卷，北京：人民出版社2009年版，第156页。

公社一样，不得不立即尽量除去这个祸害的最坏方面，直到在新的社会条件下成长起来的一代有能力把这国家废物全部抛掉。"① 列宁已经非常清楚地认识到，"恩格斯甚至宣布公社已经不是原来意义上的国家。"②

列宁的判断是正确的："公社已经不是原来意义上的国家"。而且列宁更进一步认识到，在这个问题上，在关于国家和国家消亡问题上，马克思和恩格斯的"看法是完全一致的"③。为什么说公社已经不是原来意义上的国家了呢？因为马克思恩格斯认为公社的原则是无产阶级专政，而无产阶级专政是与国家消亡相联系的。

（一）马克思的无产阶级专政理论与国家消亡相联系，意味着国家的转型

马克思在总结巴黎公社的经验时对无产阶级专政这个概念进行了系统的论述。马克思所理解的无产阶级专政指的是一个没有职业军队，没有职业警察，没有职业官吏，甚至没有职业法官和审判官，是一种以公民自治为主要内容的社会治理方式。马克思在这里首先对国家机器进行了批判，认为国家机器是一个凌驾于社会之上、要由社会供养的一个多余的赘瘤，在由无产阶级掌握政权之后它将自行消亡。取代它的是一个只具有管理或服务职能的"廉价政府"或"社会的代表"，从而"给共和国奠定了真正民主制度的基础"。马克思写道："公社体制会把靠社会供养而又阻碍社会自由发展的国家这个寄生赘瘤迄今所夺去的一切力量，归还给社会机体。"④ 马克思在强调国家这个寄生赘瘤的自行消亡的同时，充分肯定了公社所实行的公职人员普选制度。马克思写道："法官和审判官，也如其他一切公务人员一样，今后均由选举产生，对选民负责，并且可以罢免。"⑤ 这就是说，马克思认为一切公务人员，包括法

---

① 《马克思恩格斯文集》第 3 卷，北京：人民出版社 2009 年版，第 111 页。
② 《列宁专题文集（论社会主义）》，北京：人民出版社 2009 年版，第 24 页。
③ 同上书，第 24 页。
④ 《马克思恩格斯文集》第 3 卷，北京：人民出版社 2009 年版，第 157 页。
⑤ 同上书，第 155 页。

官和审判官，都要通过选举的方式产生，对选民负责，并且可以罢免。

恩格斯在总结了这两个方面的内容之后告诉他的读者："你想知道无产阶级专政是什么样子吗？请看巴黎公社。这就是无产阶级专政。"① 在这里，不管是马克思还是恩格斯，都只是讲了两个内容，一个是国家消亡，一个是公务员普选。现在我们再来更完整地看恩格斯的上面那句话：

"实际上，国家无非是一个阶级镇压另一个阶级的机器，而且在这一点上民主共和国并不亚于君主国。国家再好也不过是在争取统治的斗争中获胜的无产阶级所继承下来的一个祸害；胜利了的无产阶级也将同公社一样，不得不尽量立刻除去这个祸害的最坏方面，直到在新的社会条件下成长起来的一代有能力把这国家废物全部抛掉。"②

恩格斯这里的话非常清楚地告诉我们，国家和无产阶级专政不是一回事。国家是阶级镇压的机器，是一个祸害，而无产阶级专政不是。不仅如此，无产阶级获胜后要"同公社一样"，"尽量立刻除去这个祸害的最坏方面"，直到新的一代"把这国家废物全部抛掉"。在这里，无产阶级专政是公社的原则，它的内容是尽量立刻除去国家这个祸害的最坏方面，以致把这国家废物全部抛掉。

实际上，马克思和恩格斯在这里都谈到了一个现代国家的转型问题，不过他们用的是国家消亡的概念，而不是国家转型这个现代概念。国家从传统的阶级镇压的工具转变为服务型政府，即恩格斯讲的从对人的统治转向对物的管理和对生产过程的领导为基本内容的国家转型理论。恩格斯在《社会主义从空想到科学的发展》一文中指出："当国家终于真正成为整个社会的代表时，它就使自己成为多余的了。当不再有需要加以镇压的社会阶级的时候……就不再有什么需要镇压了，也就不再需要国家这种特殊的镇压力量了……那时，国家政权对社会关系的干预在各个领域中将先后成为多余的事情而自行停止下来。那时，对人的统治将由对物的管理和对生产过程的领导所代替。"③

---

① 《马克思恩格斯文集》第3卷，北京：人民出版社2009年版，第111—112页。
② 同上书，第111页。
③ 同上书，第561—562页。

（二）列宁对马克思思想的修改

列宁在《国家与革命》一文中对于马克思和恩格斯的无产阶级专政和国家理论进行了两个重大修改：一是把无产阶级专政等同于无产阶级国家；二是把国家的存在时间无限期的推后了。

马克思在《哥达纲领批判》中提到了一个重要的概念，即"无产阶级的革命专政"。马克思写道："在资本主义社会和共产主义社会之间，有一个从前者变为后者的革命转变时期。同这个时期相适应的也有一个政治上的过渡时期，这个时期的国家只能是无产阶级的革命专政。"① 列宁引用了这句话，并且充分地利用了和发挥了这句话的意义。列宁紧接下来的论述中直接地和明确地把马克思这里作为国家来表述的"无产阶级的革命专政"转换成了作为巴黎公社原则的"无产阶级专政"。列宁写道：

"无产阶级专政，即被压迫者先锋队组织成为统治阶级来镇压压迫者，不能只是仅仅扩大民主。**除了**把民主制度大规模地扩大，使它第一次成为穷人的、人民的而不是富人的民主制度之外，无产阶级专政还要对压迫者、剥削者、资本家采取一系列剥夺自由的措施。为了使人类从雇佣奴隶制下面解放出来，我们必须镇压这些人，必须用强力粉碎他们的反抗——显然，凡是实行镇压和使用暴力的地方，也就没有自由，没有民主。"②

从这段引文我们可以看到，列宁在这里显然是把无产阶级专政同无产阶级国家作了等同。恩格斯关于国家的定义在这里用在了无产阶级专政的范畴上面。我们如果把上面引用的恩格斯的话与这句话对照看，就会发现，恩格斯上面讲的"国家废物"和"祸害"又重新被列宁捡了回来，作为无产阶级镇压资产阶级的工具。

不仅如此，列宁还把国家的消亡时间推迟到了共产主义的高级阶

---

① 《马克思恩格斯文集》第3卷，北京：人民出版社2009年版，第445页。
② 《列宁专题文集（论社会主义）》，北京：人民出版社2009年版，第29页。

段。列宁写道:"要使国家消亡,必须有完全的共产主义"。① "国家完全消亡的经济基础就是共产主义的高级阶段,那时脑力劳动与体力劳动已经消失,因而现代社会不平等的最重要的根源之一也就消失,而这个根源光靠把生产资料转为公有财产,光靠剥夺资本家,是决不能立即消除的。"② 这样,马克思讲的从资本主义社会向社会主义社会过渡时期的"无产阶级的革命专政"的期限就被推迟到了共产主义的高级阶段。或者换句话说,马克思和恩格斯讲的"国家消亡"的时间实际上是被无限期地推迟了。

我们知道,马克思在《哥达纲领批判》一文中讲了社会主义或共产主义③的分期问题,指出社会主义可以分为两个阶段,即社会主义的初级阶段(或第一阶段)和社会主义的高级阶段,与社会主义初级阶段相对应的是等量劳动获得等量报酬的按劳分配原则,而与社会主义高级阶段相对应的则是"各尽所能,按需分配"。与此同时,马克思还提出了一个过渡时期理论,即认为"在资本主义社会和社会主义社会之间,有一个从前者变为后者的革命转变时期。同这个时期相适应的也有一个政治上的过渡时期,这个时期的国家只能是无产阶级的革命专政。"④ 这就是说,马克思在这里是讲了三个阶段,即(一)资本主义社会向社会主义社会的过渡阶段;(二)社会主义社会的初级阶段;

---

① 《马克思恩格斯文集》第3卷,北京:人民出版社2009年版,第35页。
② 同上书,第36页。
③ "社会主义"和"共产主义"在马克思恩格斯的写作中一般而言是两个通用的词汇。两人早期选择使用"共产主义"这个概念来表述他们的理论和为之奋斗的理想社会。例如《共产党宣言》而不是写成《社会主义者宣言》,并且在其中用了很大的篇幅对于各种社会主义思想进行了批判。但是,自从1864年成立国际工人协会以后,"共产主义"这个概念便更多地被"社会主义"一词所取代。恩格斯在1894年2月13日致卡尔·考茨基的信中说:"'共产主义'一词我认为当前不宜普遍使用,最好留到必须更确切地表达时才用它。即使到那时也需要加以注释,因为实际上它已经三十年不曾使用了。"从1864年到1894年,时间正好过了30年。虽然马克思的《哥达纲领批判》写于1875年,其中使用的是共产主义,而不是社会主义。但是这篇著作其间并没有发表。不会影响恩格斯说这个话的逻辑一致性。恩格斯1880年发表了《社会主义从空想到科学的发展》,这就更确立了他们用"社会主义"表述取代"共产主义"表述的语用习惯。
④ 《马克思恩格斯文集》第3卷,北京:人民出版社2009年版,第445页。

（三）社会主义社会的高级阶段。马克思讲的"无产阶级的革命专政"是指在过渡阶段的革命措施，而列宁则把这个革命措施进一步推延到了整个初级阶段。今天，由于我们明显地意识到了社会主义初级阶段的阶级结构变化情况和初级阶段的长期性，所以列宁这个修改的不准确性已经完全被历史所证明。中国在社会主义改造和向社会主义过渡完成之后，曾经依然坚持无产阶级对于资产阶级的斗争和镇压的政策，以致出现了这样的情况，当我们在现实中已经找不到可镇压的资产阶级的存在之后竟然转向思想领域中寻找资产阶级。后来则进一步提出"无产阶级专政下继续革命"的思想和策略。

  这种不正确的修改也成了新中国成立以来基本的立法依据。1954年9月20日第一届全国人民代表大会第一次会议通过的《中华人民共和国宪法》总纲第一条规定"中华人民共和国是工人阶级领导的、以工农联盟为基础的人民民主国家"。可是1975年1月17日第四届全国人民代表大会第一次会议通过的《中华人民共和国宪法》总纲第一条规定则修改为，"中华人民共和国是工人阶级领导的以工农联盟为基础的无产阶级专政的社会主义国家"。同时强调要坚持"无产阶级专政下的继续革命"和"继续开展阶级斗争"。强调"无产阶级必须在上层建筑其中包括各个文化领域对资产阶级实行全面专政"（1978年取消了这些内容）。这些上升为法律思想的国家理论显然是继承了列宁修改马克思之后的思想。其对中国社会主义事业的破坏作用是显而易见。1982年12月4日第五届全国人民代表大会第五次会议通过的《中华人民共和国宪法》总纲第一条规定对此作了一定的修订，修订为"中华人民共和国是工人阶级领导的、以工农联盟为基础的人民民主专政的社会主义国家"。但是，彭真在1982年11月26日第五届全国人民代表大会第五次会议上所作的《关于中华人民共和国宪法修改草案的报告》中指出："我国的人民民主专政实质上就是无产阶级专政"。在这里，不论是人民民主专政还是无产阶级专政，都是上升为国体的基本内容。这里依然坚持的是传统的国家形式，依然是恩格斯讲的和要求立刻除去和抛掉的"国家废物"，即依然没有体现出国家转型的基本思想。

改革开放已经进行了 30 年,我们需要重新思考马克思恩格斯在国家转型意义上提出的"无产阶级专政"的概念,放弃以阶级镇压和"对人的管理"为主要内容的传统国家理论,并在这个基础上对我国的立法思想和立法理念进行全面的研究和清理。在这个问题上,回到马克思依然是我们今天研究这个问题的新的出发点。

二 马克思为什么讲要建立"个人所有制"?

所有制问题是科学社会主义理论中的一个核心问题,也是中国特色社会主义道路研究中的一个非常重要的问题。

社会主义所有制的主要特征是公有制和集体经济。但是,它是一种怎样的公有制和集体经济呢?它应该是一种以国有化为主要特征的经济吗?不论马克思还是恩格斯都对此作了否定的回答。

生产资料国有化在中外历史上都不同程度地出现过。在马克思的时代,那个曾经主持制定《反社会党人非常法》的"铁血宰相"俾斯麦就曾经在德国实行过很长时间的国有化运动,后来希特勒在德国搞的国有化和国家社会主义更是给德国和世界带来了灾难性的后果。马克思和恩格斯在写作《共产党宣言》时期也主张把全部生产资料收归国家所有,这主要反映在《宣言》第二章末尾提出的以国有化为主要内容的 10 条革命措施。但是,在经历了俾斯麦的国有化运动和发生了巴黎公社的革命之后,两位经典作家的思想发生了根本性的变化。从上面我们讲到的马克思和恩格斯对于国家的批判性表述(例如马克思恩格斯称国家是"一个废物","一个祸害","一个要由社会供养的寄生赘瘤","一个凌驾于社会之上的寄生赘瘤",等等)我们也可以看出,马克思和恩格斯对于由"国家废物"全部掌握生产资料的想法肯定要发生重大的变化。马克思和恩格斯在 1872 年为《共产党宣言》德文版序言中写道:"这些原理的实际运用,正如《宣言》中所说,随时随地都要以当时的历史条件为转移,所以第二章末尾提出的那些革命措施根本没有特别的意义。如果是在今天,这一段在许多方面都会有不同的写法了。

由于最近25年来大工业有了巨大发展而工人阶级的政党组织也跟着发展起来,由于首先有了二月革命的实际经验而后来尤其是有了无产阶级第一次掌握政权达两月之久的巴黎公社的实际经验,所以这个纲领现在有些地方已经过时了。特别是公社已经证明:'工人阶级不能简单地掌握现成的国家机器,并运用它来达到自己的目的。'(见《法兰西内战。国际工人协会总委员会宣言》德文版第19页,那里对这个思想作了更加详细的阐述。)"① 马克思恩格斯在这里特别地提到《宣言》第二章末尾有关国有化的"革命措施""根本没有特别的意义","已经过时"和"今天会有不同的写法了"。"工人阶级不能简单地掌握现成的国家机器,并运用它来达到自己的目的。"后人(包括列宁)对这句话的理解各不相同。马克思恩格斯在这句话的括号里说的《法兰西内战》一文中"对这个思想作了更加详细的阐述"。这些阐述我们已经从上面引用的《法兰西内战》有关"国家废物"和政府公务人员的产生方式等论述中可以看出一个大概。不仅如此,马克思恩格斯在那里还谈到了一个非常重要且完全不同于《宣言》时期的经济学思想,即充分地肯定了公社把生产资料完全变成自由的和联合的劳动的工具,"从而使个人所有制成为现实"。与《宣言》中简单地把生产资料"集中在国家手里"、"用于国家的支出"等表述不同,这里强调的是"自由的和联合的劳动"和"联合起来的合作社",强调的是劳动的解放,强调的是与《资本论》中的表述一样的使劳动者摆脱受奴役状态或"社会奴隶地位"的"个人所有制"。

所以,关于生产资料国有化的问题,在马克思恩格斯的理论中并不是一个简单的话题,需要我们去认真地进行研究和分析。恩格斯甚至认为国家掌握生产资料是"剥削达到了顶点"。所以恩格斯后来一般讲要由社会直接掌握生产资料。这与《法兰西内战》中的思想是一致的。

问题的关键在于什么是社会直接占有生产资料?或者换句话,马克思恩格斯讲的个人所有和社会所有制到底是一种什么样的所有制方式?

---

① 《马克思恩格斯文集》第2卷,北京:人民出版社2009年版,第5—6页。

不可否认，不论是国家所有制、托拉斯所有制、股份制，还是集体农庄或人民公社所有制，都是一种公有制或集体所有制方式。但是这些都不可能是马克思所设想的未来社会的所有制方式。因为马克思所强调的是以个人自由为前提的所有制，而个人要有自由，就必须拥有权利，拥有能使劳动者个人的劳动增值的权利。按照韦伯的解释，所谓权利就是让占为己有的机会。马克思和恩格斯在这方面讲的主要有三种社会主义的公有制方式，即：A. 工人自己的合作工厂；B. 劳动者的合作社；C. 自由人联合体。三者的差别我们暂且不谈。三者的共同特点至少以下五个方面：（一）与现代化大生产相联系，不再是一家一户的小生产的生产组织方式，与所谓的"私有化"没有任何关系；（二）因此，这是一种公有制和集体所有制方式；（三）它不是一种国家占有方式；（四）它是一种社会所有制方式，而社会所有制方式的特点是财产作为生产资料是公共财产，而作为生活资料是个人财产；（五）在这里，也只有在这里，才可能不同程度地满足马克思和恩格斯关于社会主义的未来理想：每个人的自由发展是一切人自由发展的条件。

在这个问题上苏联给出了简单的回答，那就是国有化和集体农庄制度。这是所谓苏联模式的重要方面。中国改革开放前在这方面基本上是照搬了苏联模式，实行了国有化和人民公社制度。这种制度强调计划经济，不承认市场经济，把市场经济同资本主义划等号。但是，马克思和恩格斯讲的在股份制基础上发展起来的劳动者合作社和自由人联合体并不一定要拒绝市场经济，相反马克思讲"这里通行的是调节商品交换的同一原则"。

30 年的经验充分证明，市场经济的引入给中国的社会主义经济带来了空前的活力。历史向我们表明，把财富像魔力一样从地下呼唤出来的不是资产阶级，而是市场经济。市场经济把劳动者多年被政治权力和官僚主义压制的生产的积极性和创造性最充分地调动了起来。但是，正如马克思恩格斯所说，由于生产力和交往不发达的缘故，市场经济引入后，免不了使得一切有可能出现的腐朽的东西也在死灰复燃：资本的原始积累所表现出来的罪恶不会比马克思的时代更少，商品交换原则在带来个人自由和解放的同时，也腐化了社会的道德、法律、思想和政治。但是，"多种所有制并存"向各种形式的社会所有制的发展是一个历史的必然，生产和消费市场的联合是一个必然的过程。小生产被大生产的吞并已经不是一个是否可能的问题，而是一个简单的时间问题。市场经济与现代化大生产结合从而推动社会和历史的进步也是没有人可以阻挡的。经过了苏联模式的挫折之后，我们应该寻找市场经济与公有制结合的最佳方式，真正走出一条既可实现劳动者的共同富裕又会给企业以发展活力的所有制方式。

三　真正的按劳分配是劳动者不仅得到工资收入，而且得到财产性收入

目前中国法定的分配方式是"按劳分配为主、多种分配方式并存的社会主义分配方式"。但是，按劳分配不应该只是市场经济条件下的工资收入。按劳分配被理论界重新界定为"按照劳动力的价值进行分配"。如果这个定义成立的话，那么，全部资本主义时代的工资分配就都成了按劳分配。这就会把经典作家的按劳分配理论归于谬误。笔者多年的研究结果表明，真正意义上的按劳分配应该是劳动者不仅得到工资性收入，而且应该各按其劳动贡献的大小得到一定份额的利润权益。在出现了所有权与控制权分离的今天，这种分配方式对于企业特别是大型企业已经变得越来越重要。

笔者注意到，2010年在发生了国美公司的企业控制权之争之后，突然间许多企业急急忙忙推出了他们的期权激励方案。这就是说，当人们都在为陈晓的不忠不义而纷纷为黄光裕愤愤不平时，一些非国有大型企业的资本主要受益人想到的是对待管理层的分配不公问题。随着电子时代的到来，传统的所谓"资本得到利润、劳动得到工资、土地得到地租"的分配公式已经过时，资本把全部利润占为己有的时代已经过去了。在所有权与控制权分离的今天，控制者的反抗有时是激烈而不动声色的。中国古人讲"春江水暖鸭先知"，说的是当事者比别人更敏感。

当奥巴马还只是在为华尔街的危机和高管们的贪婪而愤怒和无奈的时候，中国的非国有资本所有者却比奥巴马和新闻记者们看得更远一些，他们不是简单地抱怨陈晓们的道德问题，而是找到了问题的真正病根，通过利润分享的方式给他们的管理层带上了足以管住他们全部身心的金手铐。

马克思在一个半世纪以前就用他的全部四卷本的《资本论》批判萨依的"资本得到利润，劳动得到工资，土地得到地租"的"三位一体"的分配公式，批判资本对于劳动的剥削。然而，150年后的今天，虽然在高科技领域已经出现了利润分享机制和政府的相关规定，但是，萨依的这个分配公式在中国的大多数企业，包括在中国的国有企业，依然是占主要地位的分配方式。这一点不能不引起我们的研究和重视。

为了弄清楚关于按劳分配的真实内容，我们不得不再次与读者一起来看一看马克思关于按劳分配的表述。在《哥达纲领批判》一文中，马克思是这样写的：

"每一个生产者，在作了各项扣除之后，从社会领回的，正好是他给予社会的。他给予社会的，就是他个人的劳动量。例如，社会劳动日是由全部个人劳动小时构成的，各个生产者的个人劳动时间就是社会劳动日中他所提供的部分，就是社会劳动日中他的一份。他从社会领得一张凭证，证明他提供了多少劳动（扣除他为公共基金而进行的劳动），他根据这张凭证从社会储存中领得一份耗费同等劳动量的消费资料。他以一种形式给予社会的劳动量，又以另一种形式领回来。"[1]

这就是我们经常会提到的有关马克思论述按劳分配原则的经典语录。这里的所谓各项扣除，马克思主要讲了六个方面的内容：（一）用来补偿消耗掉的生产资料的部分，即生产成本；（二）用来扩大生产的追加部分；（三）用来应付不幸事故、自然灾害等的后备金或保险金；（四）同生产没有直接关系的管理费用；（五）用来满足共同需要的部

---

[1] 《马克思恩格斯文集》第3卷，北京：人民出版社2009年版，第434页。

分，如学校、保健设施等；（六）劳保基金。① 用今天的情况来表述，我们这里要进行的扣除和分配情况一般是这样的：企业毛收入减去生产成本、银行利息、银行还款份额和税收，形成企业利润。企业利润减去提留或用来扩大再生产的追加部分、保险金、非生产管理费用、社会公共费用和职工劳保费用，剩下来就是用于职工分配的份额。我们可以看出，企业利润的扣除各部分中除了用来扩大再生产部分以外，可以说是全部用在企业内部职工身上，或者说是作为企业费用全部花费掉了。而用于扩大再生产的部分则将作为企业增量产权保留下来。所以我们这里将把关注的重点放在扣除部分（二）及其结果，即增量产权部分。

实际上，不论是什么所有制性质的企业，都存在着这个重要的部分。在劳动尚没有成为人们生活的第一需要之前，企业所主要追求的可能就是这个部分。我们在这里需要讨论这个部分的权利所属问题。

这是一个曾经被遮蔽掉的问题。或者说，在苏联模式的情况下，这是一个不需要讨论的问题。但是，在市场经济的条件下，在中国特色社会主义经济制度的条件下，在"公有制为主和多种所有制并存"这个"中国模式"的情况下，这个问题已经成为一个不能忽略的问题。企业的资本金可能在不断地翻番，有的甚至几十倍的翻番。这个由剩余价值积累起来的增量产权存在着一个归属问题。一个传统的说法就是："谁投资，谁占有"。这就是说，谁投资，这个企业的增量产权就是谁的。在这里，不管这个投资人是国家、政府、企业、社会还是个人，都存在着马克思讲的对于劳动的剥削问题。因为在这种情况下，尽管有上面马克思讲的等量劳动获得等量报酬的原则，但是，这种分配方式已经成为一种简单的工资或薪酬分配，企业的增量产权在这里显然是与劳动者无缘的。

笔者曾经在《企业劳动产权概论》一书中对这个问题提出了一个

---

① 《马克思恩格斯文集》第3卷，北京：人民出版社2009年版，第432页。

解决方案，这就是劳动产权制度。笔者在这本书中把企业的增量产权分为劳动者过去的劳动、风险劳动和企业内部劳动者的活劳动等积累而成的三个部分。所谓过去的劳动就是企业最初投入的资本金和不断追加到企业生产中的资本金。现代经济学的研究表明，在不承担任何风险的情况下，这种过去的劳动的回报比率就是其市场利息。所谓风险劳动就是企业主的操心和不动产担保。作为不动产担保，它是一种过去的劳动；作为企业主的操心，它是一种活劳动。这就是我提出的风险劳动的二重性理论。风险投资市场的出现和运作惯例表明，风险回报和利息回报的总和并不是企业利润的全部，这样，企业利润中就出现了第三部分。传统上，这个部分属于企业主收入。但是，在把利息回报和风险回报独立出来之后，就不再存在传统的企业主行为，所以，我把这第三部分增量产权归入企业内部劳动者全体各按其劳动贡献大小进行分配的活劳动收入部分。我称这种分配制度为企业劳动产权制度。这显然是一种彻底的按劳分配制度。在这里不再存在马克思讲的资本对于劳动的剥削，也不可能出现劳动对于资本的抢劫。因为企业内部每一个人都会有属于自己的过去的劳动收入的份额和预期，每一个人都是风险责任主体，每一个人都是企业的劳动者。这种劳动产权制度是一种新的三位一体的分配模式。

这不是笔者为读者凭空设想出来的一个新的分配乌托邦。这是在世界各地流行了至少100年的利润分享模式。如前所述，中国的一些民营企业正在把它作为一种激励机制不断推进。上海的富大公司10年多来一直在推行这种利润分享模式。他们的具体做法是将每年的公司利润拿出一半作为劳动者的收入部分，其中的一半作为现金奖励，另一半作为劳动者个人期权收入。推行的结果是该公司现在1/4的产权属于普通职工。10年的时间公司从一个只有5000万资产的企业发展到拥有五亿资产的企业，10年翻了10倍。其企业的发展活力可想而知。

中国改革开放30年发展的最大特点是解放了劳动者的劳动积极性。"个体户"这个词意味着劳动者自己占有自己的劳动成果。在这里，财产权就是自由，财产权就是解放。劳动解放所释放出来的能量是前所未有的。劳动者个体正在发生不同形式的联合。联合起来的劳动者的产权分配问题将变得越来越重要。我们的研究表明，在中国今天的条件下，带来生产活力的主要不是看其采取了什么样的所有制形式，重要是要看其采取了什么样的分配方式。而且，分配方式的改变也必将带来所有制方式的改变。

附录Ⅲ　参考文献

1. 《马克思恩格斯文集》，北京：人民出版社 2009 年第 1 版。
2. 《马克思恩格斯全集》第 16 卷，北京：人民出版社 2007 年第 2 版。
3. 《马克思恩格斯全集》第 34 卷，北京：人民出版社 2008 年第 2 版。
4. 《马克思恩格斯全集》第 38 卷，北京：人民出版社 1972 年第 1 版。
5. 《列宁选集》第 1—4 卷，北京：人民出版社 1995 年第 3 版。
6. 中共中央马克思恩格斯列宁斯大林著作编译局资料室编译：《研究〈哥达纲领批判〉参考史料》，北京：生活·读书·新知三联书店 1978 年版。
7. 高放：《马克思主义与社会主义》，哈尔滨：黑龙江教育出版社 1994 年版。
8. 高放：《三个国际论丛》，上海：华东师范大学出版社 1989 年版。
9. 殷叙彝等：《第二国际研究》，北京：中央编译出版社 1998 年版。
10. 庄福龄：《马克思主义史》1—4 卷，北京：人民出版社 1995 年版。
11. 顾海良：《马克思主义的历史命运》，长春：吉林人民出版社 1996 年版。
12. 王令金、李元峰、张祥云：《马克思主义经典著作精选及导读》，北京：中央编译出版社 2002 年版。
13. 中共中央马恩列斯著名编译局马列部、教育部社会科学研究与思想政治工作司编:《马克思主义经典著作选读》,北京:人民出版社 2006 年版。

14. 李惠斌:《企业劳动产权概论》,北京:中央编译出版社 2006 年版。

15. 戴道传:《经济学的哥德巴赫猜想之解——重新建立个人所有制研究》,合肥:安徽人民出版社 1993 年版。

16. 方竹兰:《重建劳动者个人所有制论》,上海:上海三联书店 1997 年版。

17. 顾海良:《马克思经济思想的当代视界》,北京:经济科学出版社 2005 年版.

18. 中共中央马克思恩格斯列宁斯大林著作编译局:《考茨基言论》,北京:生活·读书·新知三联书店 1973 年版。

19. 中共中央国际共运史研究室编:《布哈林文选》,北京:东方出版社 1988 年版。

20. 《南斯拉夫资料汇编》,北京:世界知识出版社 1957 年版。

21. 〔俄〕尼·布哈林、叶·普列奥布拉任斯基:《共产主义 ABC》,北京:生活·读书·新知三联书店 1982 年版。

22. 〔南〕米托·哈季·瓦西里耶夫:《社会主义的按劳分配》,内部发行 1963 年版。(贝尔格莱德文化出版社 1961 年版的书名原文:SOCIJALISTICKA RASPODELA PREMA RADLI)。

23. 〔法〕萨伊:《政治经济学概论》,北京:商务印书馆 1982 年版。

24. 〔南〕佩·达姆扬诺维奇:《铁托自述》,北京:新华出版社 1984 年版。

25. 〔南〕普勒德拉格·弗兰尼茨基:《马克思主义和社会主义》,北京:人民出版社 1982 年版。

26. 〔法〕奥古斯特·科尔纽:《马克思恩格斯传》,北京:生活·读书·新知三联书店 1978 年版。

27. 〔苏〕伊·布拉斯拉夫斯基:《第一国际第二国际历史资料》,北京:生活·读书·新知三联书店 1964 年版。

28. 〔奥〕尤利乌斯·布劳恩塔尔：《国际史（第一卷）》，上海：上海译文出版社 1985 年版。

29. 〔奥〕尤利乌斯·布劳恩塔尔：《国际史（第二卷）》，上海：上海译文出版社 1986 年版。

30. 〔德〕埃里希·昆德尔：《一八七五年哥达合并代表大会》，北京：生活·读书·新知三联书店 1977 年版。

31. 〔俄〕阿利库洛夫：《社会主义基本生产关系和基本经济规律》，沈阳：辽宁人民出版社 1984 年版。

32. 〔英〕柯亨：《如果你是平等主义者，为何如此富有？》，北京：北京大学出版社 2009 年版。

33. 徐耀新：《考茨基与〈哥批〉的发表》，载《南京师大学报》（社会科学版），1981 第 3 期。

34. 许崇正：《马克思"重建个人所有制"的本质特征》，载《经济学家》，2009 年第 9 期。

35. 李惠斌：《重读〈共产党宣言〉——对马克思关于"私有制"、"公有制"以及"个人所有制"问题的重新解读》，载《当代世界与社会主义》，2008 年第 3 期。

36. 李惠斌：《谈谈财产性收入问题——从十七大报告到马克思的"重建个人所有制"理论》，载《马克思主义与现实》，2007 年第 6 期。

37. 周宇、程恩富：《马克思"重建个人所有制"的思想探析》，载《马克思主义研究》，2012 年第 1 期。

38. 于光远：《〈哥达纲领批判〉中译本里的"共产主义社会高级阶段"应译成"共产主义社会的一个更高的阶段"》，载《马克思主义研究》，1987 年第 3 期。

39. 〔俄〕瓦西里·吉洪诺维奇·康德拉索夫：《在社会主义条件下重建个人所有制的含义》，载《经济科学》，1989 第 11 期。

40. R. 德鲁贝克，燕宏远：《〈哥达纲领批判〉对发展共产主义社会理论的意义》，载《哲学译丛》，1983 年第 1 期。

41. Norberto Boggio: *Which socialism? Marxism, socialism and democracy*, University of Minnesota Press 1987.
42. Gareth Griffith: *Socialism and superior brain: the political thought of Bernard Shaw*, London, Routledge 1993.
43. Edmund and Ruth Frow: *The Politics of hope: the origins of socialism in Britain 1880 ~ 1914*, London, Pluto Press 1989.
44. James D. Young: *socialism since* 1889: *a biographical history*, New York, Harvester Wheatsheaf 1989.

后 记

自从2011年8月接到中央编译局的编写《马克思〈哥达纲领批判〉研究读本》任务，倍觉压力陡增，以我十余年对马克思主义入门级的感悟，岂能领会到经典文献的全部精髓！在许多专家的鼓励和帮助下，我开始尝试着写作本书。500多个日夜里，我仿佛穿梭于无产阶级运动与社会主义革命的历史长卷中，使自己的灵魂在马克思笔尖的文字中不断得到洗涤。

经过艰辛的努力，书稿就要出版了，为此付出的精力太多太多。历经十数月，八易其稿，虽是辛苦，但收获颇丰。在此期间，指导和帮助我的人实在太多。首先感谢中央编译局李惠斌先生与冯文光先生，两位先生从该书的写作提纲到定稿评审都提出了十分宝贵的意见，尤其是冯文光先生更是给予了两万余字的参考建议。同时，本书附录Ⅱ里节选的部分著作分别选取了林南庆、星朗、金顺福、吴世康、燕宏远、傅强、李文雯等人的译稿，在此深表尊敬与诚挚感谢！同时也感谢中央编译局与北京邮电大学相关项目的支持。

中央编译出版社的编辑李媛媛女士为本书的出版不辞辛苦，做了大量具体细致的工作，我谨向她热情致谢！

书稿即将付梓，但是对经典文献的研究与领悟还远远没有结束。兴奋之余，赋诗一首来表达一下此刻的心情，同时也献给那些为苍生谋福祉而默默奉献的劳动者们。

十载拼杀血洗剑，而立漂泊头添纹。日攀书山悟天道，夜游学海掘地根。高居难觅泥土香，盛宴久失汗滋味。愿燃明灯化为蜡，萌光莹莹照后人。

图书在版编目（CIP）数据

马克思《哥达纲领批判》研究读本 / 裴晓军编著. —北京：中央编译出版社，2013.6

（马克思主义经典著作研究读本 / 杨金海，李惠斌主编）

ISBN 978-7-5117-1786-3

Ⅰ.①马… Ⅱ.①裴… Ⅲ.①哥达纲领批判-马克思著作研究 Ⅳ.①A811.24

中国版本图书馆 CIP 数据核字（2013）第 228232 号

马克思《哥达纲领批判》研究读本

出 版 人：	刘明清
出版统筹：	薛晓源
责任编辑：	李媛媛
责任印制：	刘　慧
出版发行：	中央编译出版社
地　　址：	北京西城区车公庄大街乙 5 号鸿儒大厦 B 座（100044）
电　　话：	（010）52612345（总编室）　　（010）52612335（编辑室）
	（010）52612316（发行部）　　（010）52612317（网络销售）
	（010）52612346（馆配部）　　（010）55626985（读者服务部）
传　　真：	（010）66515838
经　　销：	全国新华书店
印　　刷：	北京文昌阁彩色印刷有限责任公司
开　　本：	710 毫米×1000 毫米　1/16
字　　数：	221 千字
印　　张：	16.5
版　　次：	2013 年 6 月第 1 版
印　　次：	2018 年 6 月第 2 次印刷
定　　价：	63.00 元

网　　址：	www.cctphome.com　　邮　箱：cctp@cctphome.com
新浪微博：	@中央编译出版社　　微　信：中央编译出版社（ID：cctphome）
淘宝店铺：	中央编译出版社直销店（http：//shop108367160.taobao.com）　（010）52612349

本社常年法律顾问：北京市吴栾赵阎律师事务所律师　闫军　梁勤
凡有印装质量问题，本社负责调换。电话：（010）55626985